KOMMUNIKATION HEUTE UND MORGEN

Klaus Dörrbecker
Renée Fissenewert-Goßmann

Wie Profis PR-Konzeptionen entwickeln

Das Buch zur Konzeptionstechnik.

3. erweiterte und aktualisierte Auflage

Institut für Medienentwicklung und Kommunikation GmbH
in der Verlagsgruppe Frankfurter Allgemeine Zeitung GmbH

IMK

CIP-Titelaufnahme der Deutschen Bibliothek

Dörrbecker, Klaus:
Wie Profis PR-Konzeptionen entwickeln : das Buch zur Konzeptionstechnik / Klaus Dörrbecker ; Renée Fissenewert-Goßmann. IMK, Institut für Medienentwicklung und Kommunikation GmbH in der Verlagsgruppe Frankfurter Allgemeine Zeitung GmbH. - 3., erw. und aktualisierte Aufl. - Frankfurt am Main : IMK, 1997
(Kommunikation heute und morgen ; 18)
ISBN 3-927282-54-5

Umschlaggestaltung: Robert Jungmann, Frankfurt am Main
Satz: Frankfurter Allgemeine Zeitung GmbH Informationsdienste, Frankfurt am Main
Druck: Union Druck Halle GmbH, Halle

**„Strategie und Taktik
sind wie Herrin und Dienerin:
Stimmen sie auf den ersten Blick nicht überein,
so ist es an der Dienerin, sich zu rechtfertigen."**

Dr. Georg Paul Hefty,
Frankfurter Allgemeine Zeitung,
zu Beginn einer Leitglosse
in der Ausgabe vom 19. April 1995

Inhalt

Vorwort und Dank

Alle Fachleute sind sich einig: die Qualität von Public Relations hängt ab von der Qualität der Konzeption. Anders gesagt: professionelles Konzipieren ist Voraussetzung für gute Public Relations.

Wenn denn Konzeptionstechnik so wichtig für den Erfolg von PR ist, müßte es dazu eigentlich eine reiche Literatur geben, mindestens aber das eine oder andere gründliche Fachbuch. Fehlanzeige! Außer einigen Aufsätzen, Buchkapiteln und einer Dissertation gibt es für den Wißbegierigen keine deutschsprachige Fachliteratur. Die gedruckten Schilderungen von PR-Kampagnen, die internen Papiere guter Agenturen und professioneller PR-Ausbildungsinstitute schließen diese Lücke nicht.

Deshalb dieses Buch.

Die einfachste Lösung wäre es, würden wir Autoren unser Knowhow zum Thema schildern und mit diesem Buch zur Diskussion stellen. Aber wegen der beschriebenen Lücke in der öffentlich zugänglichen Literatur soll dieses Buch breiter angelegt sein und einen Überblick vermitteln, wie heute deutsche PR-Konzeptionsprofis denken und handeln. Deshalb haben wir ausgewählte konzeptionsstarke PR-Fachleute aus Unternehmen und Institutionen, aus PR-Agenturen und PR-Ausbildungsinstituten befragt und sie um ihre Mithilfe gebeten. Zudem präsentieren wir einen ausführlichen Dokumentationsteil mit Konzeptionsleitfäden, wie man sie vor allem bei guten PR-Agenturen und PR-Lehrinstituten findet. Wir hatten sehr kooperative Kollegen, die im Gespräch und teilweise auch mit schriftlichen Unterlagen ihr Knowhow bereitwillig offengelegt haben und sagen ihnen hiermit herzlich Dank:

Rupert Ahrens,
Trond Andresen,
Hans Eisele,
Norbert Essing,
Jürgen Jaenecke,
Albrecht Koch,
Dr. Klaus Kocks,

Uwe A. Kohrs,
Lutz Meyer,
Martin Quandt,
Christian Richter,
Dr. Lothar Rolke,
Dieter Schmidt,
Günther Schulze-Fürstenow,
Jürgen Togotzes.

Eine respektable Liste prominenter Namen aus der PR-Welt.[1] Wenn wir im Lauftext des Buches ihre Meinung wiedergeben, steht stets ihr Name in Klammern bei den entsprechenden Passagen.

Besonders erfreulich: die gründliche Mitarbeit von Günter Schulze-Fürstenow, obwohl wir mit unseren Ausbildungsinstituten DIPR und AFK[2] Wettbewerber sind. Er gab bereitwillig nicht nur Auskunft, sondern er stellte neben einem Aufsatz auch institutsinterne Seminarpapiere bereit.

Bei weiteren GPRA-Agenturen gab es zwar keine Interviews, sie stellten aber interne Konzeptionierungsregeln für die Dokumentation zur Verfügung. Wir schließen sie gerne und mit Respekt in unseren Dank ein: IPR&O in Hamburg sowie Kohtes & Klewes in Düsseldorf. Lediglich eine der (internationalen) Agenturen, deren Manager bereitwillig zum Interview zur Verfügung stand, durfte die schriftlichen Unterlagen seines Networks nicht zur Veröffentlichung herausgeben.

Für das „Booklet"-Kapitel 16 lagen uns mehrere reale Beispiele von Konzeptionsschriften vor, so etwa von Ahrens, Leipziger, Trimedia (Dank!) und selbstverständlich von der AFK.

Die Offenheit und Kooperationsbereitschaft aller genannten Kollegen hat uns sehr beeindruckt. So wünschen wir uns generell den Umgang in der Branche!

In mehreren Fällen erhielten wir bei unserer Bitte um Mitarbeit eine sehr plausibel formulierte Absage. Zum Beispiel von Agenturen, wie Trime-

1 Siehe Kap. 20.1.

2 DIPR: Deutsches Institut für Public Relations e.V., das älteste deutsche PR-Ausbildungsinstitut. AFK Akademie Führung und Kommunikation, das größte deutsche PR-Ausbildungsinstitut; Träger: AFK Gesellschaft für Führung und Kommunikation mbH.

dia, deren Chef Bodo Bimboese, der in seinen Anfangsjahren vor eineinhalb Jahrzehnten selbst bei der AFK im Seminar war und der jeden neuen Mitarbeiter zur AFK ins Training delegiert: „Da kann ich Dir nichts sagen, was Du nicht schon weißt; wir verfahren in der Agentur, wie unsere gesamte Mannschaft es bei Dir im Seminar gelernt hat." Solche Agenturen und Abteilungen haben bei AFK oder auch DIPR alle Weiterentwicklungen mitbekommen und sind – konzeptionstechnisch gesehen – auf aktuellem Stand.

Leider gab es bei zwei Agenturen auch Fehlanzeige: „Wir sind noch nicht soweit..." bei der einen und: „Dazu kann ich nichts beitragen..." bei der anderen. Ähnliche Antworten kamen auch von mehreren Unternehmen. Auch so etwas gibt es.

Nur zwei Informationsbitten verliefen unerfreulich: Eine PR-Akademie, deren erster Mann sich auch PR-wissenschaftlich stark engagiert, antwortete trotz mehrerer Bitten überhaupt nicht. Vielleicht hat dieses Institut kein Konzeptionsmodell? Die Ausbildungseinrichtung einer sehr großen Agentur erklärte kühl, man gedenke nicht mitzuarbeiten, weil man sein „gesammeltes Knowhow selbst vermarkten" wolle. Schade.

Den Interviewleitfaden finden Sie im Anhang, Abschnitt 20.4. Die Interviewergebnisse haben wir in den Lauftext dieses Buches eingebaut. Auch Aussagen aus den Papieren des Dokumentationsteils sind im entsprechenden Buchkapitel berücksichtigt.

Ein letztes Dankeschön gilt dem eigenen AFK-Team. Interviewprotokolle, Literaturauswertung, Materialzuleistungen, Plausibilitätskontrolle, Verständlichkeit (wider das „Fachchinesisch"), Textverarbeitung, Korrekturlesen – da gab es vieles, bei dem wir Autoren auf Unterstützung angewiesen waren und sie stets bekommen haben.

Zur Abfolge in diesem Buch:

Nach der Einleitung folgen die Kapitel 2 bis 11 der Schrittfolge der Konzeptionsentwicklung bei einem großen Konzept einschließlich Qualitätskontrolle und einer Zusammenfassung. Die Kapitel 12 bis 18 enthalten wichtige Ergänzungen; im Kapitel 13 z.B. die Minimalschritte für ein kleines Konzept. Kapitel 19: die Dokumentation.

Wer sich einen Grob-Überblick über unser Thema verschaffen oder zu einem bestimmten Kapitel die Essentials nachschlagen will, der findet in anderer Schrift zwischen Linien mehrere Zwischen- und an jedem Kapitelende halbfett eine Schlußzusammenfassung.

Wir wünschen unserem Buch engagierte und kritische Leser und hoffen, bei einer späteren zweiten Auflage viele Zuschriften und fachliche Ergänzungen aus dem Kollegenkreis berücksichtigen zu können.

Frankfurt am Main/Marburg
Sommer 1995

Klaus Dörrbecker   Renée Fissenewert-Goßmann

Vorwort zur dritten Auflage

Wir haben tatsächlich reiches Echo von vielen Kollegen erhalten, aber die erste und die zweite Auflage fanden so rasch ihre Abnehmer, daß wir erst jetzt, zur dritten Auflage, eine Überarbeitung vorlegen können. Dieser Erfolg freut den Verlag, ehrt die Autoren und zeigt, daß wir mit dem Buch offensichtlich eine wichtige Lücke schließen konnten.

Wir sind noch einmal redigierend durch den Text gegangen, haben einiges ergänzt, einige Schwachstellen beseitigt und, vor allem, drei neue Konzeptionsmodelle in die Dokumentation aufgenommen.[3]

Wir wünschen uns, daß das Buch weiterhin seinen Zweck erfüllt: gute Kolleginnen und Kollegen bei ihrer Arbeit zu unterstützen und so ein wenig beizutragen zur weiteren Professionalisierung unseres zentralen Handwerkszeuges – der Konzeptionstechnik.

Auch künftig hoffen wir auf zusätzliche Anregungen unserer Leser. Post- und e.mail-Adresse finden Sie auf Seite 181.

Frankfurt am Main/Marburg
Mai 1997

Die Autoren

3 Siehe Abschnitte 19.1, 19.2 und 19.6 ab Seite 185.

1. Worum es bei diesem Buch geht

Wer kennt sie nicht, die Legende vom PR-Menschen, manchmal auch spöttisch „PR-Fuzzi" genannt. Dieser Mensch spukt immer noch in vielen Köpfen herum: dienstbereit, wenn's um Propaganda geht, oft heftig extrovertiert, immer für einen munteren Gag, den sogenannten „PR-Gag" gut. Ein schlaues Bürschlein also, das dem Kunden oder obersten Chef schon den richtigen Maßnahmenmischmasch zusammenrühren wird. Ein bißchen Pressearbeit hier, ein paar heiße Events dort. Ansonsten: Sektglas festhalten und kommunikationsfreundlich lächeln. Ein begnadeter Image-Kosmetiker.

Gelassene PR-Menschen schmunzeln über diese Legende, andere ärgern sich darüber. Wenn es diesen Typ tatsächlich noch geben sollte, ist anzuraten, ihn nicht zu konsultieren. Er ist ein Laienspieler. Public Relations haben längst ein breites und professionelles Instrumentarium entwickelt. Ihr zentrales und wichtigstes Handwerkszeug ist die Konzeptionstechnik. Die Intention dieses Buches ist es, diesem Instrument systematisch auf den Grund zu gehen, seine Grundlagen, die verschiedenen Spielarten sowie – vor allem – die Schritte der Konzeptionsentwicklung transparent zu machen. Damit wollen wir dem Erfahrungsaustausch dienen, sowie dem Leser praktische Hilfen für die tägliche Konzeptionerarbeit geben – und zur Beurteilung konzeptioneller Arbeit. Wegen der gebotenen Gründlichkeit orientieren wir den Konzeptionsvorgang an den Anforderungen eines „großen", langfristig angelegten Konzepts. Welche Mindestfolgerungen daraus für begrenzte Aufgaben abzuleiten sind, ist u.a. im Kapitel 13 zu lesen.

1.1 Warum Konzeptionieren? – Eine Flasche Bourbon und 30 Maßnahmen reichen nicht aus

Public Relations sind seit vielen Jahren nicht mehr nur ein schreibintensives oder verbindungsintensives oder gar geschwätziges Geschäft. Public Relations sind heute überwiegend ein denkintensives Geschäft. „Die Qualität von Konzeptionen – gleich welchen Umfangs – entscheidet vor allem über Leistungen und Erfolge von Public Relations."[4]

4 Siehe Kap. 19.10, S. 250.

Public Relations in Deutschland haben sich seit den Nachkriegs-Anfängen zu Beginn der fünfziger Jahre stark und schnell entwickelt. In vielen Unternehmen sind Public Relations heute selbstverständlich und auf der Führungsebene angesiedelt. Public Relations sind inzwischen zum Wirtschaftsfaktor geworden, nicht nur situativ in Krisenfällen, sondern auch für die langfristige Planung der Unternehmenskommunikation unverzichtbar. Die steigende Zahl von Menschen im PR-Beruf, die in vielen Unternehmen schon recht beträchtlichen PR-Etats und die hohen Umsatzzahlen von PR-Agenturen beweisen dies. Eine solche Entwicklung geht nicht ohne Professionalisierung[5] einher. Konzeptionstechnik ist ein Merkmal dieser Professionalisierung. Die Konzeptionslehre beschreibt die Arbeitsgänge der Konzeptionsentwicklung, also das Vorgehen der Konzeptioner.

Schweizer Autoren fügen hinzu: „Bei der Erarbeitung eines PR-Konzepts kann es deshalb nicht nur darum gehen, möglichst schnell eine breite Palette von Maßnahmen zu kreieren. Wenn alle Maßnahmen mit den definierten Unternehmens- und Kommunikationszielen sowie den einzelnen Zielgruppen im Detail abgestimmt sein sollen, ist ein planmäßiges und systematisches Vorgehen unerläßlich. Übereilte Maßnahmen und Feuerwehrübungen können wohl zu kurzfristigen Verbesserungen führen, die erwünschte Langzeitwirkung wird jedoch mit großer Wahrscheinlichkeit ausbleiben."[6]

---

5 Die Autoren verwenden hier den Begriff Professionalisierung, wohlwissend, daß einige Professoren den Begriff vor allem im Zusammenhang mit der Verwissenschaftlichung von Public Relations verstanden wissen wollen. So stellt z.B. Prof. Signitzer fest: Die Professionalisierung von Public Relations wird vorrangig zunächst davon abhängen, ob es gelingt, eine Wissenssystematik für Public Relations zu erarbeiten – vor allem durch Verwissenschaftlichung des Berufswissens. (Benno Signitzer: Umrisse einer künftigen PR-Wissenschaft: ihre Funktion im Professionalisierungsprozeß; in: Klaus Dörrbecker/Thomas Rommerskirchen [Hrsg.]: Kommunikationsmanagement, Remagen-Rolandseck 1990, S. 287.). Die Autoren teilen diese Auffassung insofern nicht, als sich ein hoher Grad der Professionalität, z.B. von Public Relations in Deutschland, durch handwerkliches Können gepaart mit denkerischer und kommunikativer Kompetenz entwickelt haben kann. Die derart entstandene Professionalität muß nicht zwangsläufig verwissenschaftlicht werden, um, wie Signitzer sagt, den Klienten zu laiisieren (a.a.O., S. 287.) Einem Schreiner mit Meisterbrief läßt sich Professionalität seines beruflichen Könnens nicht absprechen, nur weil er keine Schreinerwissenschaft studiert hat.

6 Alfred Köcher/Eliane Birchmeier: Public Relations? Public Relations!, Köln/Zürich 1992, S. 156.

Und was leistet die Konzeptionslehre? Sie vermittelt ein System der Risikominimierung: Es gilt die Risiken zu verringern, nämlich die Risiken hohe Etats nutzlos zu „verbraten", in der Wirkung sich widersprechende Maßnahmen einzusetzen, Dialoggruppen zu verprellen, falsche Wege zu beschreiten, Ziele zu verfehlen, undsoweiter, undsoweiter . . .

Von Henry Ford I., dem Autokönig, geht die Mär, er habe gesagt: „Ich weiß, daß ich fünfzig Prozent meiner Werbemillionen zum Fenster hinauswerfe – aber ich weiß nicht, welche!" Das zu wissen und möglichst zu verhindern, dazu dienen sauber entwickelte, professionelle Konzeptionen.

Um dieses fachspezifische Handwerkszeug soll es in unserem Buch gehen. Die PR-Leute brauchen es für alle PR-Arbeit . . . gleichgültig zu welchem Problem, in welcher Opulenz, für welchen Zeitraum – ob es nun um den Neuaufbau der Kommunikationspolitik mit einer großen Fünfjahreskonzeption für einen international tätigen Konzern, oder ob es um einen Sechsseitenprospekt im LangDIN-Format für die Kunden eines mittelständischen Unternehmens geht. Deswegen sagt Horst P. Borghs[7] zu Recht: „Solide, zielgerichtete Öffentlichkeitsarbeit kann ohne PR-Methodik und konzeptionelles Denken nicht dauerhaft bestehen."

Die Notwendigkeit, schlüssige, in sich logische und wirksame Konzepte zu schreiben, hat sich in Deutschland erst in den letzten zwei Jahrzehnten *allgemein* durchgesetzt. Dadurch, daß Public Relations verstärkt in alle Bereiche des Wirtschaftslebens eindrangen, daß die Aufgaben wesentlich komplexer wurden, gingen PR-Leute rationaler, intellektueller, gründlicher und vor allem systematischer an die zu lösenden Aufgaben heran (Richter). Anders zu arbeiten, gilt heute längst als unseriös und laienhaft. Erfolge wurden planbar. PR-Leute wurden und sind mit steigenden Kompetenzen und finanziellen Mitteln natürlich auch einem wachsenden Rechtfertigungszwang ihrer Arbeit ausgesetzt. Die Zeiten, in denen sich mancher hinsetzte und mit Hilfe einer Flasche Bourbon kreativ 30 Maßnahmen für ein bißchen Öffentlichkeitsarbeit einfallen ließ, sind unter Profis schon lange vorbei.

7 Siehe Kap. 20.1, S. 311.

Public Relations sind ein denkintensives Geschäft. Konzeptionstechnik ist ihr wichtigstes Handwerkszeug. Wie gut ein PR-Mensch diese Technik beherrscht, entscheidet über seine Leistungen und Erfolge.

Kriterien für ein gutes Konzept

Konzepte sind dann gut, wenn sie erfolgreich die Kommunikationsaufgabe lösen. Dazu nennen die befragten Konzeptionsprofis folgende Kriterien: Ein gutes Konzept müsse ein ganzheitliches Verständnis der Kommunikationsaufgabe zeigen (Ahrens). Es zeichne sich durch analytische Stringenz, Kreativität in allen vier Phasen[8] sowie Anschaulichkeit und Gefälligkeit der Darstellung aus (Rolke).

Das gesamte Konzept müsse konzentriert und schlüssig sein. Es fokussiere die Probleme bzw. Aufgaben und löse sie logisch und folgerichtig ohne auszuschweifen. Nur so könnten ein Konzept und seine Umsetzung etwas bewegen – und das müssen sie, wenn die Konzeption gut sein will (Andresen).

Nach Eisele haben PR-Leute nicht nur Problemlösungskompetenz, sondern auch Veränderungskompetenz. Das heißt, daß sich auch beim Kunden durch die Konzeptionsarbeit (auch hier: und deren Umsetzung) etwas verändere. In Eiseles Verständnis sollen gute Konzepte also auch Veränderungen beim und nicht nur mit dem Kunden erreichen. Was gute Konzepte verändern können und wo ihre Grenzen liegen, bringt Richter auf den Punkt: „PR kann nur begrenzt helfen zu verkaufen. PR kann aber verhindern, daß gar nicht mehr gekauft wird."

Und dieses noch: Konzeptionierung ist Maßarbeit[9] und nicht Konfektion. Längst ist jene Agentur aufgelöst, in der es die Redensart gab: „Kunde droht mit Auftrag! Gehen Sie mal an den Schrank dahinten; dort liegen die alten Konzeptionen. Suchen Sie sich eine passende raus und schreiben Sie sie um!"

8 Die vier Phasen werden im Modell erläutert, siehe Kap. 19.7, S. 219.

9 Die Begriffe Maßarbeit und maßgeschneidert sind Schlüsselbegriffe des Konzeptionierens. Die Leser werden ihnen in diesem Buch mehrfach begegnen.

Klar, was dabei herauskam (bis es keine Kunden mehr gab): eine Pressekonferenz und ein paar andere Standardmaßnahmen – aber kaum eine komplexe individuelle Problemlösung. Aber genau die ist gefragt. Deshalb gleicht kein gutes Konzept dem anderen.

Ein gutes Konzept ist eine individuelle Planung, die die gestellte spezifische Kommunikationsaufgabe so erfolgreich wie möglich löst. Es zeigt ein ganzheitliches Verständnis dieser Aufgabe und zeichnet sich durch analytische Stringenz aus.

Die Bedeutung von Unternehmenspolitik für PR-Konzepte

Gute PR-Konzepte sind immer eng an die Unternehmenspolitik, an deren Strategie und deren Ziele gebunden. Sie sterben nicht an der öffentlichen oder unternehmensinternen Resonanz, sondern stehen und fallen mit ihrer Bedeutung für die Unternehmenspolitik (Kocks).

„Die Unternehmenskommunikation orientiert sich an dem Leitbild und den Leitlinien des Unternehmens. Ein Unternehmen ist in die vielfältigsten Beziehungen mit seinem Umfeld eingebunden. Das Unternehmensleitbild vermittelt die Beziehungen zwischen dem Unternehmen, seinen Mitarbeitern und den verschiedenen Zielgruppen der Öffentlichkeit. Im Prozeß der Kommunikation wird das Unternehmensleitbild gedeutet und weiterentwickelt. Der Kommunikationsprozeß ist daher ein aktiver Lernprozeß für das Unternehmen."[10]

Über die Bedeutung von Kommunikationsqualität für gesellschaftliche Institutionen, z.B. Unternehmen, gibt es unter den Fachleuten national (und auch international) hohe Übereinstimmung. So schreibt Hillebrand in einem Aufsatz über Sony: „Die Qualität von Kommunikation entscheidet heute mehr denn je über die gesellschaftliche Akzeptanz und den Erfolg nicht nur der Produkte, sondern auch des gesamten Unter-

10 Rupert Ahrens/Michael Behrent: Integrierte Kommunikation als unternehmerischer Erfolgsfaktor, in: Rupert Ahrens, Helmut Scherer, Ansgar Zerfaß (Hrsg.): Integriertes Kommunikationsmanagement – Ein Handbuch für Öffentlichkeitsarbeit, Marketing, Personal- und Organisationsentwicklung, Frankfurt am Main 1995, S. 91.

nehmens. Mehr noch: Sie kann einen größeren Einfluß haben als die eigentliche Qualität des Produkts."[11]

Die AFK greift bei der unternehmenspolitischen Einordnung der Public Relations auf Grundlagen der Betriebswirtschaftslehre zurück. Sie spricht von Kommunikation als einem zusätzlichen *Produktionsfaktor*, der zunehmend an Bedeutung gewonnen habe.[12]

Wie der Zusammenhang von Unternehmenspolitik und Kommunikationspolitik konkret umgesetzt wird, zeigt ein Beispiel von Asea Brown Boveri (ABB). Auch hier steht fest, daß jedes PR-Konzept von der mittel- und langfristigen Unternehmensstrategie und ihren Zielen abgeleitet wird. Um für alle Einzelkonzepte eine gemeinsame Basis zu schaffen, entwickelten 1991/92 mehrere hundert Führungskräfte des gesamten Konzerns ein Leitbild und kommunikative Ziele. Der Prozeß mündete in einen zweitägigen Workshop mit rund 150 Managern. Das nach Endredaktion und erneutem Umlauf abgestimmte Papier wurde dann zur Grundlage für die Kommunikationspolitik des Hauses. Vorteil dieser Verfahrensweise ist, daß die unternehmerischen Kommunikationsziele, da sie von allen erarbeitet wurden, auch in allen Köpfen stecken und einheitliches Handeln nach außen und im Unternehmen ermöglichen (Essing).

Wie wichtig es ist, Kommunikationspolitik im eigenen Unternehmen anzudenken, sagt auch Kocks: „Intern denken, extern handeln. Nichts wird häufiger vermieden als interne Denkarbeit. Die ersatzweise Beschäftigung von Agenturen führt nicht zum Erfolg." So gesehen, definieren Public Relations nicht nur die Kommunikationspolitik. Wenn sie eng an die Unternehmensziele gebunden sind, können sie auch Einfluß auf Unternehmensentscheidungen haben, wenn kommunizierbare Themen rechtzeitig besetzt werden. So haben die Öffentlichkeitsarbeiter bei Opel z.B. die Diskussion um den Katalysator 1989 entscheidend mitbestimmt (Schmidt).

Nusch und Essing beschreiben die Einbeziehung der Unternehmensspitze als „selbstverständlich" und weisen zu Recht darauf hin, daß Planung

---

11 Klaus Hillebrand: Sony: Hardware, Software, Artware – Wie ein Kommunikationskonzern kommuniziert, in: Joachim Klewes (Hrsg.): Jahrbuch Public Relations 1994, Econ Verlag, Düsseldorf 1994, S. 75.

12 Siehe Kap. 19.10, S. 245 f.

nichts Statisches sei, sondern ein Prozeß, daß also Konzeptionen weiterentwickelt werden müssen: „Die Kommunikationsziele und -inhalte werden regelmäßig sowie bei Bedarf überprüft. Dabei orientiert sich die Weiterentwicklung an den Ergebnissen von Untersuchungen im kommunikativen Zielfeld, an Veränderungen der Geschäftsausrichtung, Veränderungen im Beziehungsfeld oder auch an Modifikationen der Zielgruppenprioritäten. In diesem Prozeß besteht ein Höchstmaß an Freiheit, weil erkannt wurde, daß starre Korsette allenfalls ein schwaches Rückgrat stützen, nicht zu Erfolg in der Kommunikation führen. Daß an der Weiterentwicklung oder Überprüfung kommunikativer Ziele alle Kommunikationsverantwortlichen sowie die Führungsebene der Gesellschaften und des Konzerns beteiligt sind, ist selbstverständlich."[13]

PR-Konzepte sind an die Unternehmenspolitik gebunden, da sie letztlich immer dem Erfolg des Unternehmens zu dienen haben. Die kommunikationspolitischen Ziele müssen von den Unternehmenszielen abgeleitet werden – möglichst unter Einbeziehung der oberen Führungsebenen im Unternehmen. Nur so können sie Unternehmensentscheidungen unterstützen.[14]

1.2 Warum Verwirrung unnötig ist? – Von unterschiedlichen Begriffen und gleichem Kern

Auch wer von Konzeptionstechnik redet, muß Begriffe klären. Um sich in diesem Buch zu verständigen, soll hier aufgezeigt werden, wie bestimmte Begriffe von den Autoren definiert werden. Wir sagen hier auch, wo unsere Gesprächspartner gleiche Begriffe benutzt haben, aber jeweils etwas andere Sachverhalte meinen. Noch sind viele PR-Arbeitsbegriffe nicht verbindlich normiert. Vielleicht trägt dieses Buch beim Thema Konzeptionstechnik dazu bei.

13 Friedmar Nusch/Norbert Essing: Flexible Bauklötze im Kommunikations-Baukasten – Das Know-how der Unternehmenskommunikation am Beispiel ABB, in: Klewes (Hrsg.), 1994, S. 40.

14 Der Einfachheit halber ist hier von Unternehmen die Rede. Gleiches gilt stets auch für Verbände, Institutionen und andere PR treibende gesellschaftliche Organisationen.

Bei Quandt taucht der Begriff „Briefing-Konzept" auf. Hier sind die Vorgaben für das noch zu erarbeitende Konzept gemeint, die der Auftraggeber dem Konzeptioner bereits im Briefing machen kann.

Meyer nennt das „Strategie", was die AFK als große Konzeption bezeichnet, nämlich Grundlagen für ein längerfristiges PR-Handeln bzw. die Basis für drei bis fünf Jahrespläne. Die Konzeption ist nach seinem Verständnis eine „abgespeckte, kleine Strategie" für Kunden, die schon eine genaue Vorstellung davon haben, was sie tun wollen.

Auch die Literatur hilft nicht viel weiter: Scheben und Scheurer machen es sich einfach, wenn sie schreiben, Konzeptionieren sei „das strategische Basis-Handwerkszeug des PR-Menschen."[15]

Im einzigen „Lexikon der Public Relations"[16] gibt es weder das Stichwort „Konzeption" noch das Stichwort „Strategie" (!). Wenn man mühselig sucht, findet man unter dem Stichwort „Public Relations-Ziele" folgende wolkige Definition von PR-Konzeption: „Konzeption (lat.) heißt Zusammenfassung. Unter dieser Voraussetzung versteht man unter Konzeption schlechterdings den Kern des Vorhabens, die Idee einer Botschaft, den Ur-Sinn einer Kampagne. Auch hier: Vereinigung aller Teile zu einem Ganzen."

Der Blick in den Großen Brockhaus von 1993[17] zeigt bei „Konzept" die Erklärung „Entwurf eines Schriftstückes oder einer Rede, erste Niederschrift". Bei „Konzeption" lesen wir (außer von „Empfängnis ... im Sinne von Befruchtung"!): „Abfassung (Konzipierung), schöpferischer Einfall". Das reicht wohl auch nicht. In einem Marketing-Lexikon fanden wir zwar nicht unter dem Stichwort „Konzeption", aber unter „strategische Planung": „Erschwerte Marktbedingungen (...) machen mehr denn je ein geplantes unternehmerisches oder – wie man auch sagen kann – konzeptionsorientiertes Handeln notwendig. Grundlage eines solchen Handelns sind Konzeptionen im Sinne umfassender gedanklicher Entwürfe für alle unternehmerischen Aktivitäten. Sie bauen auf drei zentra-

15 Mathias Scheben/Hans Scheurer (Hrsg.): PR Praxis; Erfolgreiche Öffentlichkeitsarbeit für mittelständische Unternehmen, S. 118.

16 Dieter Pflaum/Wolfgang Pieper (Hrsg.): Lexikon der Public Relations, Landsberg/Lech 1989, S. 381.

17 Brockhaus-Enzyklopädie, Mannheim 1993.

len konzeptionellen Ebenen auf: der Ziel-, der Strategie- und der Maßnahmenebene (...)."[18]

Gerade vom Begriff „Strategie" gibt es übrigens sehr unterschiedliche Auffassungen. Sie werden in Kapitel 4. „Der strategische Block" erläutert, andere Begriffsdifferenzen in den entsprechenden Kapiteln.

Erstaunlich bei solch scheinbarem Wirrwarr: Unsere Gesprächspartner, sämtlich ausgewiesene Konzeptionsprofis, verwenden zwar immer wieder einmal unterschiedliche Wörter. Im Kern der Konzeptionsentwicklung aber sind sie sich bemerkenswert einig. Die Verfahrensweisen decken sich weitgehend. Lange Erfahrungen haben zu viel Gleichklang geführt. Lassen Sie sich also bitte nicht irritieren.

Dieses Buch versteht unter Konzeption (synonym: Konzept) ein methodisch entwickeltes, kreatives und in sich schlüssiges Planungspapier für kommunikationspolitische Problemlösungen intern und extern. Die Bestandteile jeder Konzeption sind die Strategie (nebst den Vorstufen zur Strategiefindung) und die Taktik. Die Strategie liefert dabei das an die Unternehmensziele gebundene Lösungsprinzip, die Taktik die von der strategischen Vorgabe abgeleitete Planung der Umsetzung in Maßnahmen. Der Konzeptionsvorgang umfaßt die Gesamtheit aller Schritte, die notwendig sind, um eine Konzeptionsaufgabe zu bewältigen: also von der Faktensammlung bis zur Qualitätskontrolle.

1.3 Warum es nicht genügt, dieses Buch zu lesen – Übung macht den Meister

Erinnern Sie sich noch an Ihre erste Fahrstunde im Auto nach einigen Theoriestunden? Als es schrecklich im Getriebe knirschte? Als der Motor seinen Geist aufgab? Als das Auto einen Riesensatz machte und dann stehenblieb? Als keine Lücke groß genug schien, um einzuparken? Lange ist es her – und längst fahren Sie sicher hunderte von Kilometern weit, unterhalten sich dabei mit der Beifahrerin/dem Beifahrer, überlegen, wie Sie am Zielort agieren wollen und wann Sie denn wohl zurückfahren

18 Erwin Dichtl/Otmar Issing (Hrsg.): Vahlens großes Wirtschaftslexikon, München 1993.

könnten. Der Umgang mit Ihrem Wagen, mit dem Verkehr, mit der Straßenbeschaffenheit – das läuft fast automatisch, Sie reagieren instinktiv. Weil Sie es nicht nur theoretisch gelernt, sondern lange geübt haben. Sie sind ein erfahrener Autofahrer, eine erfahrene, sichere Autofahrerin.

So ist das auch mit dem Konzeptionieren. Ein Buch über Konzeptionstechnik zu lesen ist eine Sache, Konzeptionen selber zu erarbeiten eine andere. Ungeübt vor dem ersten Konzept – da knirscht es wie einst in der ersten Fahrstunde.

Um Konzeptionieren zu lernen, gibt es zwei verschiedene Möglichkeiten.

Die eine Möglichkeit ist, es in der Praxis, im Beruf, einfach zu tun. Konzeptionstechnik also „on the job" von erfahrenen Kollegen zu lernen und nach und nach selbst zu übernehmen. Dieser „einfache" Weg ist oft recht unvollständig. Der „Konzeptionslehrling" ist abhängig von den Profi-Erklärungen (und wer hat schon im stressigen Alltag immer Zeit und das methodische Geschick, den Nachwuchs mit Geduld über viele Stufen bis zur konzeptionstechnischen Reife zu begleiten?). Zudem: in manchen Unternehmen werden alte Konzepte oft nur fortgeschrieben oder die Agentur liefert die Konzeption zu (und wer sollte es dabei lernen?). Schließlich: die Vielfalt konzeptioneller Anforderungen kann in vielen Unternehmen (eher in großen Agenturen) nicht erfahren werden (und wer wird schon konzeptionssicher, wenn er nur in thematisch schmalem Feld üben kann?).

Die andere Möglichkeit ist, Konzeptionstechnik bei einem der beiden großen PR-Ausbildungsinstitute zu lernen und in Fallstudienarbeit schrittweise selbst zu erproben. Dies ist der sicherere Weg.

Noch besser: im Seminar lernen sowie an vielen Fällen verschiedener Art üben und dann unter einem guten Konzeptioner daheim anwenden und erproben. Hoffentlich haben Sie einen solchen qualifizierten Lernpartner! Konzeptionsentwicklung ist Schwerarbeit. Es braucht seine Zeit, um ein erfahrener Konzeptioner zu werden.[19]

---

19 Mehr dazu in Kap. 17, S. 171 – 176.

Zusammenfassung:

Professionelle Konzipierung ist die Voraussetzung wirkungsvoller Public Relations. Gute Konzeptionen sind keine Garantie für den Erfolg, aber sie minimieren das Risiko, Fehler zu machen. Vorgabe ist stets die Unternehmenspolitik, sind die Unternehmensziele. Das stimmige, individuelle Konzept ist ein hochkomplexes Planungspapier mit Strategie und Taktik.

Konzeptionstechnik kann man lernen, aber das muß übungsintensiv geschehen.

Dieses Buch begleitet Sie detailliert durch alle Stufen der Konzeptionsentwicklung.

2. Briefing und ergänzende Quellen – Warum sich nur in einer aus Fakten eng geknüpften Hängematte konzeptionell gut schaukeln läßt

Freddy Clausewitz, gemeinsam mit Gattin und Kollegin Linda Chef des gleichnamigen Presse-, Aktions- und Beratungsbüros kommt eines spätnachmittags mit tiefen Falten auf der Stirn von einem potentiellen Kunden zurück. Auf die Frage eines Neulings im Agenturteam, wie es gewesen sei, sagt er laut und ziemlich miesepetrig: „Die Hängematte hat noch verdammt viele Löcher!" Der neue Kollege versteht nur Bahnhof; und auf dem wird er auch stehengelassen. Die anderen kennen das Bild seit langem: Freddy meint: ein wohlgeknüpftes dichtes Netz aus Fakten, Meinungen, Atmosphäre und, versteht sich, Personalien, sei für einen Konzeptioner eine „kreative Hängematte", in der sich's konzeptionell gut schaukeln lasse. Als ihm die Mannschaft zum Geburtstag (August, Löwe) einst eine Hängematte schenkte, fühlte er sich denn auch gar nicht vergackeiert ...

Bei der AFK gilt der Grundsatz: „Kein Konzept kann besser sein als das Briefing es hergibt."[20] Diesen Satz können auch alte PR-Hasen immer wieder nur bestätigen. Togotzes sagt sogar, daß das Briefing für die Konzeption entscheidend sei. Ob wir auf Agenturseite einen Auftrag erhalten oder intern in einer Organisation ein Konzept erarbeiten wollen – immer ist das Briefing die erste und wichtigste Informationsquelle, auf der alle weiteren Recherchearbeiten basieren.

Kein Konzept kann besser sein als das Briefing es hergibt.

---

20 Siehe Kap. 19.10, S. 255.

Funktion des Briefings

Wichtig ist es, im Briefing nicht nur die Fakten, sondern die Intention des Auftraggebers zu erfahren. Warum will er PR-Aktivitäten in Gang setzen, welches Ziel hat er im Auge, welcher ungefähre Einsatz von personellen und materiellen Mitteln ist geplant (Meyer). Dazu gehören bei einem großen Konzept umfassende Informationen, die abgefragt werden müssen, über Selbstverständnis, Philosophie, Unternehmenskultur, das Verhältnis zum Markt und nicht zuletzt über Unternehmens- und ggf. Marketingziele des Kunden. PR dienen letztlich auch dem wirtschaftlichen Erfolg des Kunden (Togotzes). Aus dem Briefing-Gespräch, evtl. sogar aus mehreren Gesprächen, sollen auch nach Kohrs die klare Ausgangszielsetzung (inkl. der unternehmerischen Ziele), ein differenziertes Eigen- und Fremdbild, sowie sortiertes Marktmaterial hervorgehen. Jedes PR-Konzept muß sich nach den Unternehmenszielen des Kunden richten – siehe die ersten Abschnitte dieses Buches. Wer diese nicht bei Briefing und Re-Briefing erfährt oder erfragt, dem fehlen zentrale Informationen, die über Gelingen oder Scheitern der Konzeption entscheiden können.

Ein solches Gespräch muß mit einem gut ausgewählten und strukturierten Fragenkatalog vorbereitet werden, der beiden Seiten einen effizienten Informationsaustausch ermöglicht.

Nun ist die Funktion eines Gespräches aber nicht, daß man darin überall nachlesbare Fakten abfragt (Togotzes), sondern daß man auch und insbesondere genau das erfährt, was nirgends geschrieben steht: Atmosphäre, Ansichten des Gesprächspartners über das jeweilige Problem, Meinungen und Fakten, die nicht unmittelbar für die Öffentlichkeit bestimmt sind, für den Auftrag aber relevant sein können.

Es versteht sich fast von selbst, daß es da besser ist, mit mehreren Beteiligten zu sprechen – und zwar einzeln, auch um Widersprüche aufzudecken (Togotzes), die bei der Analyse hilfreich sein können. Richter sagt zu Recht, daß PR zur Bewältigung der Kommunikationsaufgaben mehr Wissen über den Kunden braucht als die Werbung, also gründliche und tiefe sachliche Information. Eine andere Funktion des Briefings ist, daß allen Beteiligten klar und einsichtig wird, was ihre Aufgabe im Prozeß der Konzeptionsentwicklung ist (Essing).

Die Funktion des Briefings ist die gründliche und umfassende Information von seiten des Auftraggebers über alle Fakten, Hintergründe und Meinungen, die im Zusammenhang mit der gesuchten Problemlösung für den Konzeptioner von Bedeutung sein können.

Inhalt des Briefings

Bei unternehmensinternen Briefings könnte man davon ausgehen, daß ja alle Fakten für die Konzeptionerarbeit bekannt sind. Trotzdem ist es nützlich, noch einmal alle für den Fall relevanten Fakten zusammenzustellen, um sicher zu gehen, daß keine Information verloren geht. Bei der Adam Opel AG, z.B., werden in internen Meetings, die in jeder PR-Abteilung einberufen werden können, noch einmal die Fakten geklärt und ggf. erweitert. Die jeweils zuständigen Fachabteilungen des Unternehmens erledigen anschließend die interne Recherche für die PR-Leute.

Wie ein gründliches Briefing von seiten der Organisation für die Zusammenarbeit mit Externen vorbereitet wird, zeigt das Beispiel eines bundesdeutschen Ministeriums. Quandt erläutert hier die Möglichkeit, innerhalb einer Organisation durch präzise Schrittfolgen die Konzeptionsarbeit durch interne Vorarbeit vorzubereiten. Die folgenden Ausführungen hängen also mit der konkreten Situation eines Ministeriums und seinen systemimmanenten Besonderheiten zusammen:

Die Vorstufe zur Analyse bei der Aufgabenfindung sind fünf verschiedene Einstiegsfragen, um die Art der Aufgabe zu charakterisieren:

1. Gibt es eine festgelegte Aufgabe? (z.B. Veröffentlichung eines Gesetzes)
2. Gibt es Problembereiche? (z.B. Altenarbeit)
3. Gibt es Kommunikationsbereiche, die Impulse brauchen? (z.B. Informationsbörsen für Frauen)
4. Gibt es aktuelle Aufgabenstellungen? (z.B. AIDS)
5. Gibt es Aufgaben mit Handlungsbedarf? (z.B. Gewalt an Kindern)

Im Anschluß an die Beantwortung dieser Fragen fällt die Entscheidung, ob ein Konzept notwendig ist oder nicht. Der Konzeptioner kann dann weiter entscheiden, ob eine alte Idee wieder aufgegriffen oder ein ganz neues Konzept entwickelt wird. Dies also ist der Beginn der Überlegungen zu einem Konzept. Wenn die Entscheidung für ein neues Konzept gefallen ist, beschreibt der Konzeptioner die Situation des zu transportierenden Themas. Er muß das Thema verstehen und dafür mit Fachleuten reden und lesen, was es darüber zu lesen gibt.

Nach einer ersten Analyse der Situation wird eventuell noch zusätzlich recherchiert, besonders bei vielschichtigen und schwierigen Problemen. So ist es z.B. bei neuen Aufgaben und Themen, wo Lösungen oder Umsetzungen noch nicht präzisiert werden können, nötig, mit internen und externen Fachleuten zu reden. Bei der AIDS-Kampagne und der Nichtraucherkampagne der Bundesregierung z.B. wurden alle politischen und fachlichen Bereiche einbezogen, um zu Ansätzen in der Kommunikationsstrategie zu kommen.

Der nächste Schritt ist die Aufgabenstellung gemäß einer der o.g. fünf Grundfragen. Doch dazu mehr im folgenden Kapitel.

Wenn die Zusammenarbeit mit einer Agentur notwendig ist, gibt der Auftraggeber (in diesem Fall das Ministerium) wichtige Informationen strukturiert als Geländer vor. Quandt nennt dies sogar schon (vorläufiges) „Konzept". Es enthält:

1. Ausgangssituation,
2. Inhalte der Kommunikation,
3. denkbare Zielgruppen,
4. denkbare Medien,
5. Budget und Zeiträume der Umsetzung.

Diese Vorgaben verstehen sich als Grundlage zur Wegfindung und können mit der Agentur diskutiert werden. Die Agentur hat anschließend ein bis drei Wochen Zeit bis zur ersten Nachfrage und Rücksprache. Dieses Re-Briefing ist ein wichtiger Zwischenschritt und soll zeigen, ob das Problem verstanden worden ist. Quandt betont, daß die Vorgabe des Auftraggebers und der Zwischencheck notwendig sind, um Rückschritte im Konzeptionsprozeß hinter den Stand des Briefings zu vermeiden.

Auch Agenturen wünschen sich gründliche Briefings. Das sogenannte Konzept-Briefing von IPR&O[21] enthält folgende Informationen, soweit der Auftraggeber schon in der Lage ist, diese Vorgaben zu machen:
- Hintergrund/Ausgangslage,

21 Siehe Kap. 19.12, S. 276.

- Aufgabe,
- Zielsetzung,
- Zielgruppen,
- Positionierung/Botschaften,
- Leistungsumfang/Anforderungen an die Maßnahmen,
- Vorgaben zum Corporate Design (CD),
- Terminplanung,
- Budgetrahmen.

Auch wenn Kunde und Agentur sich schon aus früherer Zusammenarbeit gut kennen, sollte die Briefing-Phase jedesmal wieder vollständig durchlaufen werden. Neue Situationen, andere Aufgabenstellungen und veränderte Ziele zwingen dazu.

Wie im vorangegangenen Abschnitt beschrieben, werden die Punkte des „Konzept-Briefings" durch alle Fakten rund um den Auftragsgegenstand, also Unternehmensziele, Zahlen, Daten, unternehmensspezifische Probleme und „alles das, was unter dem Schreibtisch liegt" (Meyer) ergänzt. Dieser Hinweis bestätigt eine alte Weisheit: auch ein professioneller Briefing-Geber ist vor Betriebsblindheit nicht gefeit. Deshalb sind kluges Nachfragen und Re-Briefing auch so wichtig.

Bei aller „Faktenseligkeit" – Schulze-Fürstenow weist ausdrücklich darauf hin – es dürfen evaluierte Fakten nicht fehlen. Gemeint sind die Ergebnisse von sozialwissenschaftlichen Umfragen.[22]

Aber auch „weiche" Fakten gehören dazu. Piwinger und Niehüser beschreiben eindringlich, warum selbst „Stimmungsinformationen" von hoher Bedeutung sein können.[23]

Inhalt des Briefings sind möglichst präzise Informationen zum Auftragsgegenstand, zum Problem, zum internen und externen Umfeld und zu den Zielen der Organisation, zu Auftraggebermeinungen und -einstellungen, zu Produkten oder zu Dienstleistungen, zum Budget und zum Zeitrahmen.

---

22 Siehe ab S. 35 ff.

23 Manfred Piwinger/Wolfgang Niehüser: Stimmungsinformationen und Unternehmenskommunikation, in: Ahrens u.a. (Hrsg.), 1995, S. 211 ff.

Kriterien für ein gutes Briefing

Ein gutes Briefing zeichnet sich nicht allein durch die Vollständigkeit der oben genannten inhaltlichen Kriterien aus. Die menschliche Dimension ist oft entscheidend für die Qualität eines Briefing-Gesprächs. Vertrauensvolle Zusammenarbeit ist Voraussetzung für den Erfolg. Denn nur, wenn der Konzeptioner auch die für den Fall relevanten Tatbestände aus der „Intimsphäre" des Unternehmens erfährt, wird er stimmig und folgerichtig arbeiten können. Schon hier zeigt sich, wie wichtig ein gutes Vertrauensverhältnis zwischen Briefinggeber und Konzeptioner ist – intern wie extern.

Oberstes Gebot ist die Offenheit des Briefers, also des Auftraggebers. Mindestvoraussetzung für ein gutes Briefing ist, daß alle wichtigen Fakten und die Grundlinie der Unternehmensstrategie genannt werden (Jaenecke). Richter ergänzt, daß ein Briefing vollständig, wahr und ehrlich sein muß, daß alle Probleme genannt werden müssen. Nur so kann die Qualität von Konzeption und PR-Leistungen gewährleistet werden. In Ergänzung zur Offenheit des Briefers betont Kohrs in diesem Zusammenhang noch einmal die Bedeutung der Re-Briefings. All dies dient dem tieferen Verständnis des Problems und hilft, Mißverständnisse zu vermeiden.

Von seiten des Kunden gehört dazu die Fähigkeit, seine Probleme zu beschreiben (Kocks). Für die Agentur heißt dies, daß die Güte eines Briefings auch von der Intelligenz des Fragenden und seiner Fragetechnik abhängt (Togotzes).

Jaenecke bringt es auf den Punkt: Im optimalen Fall legt das Briefing die Kommunikationsstrategie des Unternehmens offen ... soweit schon vorhanden.

Ein gutes Briefing zeichnet sich durch die Offenheit des Briefers und seine Fähigkeit, Probleme zu artikulieren, aus. Zudem ist seine Qualität abhängig von der Intelligenz des Fragenden und seiner Fragetechnik.

Schwierigkeiten beim Briefing

Aus den Kriterien für ein gutes Briefing lassen sich auch die Schwierigkeiten ableiten. Manchmal sind Kunden nicht in der Lage, ein detailliertes, sachlich korrekt gewichtetes Briefing zu entwickeln. In diesem Fall gehöre es bereits im Vorfeld der Konzeptionsentwicklung zu den Aufgaben der Agentur, anhand eines strukturierten Leitfadens die maßgeblichen Informationen aus Kundensicht zu recherchieren (Leipziger & Partner).[24]

Auf der anderen Seite gebe es Konzeptioner, die nicht in der Lage seien, durch geschicktes Nachfragen im Briefing-Gespräch Informationen zu bekommen, die man nicht ohnehin überall nachlesen könne (Togotzes).

Zu den Schwierigkeiten, die beim Briefing für die Organisation auftreten zählt Quandt:

- der interne PR-Mensch muß schon vor dem Briefing der Externen mit den entsprechenden Fachabteilungen die relevanten Fakten abklären;
- Agenturen müssen mit genügend Fachinformationen versehen werden (nicht zuviel und nicht zuwenig);
- die Agenturen müssen begreifen, daß die vom Auftraggeber genannten Faktoren Aufgabe, Zeit und Kosten ernst gemeint sind;
- intern muß die Organisation den Anforderungen der Agentur entsprechen, d.h. die Verbindlichkeiten gegenüber der Agentur müssen im eigenen Haus eingehalten werden.

Die Hauptschwierigkeiten beim Briefing sind Verständnisprobleme. Sie liegen darin, daß Kunden nicht in der Lage sind, umfassend und strukturiert zu briefen, und daß Agenturen nicht in der Lage sind, durch kluges Nachfragen die Probleme des Kunden wirklich zu verstehen.

24 Siehe Kap. 19.5, S. 211.

Die Fakten und ihre Herkunft

Die AFK sagt, daß die möglichst vollständige Sammlung aller für unseren Fall möglicherweise interessanten Fakten die Faktenplattform bildet.[25]

Nun gehört nach dieser Definition zur Faktensammlung mehr als nur das Briefing-Gespräch. Anschließend an das erste Briefing muß der Konzeptioner recherchieren und durch Re-Briefings mit dem Kunden im Gespräch darüber bleiben. Rolke empfiehlt sogar vorab eine schriftliche Befragung des Kunden mit einem maßgeschneiderten Fragebogen, an die sich dann das erste Gespräch anschließen solle.

Wichtige Quellen für eine fundierte und umfangreiche Recherche sind

- das Internet mit seinen vielfältigen Möglichkeiten,
- Datenbanken und Archive wie z. B. Genios, GBI oder die Presse-Services der Nachrichten-Agenturen und
- Online-Dienste wie T-Online, CompuServe und America Online.

In den letzten Jahren haben sich PR-Leuten hervorragende Chancen eröffnet, um vor allem schnell und weltweit auf aktuelle Informationen über Unternehmen, ihre Wettbewerber und die Meinungsmärkte zugreifen zu können. Mit einem Online-Zugang, einiger Übung im Net-Surfen und einer genauen Vorstellung, wonach man sucht, lassen sich in kurzer Zeit viele relevante Fakten und Informationen zusammentragen, für deren Recherche man noch vor wenigen Jahren wochenlang Zeit gebraucht hätte.

Eine wichtige Informationsquelle sind sämtliche Medienbeiträge, die in der Vergangenheit über die Organisation und ihr Umfeld veröffentlicht wurden. Leipziger & Partner nennt hier Publikationen in der Presse, Medien, Archiven, Datenbanken und Fachzeitschriften.[26] Sie lassen sich, wie oben erwähnt, entweder online oder klassisch bei den einzelnen Archiven der entsprechenden Medien recherchieren.

25 Siehe Kap. 19.10, S. 255.

26 Siehe Kap. 19.5, S. 211.

Mögliche zusätzliche Quellen, die sich für den Konzeptioner vom Schreibtisch aus erschließen, sind bei Agenturen, die einem Network angehören, interne Informationssysteme. Ein solches System ist z.B. „Who knows?" von Hill and Knowlton, mit dessen Hilfe Mitarbeiter weltweit Informationen bei Kollegen anderer Büros abfragen können (Richter).

Ahrens sagt ganz richtig, daß die Ausgangslage der Konzeption nicht nur am Schreibtisch und aufgrund des Briefings entstehen könne. Er fügt hinzu, daß sich der Berater die nötige Marktkompetenz – besonders für die Meinungsmärkte – erarbeiten muß.

In Ergänzung zum Briefing recherchiert der Konzeptioner alle für den Fall möglicherweise relevanten Fakten. Die Hauptquellen sind Archiv-, Online- und Datenbankrecherchen sowie Medienanalysen. Hinzu kommen jedoch ganz wesentlich Ergebnisse von Meinungsumfragen, Kommunikationsanalysen, Marktanalysen und Audits – also evaluierte Fakten.

Zu den Instrumenten formativer Forschung, deren Ergebnisse Grundlage der Konzeptionsentwicklung sind, gehören Meinungsumfragen, Kommunikationsanalysen und Stichprobenaudits. Die entsprechenden Verfahrensweisen sind also in der einschlägigen Fachliteratur nachzulesen.[27] Generell ist die Bedeutung von Evaluation bei der Faktensammlung aber erheblich. Schulze-Fürstenow sagt dazu: „Zum Beispiel sind die zu Beginn ausgewiesenen, sogenannten Ist-Fakten (intern/extern) nicht beliebig, sondern es handelt sich dabei um bereits evaluierte Daten/Ergebnisse vorausgegangener Untersuchungen bei internen/externen Dialog-/Zielgruppen in den entsprechenden Kontaktfeldern oder Meinungsmarkt-Segmenten (Erhebung durch Meinungsforschungsinstitute). Das heißt: Mitarbeitermeinungen und externe Imagefaktoren sind repräsentativ erfaßt und meßbar ausgewiesen."[28]

27 Z.B. Beate Schulz: Strategische Planung von Public Relations, München 1993.

28 Siehe Kap. 19.9, S. 236.

Eine gründliche Ausgangslage läßt sich also nicht ohne quantifizierbare Daten ermitteln. Gerade bei Imageproblemen muß an dieser Stelle der Ist-Zustand durch formative Forschung sauber recherchiert und meßbar gemacht werden, um dann zu einem späteren Zeitpunkt oder nach Abschluß der Kampagne mit sogenannter evaluativer Forschung die Imageveränderung dingfest machen zu können.

Zusammenfassung:

Ein professionelles Briefing ist eine solide Grundlage für ein erfolgreiches Konzept. Es erfordert beim Briefer Offenheit und beim Konzeptioner die Fähigkeit, Informationen zu erfragen und Probleme zu erkennen. Dabei sollten alle Informationen, die für den Fall wichtig sind, vollständig an den Konzeptioner weitergegeben werden. Vor allem aber muß sich der Konzeptioner über Unternehmensziele und – z.B. bei Product Publicity – über die Marketingziele des Unternehmens informieren.

In Ergänzung zum Briefing muß der Konzeptioner selbst zusätzliche relevante Fakten zusammentragen. Für diese Recherche gibt es verschiedene Instrumente, von Markt-, Meinungs- und Kommunikationsforschung über Online-Recherchen bis hin zum Kontakt mit Meinungsbildnern und Vertretern der Hauptdialoggruppen. So kann sich der Konzeptioner ein zuverlässiges Bild von den Meinungsmärkten des Kunden verschaffen.

Die Gesamtheit aller Informationen aus Briefing, Re-Briefing, Datenbankrecherche und Umfrageergebnissen ergibt die Faktenplattform, auf der die Konzeptionerarbeit aufbaut: jenes aus Fakten eng geknüpfte Netz einer „konzeptionellen Hängematte“, in der sich bei den weiteren Schritten gut schaukeln läßt.

3. Die analytische Phase – Von der Fülle der Symptome zur stimmigen Diagnose

Der PR-Chef der Deutschen Grün AG, Gerd Mainzelhöhe, fühlt sich einfach krank. Der Arzt befragt ihn eingehend nach seinem Befinden. „Also Sie fühlen sich matt und haben Halsschmerzen. Dann werde ich mal Fieber messen. Aha, 39,5. Und im Hals sieht's rot aus und alles ist geschwollen, belegte Zunge, sehr schneller Puls. Und Sie sagen, Sie haben Ausschlag an den Händen? Na, der Ausschlag tut nichts zur Sache. Alle anderen Symptome sind aber eindeutig. Meine Diagnose ist: Angina. Die Sache mit dem Ausschlag behandeln wir ein anderes Mal. Jetzt schaffen wir erst einmal das Fieber runter und bekämpfen die Entzündung im Hals." Dann leitet der Arzt die Therapie mit Verordnungen ein. Auf dem Nachhauseweg überlegt Mainzelhöhe: „Was der Arzt vor der Aussage ‚Jetzt schaffen wir erst einmal das Fieber runter.' gemacht hat, ist eine präzise Analyse der Situation (mal konzeptionstechnisch gesehen). Er hat die Fakten, also die Krankheitssymptome gesammelt, hat sie selektiert und gewichtet und dann den aktuellen Stand der Dinge in der Diagnose schlußfolgernd zusammengefaßt. Anschließend hat er die Aufgabe gestellt, das Problem zu lösen, nämlich den Auftrag zur Therapie formuliert." Logisch, oder?!

Mainzelhöhes Arztbesuch zeigt uns, wie es nach der möglichst vollständigen Sammlung aller Fakten nun weitergeht. Die Fakten werden analysiert. Der Schritt von der reinen Sammlung bis zum „bewerteten Bild der Situation" (AFK), also dem Ergebnis der Analyse, ist allerdings recht weit.

Nur die beiden Ausbildungsinstitute DIPR und AFK, sowie die Modelle von PR Nord und KOMMUNIKATION[29] benennen hier konkret einen gesondert ausformulierten Zwischenschritt: die Erarbeitung von Stärken und Schwächen, Chancen und Risiken aus der Masse der Fakten. Mit diesem Zwischenschritt kann der Konzeptioner leichter zur präzisen Analyse der Situation kommen. Außerdem schließt sich an die Analyse bei den Ausbildungsinstituten die sogenannte *Spezifische Aufgabenstellung* an; beim DIPR „Aufgabenstellung (Problemlage)" genannt. Sie soll dem Konzeptioner klarmachen, was er konkret in den weiteren Schritten der

29 Siehe Kap. 19.4, 19.6, 19.9 und 19.10, Seiten 207, 216, 242 und 255 f.

Strategie zu tun hat. Die Aufgabenstellung erleichtert also den Sprung von der Analyse der Ist-Situation zur Strategie.

(Verwirrt? Hat nicht bereits der Auftraggeber die Aufgabe gestellt? Wohl wahr. Aber ist sie so auch präzise und differenziert genug, ist sie sinnvoll und realistisch? Der Konzeptioner muß es überprüfen. Das gehört zur Beraterverantwortung – intern wie extern. Er tut das durch die intensive Auseinandersetzung mit der Ist-Situation. Die ganz spezifische und oft sehr viel detailliertere Aufgabenstellung ist ein Ergebnis dieser Auseinandersetzung. Und oft genug weicht sie deutlich von der flacheren Ausgangsformulierung des Auftraggebers ab.)

Entsprechend der professionellen Vorgehensweise in dieser Stufenfolge unterteilen wir dieses Kapitel in die Abschnitte

- Stärken/Schwächen und Chancen/Risiken,
- Analyse sowie
- Spezifische Aufgabenstellung.

Stärken/Schwächen und Chancen/Risiken

Um von der Fülle der Fakten nicht irritiert zu werden, empfiehlt die AFK ein schrittweises Vorgehen bei der Analyse der Fakten. Im Konzeptionermodell der AFK ist dieser Punkt der zweite Arbeitsschritt von vieren, die als Vorüberlegungen zur Strategie hinführen[30]. Nachdem im ersten Schritt die Fakten so vollständig wie möglich gesammelt wurden, werden sie in diesem zweiten Schritt sorgfältig problematisiert, selektiert, komprimiert und gewichtet. Der Konzeptioner prüft also, welche Probleme hinter den Fakten stehen (Problematisierung), er wählt die Fakten aus, die (weil unwichtig) wegfallen und jene, die von Bedeutung sind und „im Topf bleiben" (Selektion), er faßt zusammen in überschaubarem, aufs Wesentliche reduziertem Text (Komprimierung). Es folgt die Rangordnung entsprechend der Bedeutung für den zu lösenden Fall (Gewichtung). Nach dieser Rangreihung werden die erkennbaren Stärken und Schwächen und die sich daraus ergebenden Chancen und Risiken herausgearbeitet. Mit diesem Schritt ermitteln wir die kommunikativen Potentiale, die in den Fakten stecken. Stärken/Chancen und

30 Siehe Kap. 19.10, S. 255.

Schwächen/Risiken. Sie sind die „Symptome“ des Falles – um beim Bild der Medizin zu bleiben. Ein tüchtiges Stück Arbeit!

Auch das DIPR lehrt diesen zweiten Schritt nach der nüchternen Bestandsaufnahme der derzeitigen Situation im internen und externen Kontaktfeld – die Analyse der Stärken und Schwächen.[31] Das KOMMUNIKATION-Modell nennt explizit den Nutzen einer solchen Bilanz: „Die Stärken müssen in der PR-Arbeit eingesetzt werden. Auf die Schwächen und ihre Auswirkungen sollte die PR-Strategie insgesamt vorbereitet sein. (...) Ein Tableau der Chancen/Risiken zeigt auf, in welchen Bereichen und unter welchen Umständen wir erfolgversprechend (Chancen), bzw. weniger erfolgversprechend (Risiken) arbeiten können.“[32] Meyer unterstützt die Bedeutung dieses Schrittes, indem er sagt, daß er zur Strategie hinführe.

Auch wenn die anderen Gesprächspartner nicht so ausdrücklich diesen wichtigen Zwischenschritt gesondert ausformulieren, so wird er doch meist in die Analyse einbezogen. Togotzes definiert die Analyse insgesamt als die Darstellung der Situation mit Stärken und Schwächen für verschiedene Aspekte des Problems.

Für Unternehmen wie Opel ist die Stärken-/Schwächen-Analyse besonders wichtig, wenn es um Konzepte geht, die den Wettbewerb einbeziehen. Hier Chancen und Risiken zu kennen, könne enorm wichtig werden (Schmidt).

Umgekehrt formuliert, sei es genau die Schwierigkeit der Analyse, aus dem reinen Faktenmessen zur kommunikativen Faktengewichtung zu kommen (Kohrs). Hier wird deutlich, wie wichtig eine gute Bilanz von Stärken und Schwächen, Chancen und Risiken ist, um ein differenziertes Bild der Situation zu bekommen, ohne im reinen Widerspiegeln und Aufzählen von Fakten zu verharren. Eine andere Schwierigkeit ist es, „die Beurteilungskriterien herauszufinden, die als strategisch relevant anzusehen sind. Die eigentliche Erfassung der Stärken und Schwächen erfolgt durch eine Kombination von subjektiven Einschätzungen der Planer und nachprüfbaren Daten.“[33] So formulieren es die Marketing-

31 Siehe Kap. 19.9, S. 242.

32 Siehe Kap. 19.4, S. 207.

33 Vahlens großes Marketinglexikon, Hrsg. Hermann Diller, 1992, S. 1098

Leute, und so stellt sich das Problem auch für Konzeptioner. Die Marketing-Leute definieren deshalb die relevanten Erfolgsfaktoren, nach denen sie die Stärken und Schwächen analysieren und in Relation zum Wettbewerb setzen.[34] Auch für die kommunikativen Stärken und Schwächen müssen solche Faktoren bestimmt werden, müssen Fakten im Vergleich mit dem Marktumfeld bewertet und gewichtet werden, um Wichtiges von weniger Wichtigem zu selektieren und schließlich Chancen und Risiken für die Kommunikation zu benennen.

Die Arbeitsschritte Problematisierung, Selektion, Komprimierung, Gewichtung und Rangreihung der Wichtigsten Fakten ermöglichen eine genaue Bilanz der Stärken und Schwächen, Chancen und Risiken des Falls. Diese reduzierte Formulierung führt zum nächsten Schritt, der präzisen Analyse der Situation.

Die Analyse

Bisher war schon viel von der Analyse die Rede. Was aber genau ist eine Analyse im konzeptionstechnischen Sinne? Der Große Brockhaus von 1966:[35] „Analyse [grch. analysis Auflösung], die Zergliederung, Zerlegung, Trennung eines Ganzen in seine Teile; (...); immer häufiger auch: *die Untersuchung eines Sachverhaltes unter Berücksichtigung seiner Teilaspekte: (...).*" Letzteres trifft auch für die analytische Phase von PR-Konzeptionen zu. Etwas später liest man beim Hinweis auf die Philosophie: „... Die Lehre von der Analyse von Denkgebilden heißt *Analytik*. So spricht Aristoteles von der Analytik als im Sinne der Logik ..." Logik muß in einer guten Analyse schon stecken. Aber zurück zur Konzeptionstechnik:

Ahrens sagt ganz richtig, daß die Analyse die Formulierung der kommunikativen Problemstellung in einem kompakten Fazit sei, aus der sich die Zielsetzung mit ihren unterschiedlichen Teilzielen und Zielebenen organisch ableite.

34 Siehe auch: Arno Henze: Marktforschung, 1994, S. 372f. und Wilhelm Hill: Marketing-Management, 1990, S. 159ff.

35 Brockhaus-Enzyklopädie, Mannheim 1966.

Obwohl die Analyse mögliche Idealziele aufzeigen könne, sei sie aber noch keine Lösung (Togotzes). Sie helfe vielmehr, das Problem zu erkennen, und wird dem Kunden als Diskussionsgrundlage präsentiert, um eine gemeinsame Grundlage für das gesamte Konzept zu bekommen. Mit Hilfe dieses Antestens von Lösungsrichtungen werde, so Togotzes, der Kunde von Anfang an bei der Erarbeitung involviert. Außerdem ist es für den Auftraggeber eine Argumentationshilfe, um im eigenen Unternehmen für das Konzept zu werben.

Die AFK will hier noch nichts von Lösungsrichtungen wissen, sondern konzentriert sich auf die Zusammenfassung der Ist-Situation. Soweit es aber den möglichen Auftraggeberkontakt betrifft, ist das Institut der gleichen Ansicht wie Togotzes, wenn es schreibt: „Die Analyse ist das letzte Abstimmungspapier mit dem Kunden."[36] Gemeint ist vor allem: in komplexen Situationen kann es sinnvoll sein, sich samt dem ausformulierten Analyseergebnis noch einmal mit dem internen oder externen Kunden abzustimmen. Gar manches Mal ergeben sich dabei wichtige Klärungen und sogar Informationsergänzungen. Auch Briefingirrtümer (Betriebsblindheit?) können hier noch aufgedeckt werden.

Ebenso hat Rolke bei der Erstellung der Analyse den Kunden im Blick. Für ihn muß sich die Analyse durch sinngeleitete Komplexität und durch ein problemorientiertes Stärken-/Schwächen-Profil auszeichnen. Zweck der Analyse sei, daß der Kunde dadurch neue Erkenntnisse über sich erhalte. Wenn die Analyse zu wissenschaftlich-akribisch (L'art pour l'art) ausfalle, erfahre der Kunde meist nur Dinge über sich, die er ohnehin schon wisse. Oder, wie Richter es formuliert, die Analyse dürfe nicht nur das Briefing zurückgeben, sondern solle Parallelen aufzeigen und Schlüsse aus der Recherche ziehen. Dies sei schließlich die kommunikative Leistung, die der Auftraggeber erwartet und für die er letztlich auch bezahlt.

Dabei muß der Konzeptioner natürlich wissen, was er dem jeweiligen Kunden zumuten kann: also wie groß z.B. die Innovationsfähigkeit des Kunden in seinem Kommunikationsverhalten ist (Kohrs), oder inwieweit er überhaupt erfahren will, wo seine Probleme liegen (Jaenecke). Im letzteren Fall kann es für den Konzeptioner (vor allem aus der Agentur) schwierig werden. Er muß sich an dieser Stelle entscheiden, ob er dem

---

36 Siehe Kap. 19.10, S. 256.

Kunden gegenüber ehrlich ist und dadurch evtl. den Auftrag verliert oder ob er – wohl wissend, daß das eigentliche Problem ungelöst bleibt – nur kommunikative Kosmetik zu betreiben beabsichtigt, um den Auftrag zu behalten.

Eine „Verantwortliche Analyse" (AFK) beantwortet folgende Fragen: Welche Probleme stecken hinter den *Wichtigsten Fakten*, hinter den „Symptomen"? Welche Schlußfolgerungen lassen die Stärken/Chancen und besonders die Schwächen/Risiken zu? Wo liegen deren Ursachen? Wie also ist die „Diagnose",der exakte Zustandsbericht, knapp im Zusammenhang zu formulieren?[37] Die AFK definiert: „Wir formulieren ein auf das Wesentliche reduziertes Gesamtbild."[38]

Die Analyse der relevanten Stärken und Schwächen heißt, diese als Chancen und Risiken zu begreifen. Besonders deutlich wird dies, wenn man sie in Form eines „Best Case Scenario" und eines „Worst Case Scenario" interpretiert – das heißt, welche Folgen lassen Chancen und Risiken im vorliegenden Fall und im konkreten Marktumfeld erwarten.[39]

Das inhaltliche Ergebnis einer solchen Analyse ist, wie bei Leipziger & Partner nachzulesen, „eine verdichtete Beschreibung der kommunikativen Rahmenbedingungen und der sie bestimmenden Faktoren (Produkte, Images etc.), aus welchen als Fazit die Anforderungen an die Kommunikation abzuleiten ist."[40]

Die Rahmenbedingungen festzulegen bedeutet für Ahrens,

1. den Stellenwert der Kommunikation in bezug auf die Märkte des Kunden,
2. den Kommunikationsstatus gegenüber den Teilöffentlichkeiten und
3. den internen Kommunikationsstatus (also die Art und Weise, wie im Unternehmen kommuniziert wird)

zu untersuchen.

37 Siehe Kap. 19.10, S. 256.

38 Ebda.

39 Siehe auch: Werner Pepels: Kommunikationsmanagement, 1996, S. 50.

40 Siehe Kap. 19.5, S. 211.

Außerdem definiert Ahrens die kommunikativen, ökonomischen und gesellschaftlichen Dimensionen des Umfeldes (also Produkt, Markt, Mitbewerber, Meinungsmärkte, Politik und sonstige Akteure). Er identifiziert relevante Öffentlichkeiten und kommunikative Problemstellungen und stellt damit die jeweilige Ausgangslage in ihren Dimensionen dar.

Noch systematischer ist die Untergliederung in externe und interne Analyse bei Bettina Nöthe[41]. Die Autorin erläutert diese Differenzierung: „Zu den zentralen Komponenten einer *externen Analyse* gehören dabei Entwicklungen in der Umwelt und im Markt, bei den Nachfragern und Wettbewerbern (...). Im Mittelpunkt einer Bestandsaufnahme der *internen Stärken und Schwächen* steht die Auseinandersetzung mit den angebotenen und tatsächlich nachgefragten Leistungen, mit Renditen und Risiken der einzelnen Geschäftsfelder sowie mit (...) Ressourcen und Beschränkungen (insbesondere hinsichtlich der Personal-, Kapital- und technologischen Ausstattung)."

Ergänzend zur Interpretation der Fakten nennt Meyer die Analyse der Befragungsergebnisse nach bestimmten Schwerpunkten, die Prozentuierung und Visualisierung der Ergebnisse in Grafiken.

Eine verantwortliche Analyse könne kurz sein, wenn die Situation schon in den vorherigen Schritten recht klar von Kunde und Konzeptioner erkannt wurde und im Briefing bereits vom Auftraggeber professionell gut geleistet wurde. Sie könne aber auch länger werden, wenn nach dem Briefing noch umfangreiche Recherchen zu leisten waren, wenn man den Kunden auf vorher nicht bemerkte Probleme aufmerksam zu machen habe, oder überhaupt erst Problembewußtsein geschaffen werden müsse (Richter).

Wenn Ahrens fordert (siehe vorne), daß auch die gesellschaftlichen Dimensionen des Umfelds einschließlich Politik in die Analyse einzubeziehen seien, so ist auch dies nicht etwa eine Einzelmeinung und keine, die auf Deutschland beschränkt ist. Der Franzose Jean-Pierre Beaudoin, erfahrener PR-Agenturmann und Associate Professor an der Paris University School of Communication, warnt davor, diese gesellschaftlichen Dimensionen zu übersehen und dadurch zu unvollständigen Situationsanalysen zu kommen: „Häufiger als in anderen Regionen der Welt

41 Siehe Bettina Nöthe: PR-Agenturen in Deutschland, Münster 1994, S. 222f.

kann man in Europa beobachten, daß Kommunikationsstrategien über die Fallstricke einer falschen, zumindest aber unvollständigen Situationsanalyse stolpern. Und dies, obwohl analytisches Denken gerade in der europäischen PR-Branche weit verbreitet ist und große Tradition besitzt. Die Gründe für eine falsche State-of-the-art-Kommunikation sind vielschichtig. Dennoch läßt sich gerade in letzter Zeit immer häufiger ein Kardinalfehler beobachten, den Kommunikationsleute in Europa begehen: Sie übersehen, daß Europa seine alten Strukturen abstreift. Dabei sind nicht nur die politischen Strukturen, sondern auch die grundlegenden Modelle der gesellschaftlichen Organisation, also die Öffentlichkeit, im Umbruch begriffen."[42] Eisele empfiehlt, bei der Strukturierung der Fakten nach gesellschaftspolitischen Fakten und Trends, organisationsspezifischen Themen sowie Marktdaten und -entwicklungen zu differenzieren.[43]

Im deutschen Sprachraum legen Schweizer Fachleute ein starkes Gewicht auf die Analyse. „Eine sorgfältige Situationsanalyse ist die Voraussetzung für den späteren Erfolg der PR-Konzeption. Sie bildet die Ausgangslage für die Bestimmung der Zielsetzungen, Zielgruppen und Strategien, um daraus effiziente PR-Maßnahmen zu entwickeln. Und dennoch wird ihre Bedeutung immer noch stark unterschätzt. Vielfach werden anstelle einer seriösen Erhebung auch eigene Erfahrungswerte und Interpretationen gesetzt. Diese ‚Wunschvorstellungen' werden dann als gegebene Tatsachen angenommen. Derart verfälschte und subjektiv geprägte ‚Analysen' führen mit hoher Wahrscheinlichkeit zu nicht zielgerichteten PR-Konzepten. Die Gefahr ist zudem groß, daß die Situationsanalyse in der Hitze des Gefechts untergeht oder aus finanziellen Gründen nur unvollständig durchgeführt wird. Je gründlicher und umfassender die Situationsanalyse im einzelnen Fall erfolgt, desto effizienter können Maßnahmenprogramme entworfen werden."[44]

---

42 Jean-Pierre Beaudoin: Über die Grenzen hinweg – Integrierte Kommunikation im europäischen Kontext, in: Klewes (Hrsg.), 1994, S. 61.

43 Siehe Kap. 19.2, S. 192.

44 Köcher/Birchmeier, 1992, S. 157.

Eine logische Zusammenfassung der bearbeiteten Wichtigen Fakten ist hervorstechendes Charakteristikum einer guten Analyse. Verantwortlich wird die Analyse dann, wenn sie Zusammenhänge klarmacht und ein bewertetes Bild der Situation wiedergibt, wenn sie Auftraggeber (ggf. in einem letzten Abstimmungsgespräch) auf eventuelle Irrtümer und/oder Probleme aufmerksam macht. Nur eine kluge Analyse kann die Basis eines erfolgreichen Konzepts sein und helfen, die gestellten Probleme zu erkennen und in der Folge auch zu lösen. Alles andere ist konzeptionspolitische Kosmetik.
Zu warnen ist davor, sich nicht an die Fakten zu halten, sondern Wunschvorstellungen einfließen zu lassen.

Wir wiederholen: Bis zur Analyse (und der Ausformulierung ihres Ergebnisses) hat sich der Konzeptioner intensiv in mehreren gründlichen Schritten mit dem Ist-Zustand befaßt. Jetzt erst, auf gesicherter Basis, folgt der erste Blick nach vorne. Der nächste und letzte Schritt vor der Strategie ist die Spezifische Aufgabenstellung.

Die Spezifische Aufgabenstellung

Wie zu Beginn des Kapitels geschildert, ist dieser gesondert formulierte Zwischenschritt zwischen Analyse und strategischem Block nicht überall üblich, jedoch für den Konzeptioner sehr hilfreich. Im optimalen Fall wird die Aufgabe vom Kunden dem Konzeptionsteam bereits im Briefing gestellt. Mit dieser Ausgangsaufgabe formuliert der Kunde also das, was er vom Konzeptioner will, was dieser tun soll. Wir haben die Fehlerquellen genannt. In schätzungsweise acht von zehn Fällen ergibt sich nach der Analyse der Fakten aber ein differenzierteres und präziseres Aufgabenbild, als es beim Briefing gezeichnet wurde. Deshalb ist es nützlich, hier einen gesonderten Schritt in der Konzeptionsentwicklung einzubauen. Die AFK definiert diesen Schritt so: „Im Anschluß an die Analyse formuliert der Konzeptioner eine möglichst präzise *Spezifische Aufgabenstellung* für den konkreten Fall, die konkrete Aufgabe. (...) Die Spezifische Aufgabenstellung mit dem genau formulierten Auftrag für Strategie und Taktik sollte bereits die Lösungstendenz enthalten."[45]

45 Siehe Kap. 19.10, S. 257 f.

Beim DIPR liest sich das folgendermaßen: „Im 4. Arbeitsschritt (Aufgabenstellung) ist festzulegen, welche Aufgabenstellung intern, welche Aufgabenstellung extern sich aus der Ist-Situation (Stärken/Schwächen) ergibt. Hilfssatz: ‚Wir entwickeln eine Informations- und Kommunikationsstrategie, die die festgestellten Stärken nutzt und offensichtlichen Schwächen entgegenwirkt!'"[46] Ahrens & Behrent nennt die Aufgabenstellung auch die Formulierung des hypothetischen Lösungsweges.[47]

Die Aufgabenstellung ist also die Definition des Zwecks der Strategie: Was soll eigentlich erreicht werden (Meyer)? Oder anders gesagt, sie zeigt die strategische Richtung (strategic direction) der Problemlösung (Togotzes).
Schwierig werde das natürlich für den Konzeptioner innerhalb eines Unternehmens, wenn das Unternehmen keine explizite Unternehmenspolitik und keine Prioritäten definiert habe und somit die Frage: Was will mein interner Kunde? schon vorher nicht beantwortet werden könne (Kocks).
Was es heißt, die Aufgabe zu präzisieren, kann man bei Leipziger & Partner nachlesen: „Es kommt vor, daß die vom Kunden gestellte Aufgabe nach detaillierter Analyse durchaus auch grundsätzlich zu revidieren ist."[48] (Analyse, Re-Briefing, Präzisierung der Aufgabe und ggf. Revision sind gesonderte Schritte, Anm. von Kohrs). In diesem Fall entscheidet die Aufgabenstellung (in Absprache mit dem Kunden) über den weiteren Weg der Konzeption.

Die Aufgabenstellung ist ein an sich unselbständiger Zwischenschritt, der nur den Zweck hat zu klären und zu präzisieren. Genau dies aber hilft beim Konzeptionieren. Je präziser der Konzeptioner sich die Aufgabe ausformuliert, um so leichter fällt ihm der Sprung zur Strategie. Dieser Zwischenschritt ergänzt die Ausgangsbasis, auf der die Strategie entwickelt wird. Mit der Spezifischen Aufgabenstellung formuliert der Konzeptioner den Auftrag für die Strategie. In diesem Schritt legt er die Lösungstendenz fest. Je präziser sie ist, um so leichter wird der Schritt zur Strategiefindung.

46 Siehe DIPR-Arbeitspapier (Seminarunterlage) Nr. 28, S. 1.

47 Siehe Kap. 19.1, S. 187.

48 Siehe Kap. 19.5, S. 212.

Die AFK rät, die Aufgabe so strategienahe wie möglich zu definieren. Wenn die Aufgabenstellung sehr präzise ist, sollte man aus ihr erkennen können, „wie es ungefähr laufen wird", also in welcher Richtung das Problem gelöst wird. In einigen Fällen wird es aber schwierig sein, diese Richtung schon anzugeben. Dem Konzeptioner schwirrt noch der Kopf von Wünschen, Statistiken, Prognosen, analysierten Fakten und ähnlichem, und er kann aufgrund der Komplexität des Falles beim besten Willen noch nicht sagen, wie denn die Strategie aussehen wird. Im ersten Fall ist der Schritt von der Aufgabenstellung zur Strategie eher klein und einfach, im zweiten Fall ist der Schritt sehr groß und schwierig.

Im optimalen Fall enthält die Spezifische Aufgabenstellung die Vorstufen für alle in der Strategie enthaltenen vier Positionen (AFK). Welches diese Positionen sind, dazu mehr im nächsten Kapitel.

Zusammenfassung:

Zur Analytischen Phase gehören drei Schritte:

1. **Aus der Fülle der Fakten werden die Symptome des Falles erarbeitet. Dies geschieht durch Problematisieren, Selektieren, Komprimieren, Gewichten und Rangreihen. So erhält der Konzeptioner die „Wichtigsten Fakten": eine genaue Bilanz der Stärken und Schwächen, Chancen und Risiken, die hinter den Fakten stecken.**

2. **Die Verantwortliche Analyse selbst gibt ein bewertetes Bild der Situation und ist für den Konzeptioner die Basis aller weiteren Überlegungen. Sie stellt die unterschiedlichen Aspekte der Situation im Zusammenhang dar und bietet somit die Diagnose des Falles. Die Analyse ist gleichzeitig mögliches Abstimmungspapier für den Kunden, in dem letztmalig auf bisher nicht erkannte oder neue Probleme aufmerksam gemacht wird und Mißverständnisse und Diskrepanzen ausgeräumt werden können.**

3. **Die Spezifische Aufgabenstellung präzisiert und differenziert auf der Basis der gründlichen Analyse den bereits im Briefing gestellten Auftrag an den Konzeptioner. Im Idealfall enthält sie Vorstufen für alle vier Positionen der Strategie und damit bereits die Lösungstendenz.**

4. Der strategische Block – Warum Cäsar und Clausewitz die Vorbilder sind

Frisch von einem Konzeptionerseminar zurück am heimischen Schreibtisch liefen bei zwei PR-Mitarbeitern eines Unternehmens die schon vor dem Seminar abgesprochenen Jahrespräsentationen dreier Agenturen. Eine Beratermannschaft nach der anderen trabte mit gewichtigen Gesichtern an und schlug ... ihr Maßnahmenpaket vor. Die beiden Trainingsgestählten setzten Pokerface auf und fragten: „Und wie lautet Ihre Strategie?" – Äh ... Hm ... Man habe selbstverständlich gründlich strategisch gedacht ... – „Und wie lautet bei Ihnen die Copy-Plattform?" – Hilfloses Stottern der Agenturleute. Rote Köpfe, halbfertige Dialoggruppen, bestenfalls noch einige philosophische Beschreibungen über zu transportierende Inhalte. Und dabei wollten die beiden jungen Auftraggeber anhand der kreativsten und schlüssigsten Strategie entscheiden, wer den Etat bekommen sollte. Es kam, wie es kommen mußte – alle drei Agenturen wurden zurückgeschickt: „Hausaufgaben machen! Uns überzeugen nicht einige kreative Maßnahmen, sondern die schlüssigste Strategie." Und bissig hintendrein: „Ach, und noch ein Tip: Lesen Sie doch mal bei Clausewitz nach ..." Ende der Präsentationen.

Was die zwei begriffen hatten, ist folgendes: Die Strategie ist das zentrale Element jeder Konzeption. Sie ist unbestritten ihr intellektuelles Herzstück. Hier muß der Konzeptioner beweisen, daß er in der Lage ist, Kommunikationsprobleme denkerisch zu lösen.

Dazu formuliert er die wichtigen Konstanten (Leipziger & Partner). Diese Konstanten sind für die Umsetzung verbindliche Vorgaben! Die Strategie legt also das Lösungsprinzip der Kommunikationsaufgabe fest. Im Gegensatz dazu enthält die Taktik, die Variablen, nämlich die strategieabhängige Planung der Umsetzung in Maßnahmen.

Die Strategie ist das intellektuelle Herzstück einer jeden Konzeption.

Definitionen

Doch so unbestritten wichtig die Strategie ist, so viel Verwirrung herrscht auch über den Begriff selbst. Die unterschiedliche Gewichtung in den Antworten auf die Frage nach einer Definition bei unseren Gesprächspartnern macht die Lücke deutlich. Die PR-Branche hat bisher „Strategie" nie allgemeinverbindlich definiert. Dieses Kapitel soll dazu dienen, den Begriff „Strategie" gründlich herauszuarbeiten, die verschiedenen Auffassungen und Abweichungen klarzumachen und das Wesen der Strategie zu bestimmen.

Der Begriff der Strategie kommt ursprünglich aus dem Militär und hat eine Jahrtausende alte Tradition. Aus dem antiken Griechenland ist Perikles als großer *Stratege* und Feldherr überliefert. Auch die alten Chinesen waren durch ihre *strategische* Kriegsführung schon 500 v. Chr. erfolgreich. Der *Stratege* Cäsar eroberte für Rom weite Teile der alten Welt. Der Militärtheoretiker Carl von Clausewitz[49] hat um 1830 die Strategie als „Gebrauch des Gefechts zum Zwecke des Krieges" bezeichnet.[50]

Im großen Brockhaus 1925 fand man, Strategie sei „die Lehre von der Führung des Heeres im Kriege mit dem Ziel, dem Gegner den eigenen Willen aufzuzwingen."[51] Sogar vor 20 Jahren stand unter dem Stichwort Strategie kaum mehr als: „die Lehre von der Kriegsführung im großen, im Unterschied zur operativen Führung und zur Taktik".[52]

Aus der neuesten Auflage von 1993 wird ersichtlich, daß der Begriff „Strategie" längst in vielen anderen Zusammenhängen gebräuchlich ist. Unter dem Stichwort „Betriebswirtschaft" findet man nun folgende Definition: „rational geplantes, in sich stimmiges, komplexes Maßnahmenbündel eines Unternehmens, das von der Unternehmensführung festgelegt wird und zur Erreichung der grundsätzlichen Unternehmensziele beitragen soll. Entscheidungen über die Strategie stellen somit Grundsatzentscheidungen dar, welche die prinzipielle Richtung des vom Unternehmen eingeschlagenen Weges bestimmen (...)."[53] Meffert

49 Koch, Togotzes und die AFK weisen bei der Frage nach der Strategie auf Clausewitz hin.

50 Carl von Clausewitz: Vom Kriege, hrsg. von Ernesto Grassi, Hamburg 1980, S. 77.

51 Brockhaus-Enzyklopädie, Leipzig 1925.

52 Brockhaus-Enzyklopädie, Mannheim 1973.

53 Brockhaus-Enzyklopädie, Mannheim 1993.

definiert für den betriebswirtschaftlichen Bereich der Unternehmensplanung Strategie als „Festlegung bedingter, langfristiger Verhaltenspläne zur Erreichung der Unternehmensziele."[54]

PR-Konzeptionstechnik ist nicht im luftleeren Raum entstanden. Werbung und Marketing haben bereits, als professionelle Public Relations hier zu Lande noch in den Kinderschuhen steckten, Strategien für ihre Zwecke entwickelt. In der Sprache des Marketings klingt die Definition von Strategie so: „Strategien sind mittel- bis langfristig wirkende Grundsatzentscheidungen mit Instrumentalcharakter. Im Marketing kommt ihnen die Aufgabe zu, nachgeordnete Entscheidungen und den Mitteleinsatz eines Unternehmens im Bereich des Marketing-Instrumentariums an den Bedarfs- und Wettbewerbsbedingungen sowie am vorhandenen Leistungspotential zu orientieren und auf die Erreichung der Ziele hin zu kanalisieren." [55] Auch wenn der Zweck von Marketing- und PR-Strategien im einzelnen sicher unterschiedlich ist, so kommen wir hier der Strategiedefinition doch schon näher: „Die Marketingstrategie definiert die wesentlichen Grundlagen, mit denen die Geschäftseinheit ihre Marketingziele in einem Zielmarkt erreichen will (...)."[56]

Sucht man nun in den gängigen PR-Nachschlagewerken nach einer Definition von „PR-Strategie", so bleibt die Suche ergebnislos. Auch in theoretischen, neueren Werken, die teilweise sogar „Strategie" oder „strategisch" im Titel führen, wie bei Schulz „Strategische Planung von Public Relations"[57], bleibt der Begriff (PR-)Strategie selbst unbeleuchtet und ungenau. Man erfährt also fast nirgendwo, was denn eigentlich das Wesen der Strategie sei. Also müssen wir uns doch an Clausewitz und andere große Strategen halten, um von ihren Überlegungen eine brauchbare Definition für PR-Strategien abzuleiten?

Einige unserer Gesprächspartner definierten kurz und knapp. „Die Strategie ist der Weg." (Kohrs) Oder: „Sie beschreibt den Weg zu den Zielen." (Andresen).

54 Heribert Meffert: Strategische Unternehmensführung und Marketing, Beiträge zur marktorientierten Unternehmenspolitik, Wiesbaden 1988, S. 3.

55 Robert Nieschlag: Marketing, Berlin 1991, S. 833.

56 Philip Kotler: Marketing Management, Stuttgart 1992, S. 94.

57 Siehe Schulz, 1993.

Die meisten Gesprächspartner aber gehen weiter. Essing nennt drei wesentliche Merkmale von Strategien, nämlich langfristig, grundsätzlich und gesteuert.

Stärker inhaltlich ausgerichtet ist die Definition, daß Strategie die zielgerichtete Planung sei, die die realistischen Möglichkeiten eines Unternehmens und seine kommunikativen Gegebenheiten nutzt (Schmidt).

Zwei weitere Gesprächspartner betonen den Leitliniencharakter der Strategie. „Es sind die übergeordneten Ziele und Leitlinien." (Eisele) „Der strategische Ansatz ist die Leitlinie, der entscheidende Hebel für die Durchsetzung der Ziele, das Grundmuster, der Grundgedanke, das Lösungsprinzip." (Rolke)

Oder kurz: „Die Strategie legt fest, mit welchen Mitteln, welchem Zeitaufwand und wieviel Geld man welche Ziele erreichen will." (Togotzes)

Differenzierter antworten die beiden Ausbildungsinstitute:

Für Schulze-Fürstenow ist die Strategie ein Papier, das festlegt, wie man (unter Berücksichtigung der ökonomischen Mittel) mit dem geringsten Aufwand den größten Effekt erzielt. Sie enthält die Festlegung der Ziele, der Zielgruppen, der Botschaften und des Hauptinstrumentariums und wird aus den gesammelten und bewerteten Fakten abgeleitet.

Die AFK spricht von der „planungskreativen Kunst, die denkerische Problemlösung zu entwickeln und Kommunikationspolitik (Public Relations) optimal für die höheren Zwecke des Unternehmens (der Organisation, der Institution, des Verbandes, der Branche usw.) einzusetzen."[58] Auch bei diesem Institut besteht, wie beim DIPR, die Strategie aus den „untereinander stimmigen" vier Bestandteilen, wie es Dörrbecker einst schon als erster Pädagogischer Leiter des DIPR gelehrt hat.

Die Strategie wird bei der AFK als Einheit mit vier verbindlichen, untereinander stimmigen Teilen verstanden: die Strategische Zielsetzung, die Dialoggruppen, die Kommunikationsinhalte/Botschaften/Positionierung und die Strategische Umsetzung/der Kräfteeinsatz.

Die Definitionen von Strategie bei den beiden PR-Ausbildungsinstituten laufen auf die übergeordnete Rolle, die Zusammenfassung von Zielen,

58 Siehe Kap. 19.10, S. 251.

Dialoggruppen, Botschaften und Hauptinstrumentarium hinaus. Wenn die Autoren in diesem Buch also von Strategie reden, ist die Gesamtheit aller vier Strategiepositionen gemeint.

Auch Kohrs meint im Grunde diese Gesamtheit von vier Positionen. Auf Nachfrage erläutert er, daß Ziele, Zielgruppen und Kommunikationsinhalte für ihn ebenso strategische Qualität haben, wie der Weg (den er zuerst „Strategie" nannte). Diese zusammengenommen bezeichnet er als Strategischen Block – einen Ausdruck, den wir gerne für den Titel dieses Kapitels übernommen haben.

Die Kommunikationsstrategie ist das denkerische Lösungsprinzip des definierten Problems. Sie legt fest, wie Kommunikationspolitik optimal für die übergeordneten Zwecke der Organisation einzusetzen ist. Sie hat damit grundsätzlichen, langfristigen und steuernden Charakter.
Ihr Inhalt besteht aus vier verbindlichen Strategiepositionen, die als integrierte Gesamtheit die Konstanten des PR-Konzepts bilden.

Zwischenbemerkung: Wir haben bei den Kollegenzitaten den Begriff „Zielgruppen" stehenlassen. Wir selbst meinen, „Dialoggruppen" entspräche eher dem zunehmend geforderten dialogischen Charakter der Public Relations. Aber man sollte daraus keine Weltanschauung machen und nicht jeden als schnöden Werber verteufeln, der den altgewohnten „Zielgruppen" auf der Spur bleibt.

Die vier Strategiepositionen

Zurück zum Inhalt der Strategie, des Strategischen Blocks: sie enthält, wie gesagt, Ziele, Dialoggruppen, Kommunikationsinhalte und Strategische Umsetzung/Kräfteeinsatz. Diese vier Positionen, die in den folgenden vier Kapiteln im einzelnen noch ausführlich erläutert werden, sind gleichwertig, müssen untereinander stimmig sein und bilden als schlüssige Einheit die Strategie.

Die Schlüssigkeit der Positionen untereinander läßt sich mit einem Cross-Check überprüfen. Der Konzeptioner muß sich fragen: Ist der Kräfteeinsatz stark genug, um den Durchbruch zur Zielebene zu erreichen? Passen die Kommunikationsinhalte zu den Dialoggruppen? Kann ich diese Dialoggruppen auf die Zielebene führen? Kann ich mit dem geplanten Kräfteeinsatz die Kommunikationsinhalte in die Köpfe der Dialogpartner transportieren? Erreiche ich mit der Strategischen Umsetzung die Dialoggruppen? – Wenn alle diese Fragen mit einem eindeutigen Ja beantwortet werden können, ist die Strategie in sich schlüssig. Das Risiko, einen strategischen Fehler begangen zu haben, ist damit zwar nicht ausgeschlossen aber minimiert.

Auch andere Konzeptionsprofis gehen so vor. Das Konzept selbst benennt Ziele, Zielgruppen, Wege und Positionierungen[59]; es basiert auf der Analyse, die das Problem abdecke und beschreibe. Dabei sind Ziele, Wege und die Planungsphase mit den Zielgruppen und Inhalten selbständige Teile des Konzepts (Andresen).

Ahrens bringt dies auf den Punkt: „Ziele, Zielgruppen, Positionierung, Strategie und Umsetzung sind zusammen der konzeptionelle Kern, die intellektuelle Lösung des Problems."

Die vollständige Kommunikationsstrategie besteht aus diesen vier verbindlichen Teilen: Strategische Zielsetzung, Dialoggruppen, Kommunikationsinhalte nebst Positionierung und Strategische Umsetzung/Kräfteeinsatz. Sie müssen aufeinander abgestimmt sein, um zur schlüssigen Strategie zu werden.

Nicht aus dem *Gespräch* der Autoren mit Essing, aber in einem lesenswerten Beitrag von Nusch/Essing werden wichtige Zusammenhänge deutlich – selbst wenn man deren Meinung zur Erarbeitungsreihenfolge der Strategiepositionen nicht teilt: „Zielgruppendefinition erfolgt auf der Basis verabschiedeter Zieldefinitionen. Will man dies prozessual darstellen, so könnte man sagen: Der Zieldefinition folgt die Zielgruppenbestimmung und der wiederum die Definition der Botschaften und Tools, wobei die Trennschärfe in der Abfolge nur eingeschränkt besteht."[60]

59 Zur Differenzierung der Begriffe Positionierung, Kommunikationsinhalte und Botschaften mehr in Kap. 7.

60 Nusch/Essing, 1994, S. 40.

Planungskreativität

Noch ein Wort zum Thema Kreativität. Was man im Volksmund Einfallsreichtum nennt, wird auch von PR-Leuten immer wieder erwartet. Man muß sich nur darüber klar sein, daß es durchaus verschiedene Arten von Kreativität gibt. Bei der Strategiefindung ist *Planungskreativität* gefordert; also ein zuchtvolles Nachdenken über das Lösungsprinzip.

Bei der Strategie entscheidet sich – um noch einmal militärisch zu werden – ob jemand Feldherr oder Troupier ist. Die höchste Konzeptionerleistung ist eine schlüssige Strategie, die intelligent, kreativ und stark genug ist, die Problemlösung zu sichern.

Der intellektuelle Anspruch der Strategie erfordert vom Konzeptioner ein hohes Maß an schöpferischer Kraft, an Planungskreativität.

Auch für die PR-Chefs in Unternehmen hat die Entwicklung von Strategien hohe Bedeutung. Sie setze die Fähigkeit voraus, auf mittel- bis langfristige Ziele hinzuarbeiten. Der PR-Chef einer Organisation müsse sich für eine Strategie entscheiden und mit ihr seinen Namen verbinden. So könne die Strategie über Sein oder Nichtsein des PR-Menschen entscheiden (Kocks).

Zusammenfassung:

Der Begriff „Strategie“ ist bei Konzeptionsprofis in aller Munde. Auch wenn über die entscheidende Bedeutung der Strategie für die Wirksamkeit von Konzeptionen Einigkeit besteht, so gibt es doch im einzelnen Unterschiede im Verständnis, weil die PR-Branche bisher nie eine verbindliche Definition vom Begriff „Strategie“ entwickelt hat.

In der Erarbeitung der Strategie beweist sich die Professionalität qualifizierter Konzeptioner. Eine wirksame Strategie ist das Ergebnis planungskreativer Intelligenz. Sie trifft die Grundsatzentscheidungen über die künftige PR-Kampagne, legt die Leitlinien fest und entwickelt damit die Problemlösungsprinzipien.

Der Strategische Block/die Strategie besteht aus vier verbundenen, untereinander stimmigen Bestandteilen, die wir in den nächsten vier Kapiteln ausführlicher behandeln.

5. Die Ziele – Warum Hannibal nicht zuerst an Elefanten dachte

Kürzlich traf ich Herrn Hannibal, jenen karthagischen Feldherrn, der einst mit seinen Kriegselefanten durch Spanien, Südfrankreich und über die Alpen zog. Ich sprach ihn an: „Gut, daß ich Sie treffe, General! Ich wollte Sie schon immer mal fragen, was Sie sich damals gedacht haben, ehe Sie in Karthago aufbrachen. Haben Sie sich gesagt: ‚Ich will was mit Elefanten machen?'" – „Nein!, rief der alte Recke und schlug mit der Faust auf den Tisch, „ich habe gesagt: ‚Ich will nach Rom!'"

So pflegt man bei der AFK, Seminar für Seminar, das Thema Konzeption einzuleiten. Um gleich sehr eindringlich Schlüsse zu ziehen: „Erst Rom – dann Elefanten, erst Ziele – dann Maßnahmen, erst Strategie – dann Taktik!" Und nach einer kleinen Pause: „Ziele sind das A und O jeder Konzeption. Wer keine Ziele hat, ist ziellos – und das kann es ja wohl nicht sein! Wer die Ziele nicht kennt, kann den Weg nicht ermitteln, den er beschreiten soll . . .!"

Definitionen

Ein erster Blick ins Lexikon der Public Relations hilft weiter. Dort steht zu lesen: „(...) Das PR-Ziel kennzeichnet also die Endsituation (...), die durch konzipierte geplante und durchzuführende Maßnahmen der Öffentlichkeitsarbeit erreicht werden soll."[61] Dies ist zwar noch längst nicht alles, was ein Ziel ausmacht, aber halten wir erst einmal fest: Ein Ziel beschreibt also einen zu erreichenden Zustand. Die Ziele bestimmen, was mit der Konzeption überhaupt erreicht werden soll (Togotzes). Die Konzeptioner müssen sich also fragen: Was wollen wir bei einer bestimmten Problemstellung mit den bescheidenen Mitteln der PR für die Organisation erreichen? (Richter). Oder: „An welchem genau definierten Punkt (oder an welchen genau definierten Punkten) und Zwischenstationen wollen wir wann nach erfolgreichem Abschluß unserer Kampagne angekommen sein?"[62] (AFK)

61 Pflaum/Pieper (Hrsg.), 1989, S. 379.

62 Siehe Kap. 19.10, S. 259.

Public Relations-Ziele beschreiben den Punkt, an dem die Organisation in Bezug auf ihr Problem oder ihre Probleme ankommen soll. Sie beantworten die Frage, was Public Relations für die Organisation erreichen wollen.

Kriterien für gute Zielsetzung

Wenn also die Ziele den zu erreichenden Zustand bestimmen, müssen sie präzise definiert werden, um möglichst nachprüfbar (Togotzes) zu sein. Nur wer genau sagen kann, ob ein Ziel erreicht worden ist, kann den Erfolg (oder Mißerfolg) einer Konzeption begründen und weiß, wo er mit Verbesserungen ansetzen muß.

Ziele müssen also klar definiert, faßbar und stark quantifizierbar sein (Andresen). „Faßbar" heißt hier auch kommunikativ realisierbare Ziele zu setzen, die sich nicht auf Annahmen oder Vermutungen stützen (DIPR). Ziele seien also zu operationalisieren, um sie überprüfbar zu machen (Rolke). Dabei ist aber auch wichtig, sich nur realistische Ziele zu setzen, denn nur so schaffen sie dem Auftraggeber Nutzen und Positionsvorteile. Wenn Ziele zu glatt formuliert werden, scheitern sie oft in der Realisation (Eisele).

Daß sich auch hier ein Blick auf die Nachbardisziplin der Marketingforschung lohnt, zeigt Jochen Becker mit seinen Aussagen zur Zielkonkretisierung und zum Zielinhalt: „Ziele können nur dann Richtschnur bzw. Maßstab für unternehmerisches Handeln sein, wenn die Ziele, die in das Zielsystem des Unternehmens eingehen, eindeutig determiniert sind. Damit ist die Operationalität von Zielen angesprochen. (...) Eine Zielaussage ist stets eine präskripitve Aussage, d. h. eine Aussage mit Vorschriftscharakter. Das setzt voraus, daß der Zielinhalt präzise und eindeutig formuliert ist. Je exakter Ziele inhaltlich definiert werden, um so besser werden Zielverschiebungen, Zielverwässerungen bzw. Zielmanipulationen vermieden."[63]

Die Meßbarkeit der Ziele ist allerdings nicht immer einfach. Manche Ziele lassen sich nur durch aufwendige Meinungsforschungsumfragen verifizieren. Wo das möglich ist, haben wir ein sinnvolles und professio-

63 Jochen Becker: Marketing-Konzeption, 1992, S.20

nelles Instrument. Was aber, wenn bei kleineren Projekten der Etat dies nicht zuläßt? Hier ist die Planungskreativität des Konzeptioners gefragt. Auch mit sogenannten „Hilfszielen" und der Überprüfung abgeschlossener Maßnahmen, lassen sich notfalls die Ziele überprüfen. Generell gilt: „Messen, was meßbar ist und meßbar machen, was noch nicht gemessen werden kann", wie einst Galilei formulierte.

Die AFK faßt zusammen: „Die strategische Zielsetzung besteht aus einem logischen System präziser Zielformulierungen mit möglichst meßbaren und damit kontrollierbaren Zielen, die zu bestimmten Zeitpunkten erreicht sein müssen. (...) Ohne klare zeitlich festgelegte Strategische Ziele kann der Konzeptioner den Weg dorthin nicht planen."[64]

Eine gute strategische Zielsetzung wird weithin definiert durch

- die Präzision, mit der der zu erreichende Zielpunkt beschrieben wird,
- die Meßbarkeit der Ziele und
- die Bestimmung des Zeitraums, in dem die Ziele erreicht werden müssen.

Ziele sind also präzise, terminiert und möglichst meßbar.

Differenzierung der Ziele

Alle Gesprächspartner sind sich darin einig, daß zur präzisen strategischen Zielsetzung weiterhin gehört, daß Ziele differenziert werden. Der Konzeptioner kann hier entweder nach dem Rang (Zielhierarchie), nach Phasen (kurz-, mittel-, langfristig o.ä.) oder nach PR-fachlichen Teilzielen unterscheiden.[65]

Ahrens teilt die Zielhierarchie in generelle Ziele und Subziele. Die generellen Ziele (z.B. meßbare Verbesserung des Images) haben dabei den obersten Rang. Die Subziele sind nachgeordnete Ziele, um das generelle Ziel zu erreichen (z.B. neue Orientierung der Kommunikation im Unternehmen, Akzeptanz auf Multiplikatorenebene). Auf der untersten Ebene siedelt er die operativen, taktischen Ziele an. Diese sind (meist kürzerfristige) Zwischenziele, um die o.g. Ziele zu erreichen.

64 Siehe Kap. 19.10, S. 258.

65 Ebda.

Ganz ähnlich wird bei Leipziger & Partner verfahren. Ziele werden in generelle Ziele, strategische Ziele und taktische Ziele unterteilt.[66] Die Abgrenzung dieser Zielkategorien untereinander sei aber in der Praxis oft schwierig für den Konzeptioner (Kohrs).

Einen noch engeren Zusammenhang zwischen Anspruch und Zeithorizont von PR-Kampagnen und ihren Zielen sieht Avenarius, wenn er sagt: „In allen Fällen läßt sich (...) feststellen,ob es das Ziel ist,

- nur zu informieren und aufzuklären oder
- auch Zustimmung zu erhalten oder
- sogar eine Verhaltensänderung zu erreichen.

Die Abfolge macht deutlich, daß die Zielsetzungen immer anspruchsvoller werden, folglich auch einen jeweils höheren Kampagneneinsatz erfordern."[67]

Eine andere Möglichkeit, Ziele zu unterscheiden, sei – bei bestimmten Aufgaben – die Differenzierung nach Business-Zielen, Marketing-Zielen und Kommunikationszielen (Togotzes).

Ziele werden nicht immer vom Konzeptioner neu „erfunden", sondern sind manchmal auch vorgegeben und müssen ggf. nur noch präzisiert und meßbar gemacht werden. Daß diese PR-Ziele den Zielen der Unternehmenspolitik nicht widersprechen dürfen, sondern sich jenen unterzuordnen und sie zu unterstützen haben – dies ist in den vorigen Kapiteln ausführlich dargelegt.

Wie diese Anbindung der kommunikativen Ziele an die übergeordneten Unternehmensziele, ihre Hierarchisierung, Differenzierung und Konkretisierung dann aussieht, zeigt die Zielpyramide auf der folgenden Seite:

---

66 Siehe Kap. 19.5, S. 212.

67 Horst Avenarius, Public Relations:Die Grundform der gesellschaftlichen Kommunikation, 1995, S. 201f.

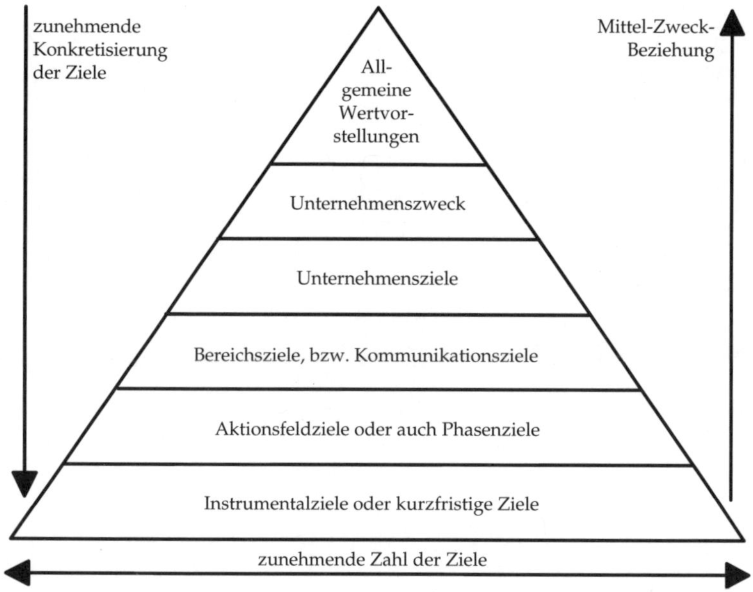

Quelle:frei nach Jochen Becker: Marketing Konzeption, 1992,S. 27

Zusammenfassung:

Ziele sind inhaltlich und zeitlich definierte Endpunkte einer geplanten Entwicklung. Um erfolgsorientiert arbeiten zu können, muß sich jeder PR-Konzeptioner präzise, terminierte und möglichst meßbare Ziele setzen. Was in allen Managementbereichen selbstverständlich ist, gilt auch für Public Relations: Nur wer genau weiß, wohin er will, kann zielführend arbeiten. Erst klare und realistische Ziele ermöglichen es, den Weg zu den Zielen festzulegen, zu beschreiben – und zu beschreiten.

6. Die Dialoggruppen/Teilöffentlichkeiten – Ansprechpartner, die unbekannten Wesen

Agenturchef Freddy Clausewitz kommt von einer Geschäftsreise zurück. Vor zwei Tagen war er zu einem neuen Kunden zum Re-Briefing gefahren, der zum Aufbau der eigenen PR-Arbeit ein großes internes und externes Kommunikationskonzept von der Agentur Clausewitz haben möchte. Freddy hatte seine zwei neuen und durchaus aufgeweckten Assistenten gebeten, sich doch schon mal Gedanken über die möglichen Dialoggruppen für diesen recht umfangreichen Auftrag zu machen. Nun war er also zurück und erwartete das Ergebnis seiner beiden Assis. „Tja, wir sind zu dem Schluß gekommen, daß wir bei so einem großen Konzept eigentlich alle ansprechen müssen," sagten die beiden einmütig. Freddy hob drohend den Zeigefinger und grinste: „Vorsicht, Ihr zwei, Ihr seid noch in der Probezeit. Die Dialoggruppe 'Alle' gibt es bei mir nicht!"

Selbstverständlich gab es deshalb keine Kündigung. Aber was Clausewitz damit meinte, erläutert folgendes Kapitel.

Definition

Es gibt mehrere Möglichkeiten, diejenigen Gruppen oder Individuen zu bezeichnen, mit denen wir als PR-Leute kommunizieren wollen: Teilöffentlichkeiten, Zielgruppen oder Dialoggruppen. Verschiedene Autoren haben sich Gedanken zu diesen Begriffen gemacht. So sagt Schulz[68], der Begriff „Zielgruppe" sei zu ungenau und wenig hilfreich bei der Identifizierung derer, mit denen man kommunizieren wolle. Sie bevorzugt deshalb „Teilöffentlichkeit".

Der Begriff „Dialoggruppe" findet sich nach Kenntnis der Autoren zum erstenmal bei Nickel.[69] Auch die Autoren bevorzugen, wie schon erwähnt, diesen Begriff, weil er deutlich macht, daß es nicht nur darum

68 Schulz, 1993, S. 68.

69 Vgl. Volker Nickel, Informieren muß man können, Landsberg am Lech 1985.

geht, einseitig bestimmte Gruppen „anzuzielen“ und nur zu informieren, sondern darum, sie in Kommunikation zu nehmen. Er zeigt, daß Feedback, daß Gespräch erwünscht ist, um mit den definierten Gruppen oder Personen in einen möglichst intensiven wechselseitigen Dialog zu treten. Nur so kann Kommunikation stattfinden.

Um die Aspekte von Kommunikation und Dialog deutlich zu machen, empfiehlt es sich, diejenigen, mit denen Inhalte diskutiert werden sollen, „Dialoggruppen“ bzw. „Dialogpersonen“ zu nennen.

Funktion der Dialoggruppen

Wer seine Dialoggruppen nicht genau kennt, weiß nicht, mit wem er kommunizieren will. Der Konzeptioner muß also differenziert darstellen, welche Personen und Personenmehrheiten er ansprechen will. Da genügt es nicht, global viele Gruppen aufzuführen, oder gar „Alle“ zu nennen. Aber auch das andere Extrem, die Verzettelung in eine Dialoggruppen-Inflation ist nicht die Lösung. Andresen sieht in der Benennung von Zielgruppen eines der Hauptprobleme des Konzeptionierens. Oft entstünden beim Versuch, alles abzudecken, riesige Listen („die ganze Welt“). Er bezeichnet dies als typisch deutsches Problem, das durch zu starres Festhalten an Mustern entstehe.

Wenn wir also die wirklich wesentlichen Dialoggruppen identifizieren, sollten sie möglichst genau beschrieben werden. Im Idealfall wird aus der Formulierung schon die Erreichbarkeit der jeweiligen Dialoggruppe erkennbar, z. B. Leserinnen der Frauenzeitschrift XY oder Einwohner der Stadtteile A und B oder Nutzer des Produkts X. So ersieht der Konzeptioner schon jetzt, wie und wo er die Individuen seiner gewünschten Dialoggruppe erreichen kann. Im Handbuch PR liest sich das folgendermaßen: „(...) Um Zielgruppen möglichst individuell anzusprechen und die zu vermittelnden Informationsinhalte verständlich zu machen, sollten Zielgruppen möglichst trennscharf differenziert und beschrieben werden.“[70]

70 Susanne Scholz, in: Schulze-Fürstenow/Martini (Hrsg.), Handbuch PR, 1994, Bd. 1, Abschnitt 0.600, S. 29.

Das setzt natürlich voraus, daß für jedes Konzept neu überlegt werden muß, welche Dialoggruppen relevant sein können. Hier etwas aus der Schublade ziehen zu wollen, wäre fatal. Oft werden Dialoggruppen immer noch zu ungenau erarbeitet – die kommende PR-Wissenschaft könne zu diesem Thema vielleicht mehr leisten (Eisele).

Die Dialoggruppen, inkl. der Mittlergruppen, werden nach Problemstellung und Zielsetzung differenziert (Ahrens). Hilfreich seien dabei die Analysen aus dem Vorfeld der Strategie, die deutlich machen, wer wie über das Produkt/die Marke des Kunden denkt und was die jeweilige Zielgruppe zum Kauf/zur Meinungsänderung motivieren könne. Wer hier gründlich gearbeitet habe, könne jetzt leicht die gute Chance nutzen, schnell, kostengünstig und zielgruppenspezifisch auf Meinungsmärkte zu reagieren (Togotzes).

Trennschärfe und Genauigkeit zeichnen eine gute Dialoggruppendifferenzierung aus. Wer genau definiert, kann damit im optimalen Fall schon etwas über die Erreichbarkeit der Dialoggruppen aussagen.

Auf der Suche nach den Dialoggruppen

Wenn wir uns also darüber im Klaren sind, daß Dialoggruppen möglichst genau definiert werden müssen, um ihre Erreichbarkeit sicherzustellen, müssen wir uns auch fragen, wie wir sie finden. Die AFK gibt dazu eine erste Orientierungshilfe: die Dialogfelder. Solche Dialogfelder markieren auch die Arbeitsbereiche der PR. Dies können sein:[71]

- mitarbeiterbezogene Kommunikationspolitik (Human Relations),
- organisationsinterne, z.B. verbandsinterne Kommunikationspolitik (Internal Relations),
- Medienarbeit
- Kommunikationspolitik im lokalen Umfeld (Standort-PR),

71 AFK-Arbeitspapier (Seminarunterlage) Nr. PR/1001.

- Kommunikationspolitik gegenüber Behörden und anderen öffentlichen Institutionen (Governmental Relations bis hin zu Lobbying und Public Affairs),
- marktgezielte Kommunikationspolitik allgemein und dienstleistungs- oder produktbezogene PR speziell (Product Publicity),
- Finanz-Kommunikation (Financial Relations),
- personenbezogene Kommunikationspolitik (Personality PR),
- identitätsfördernde Kommunikationspolitik (Corporate Identity),
- und schließlich breite externe Kommunikation.

Innerhalb dieser Dialogfelder lassen sich – je nach Aufgabenstellung – die Dialoggruppen dann genauer eingrenzen.

Und hier empfiehlt sich wieder ein Blick auf die Zielgruppensegmentierung der Marketing-Kollegen. Der klassischen Unterscheidung von Zielgruppen nach demographischen Kriterien, also Geschlecht, Alter, Haushaltsgröße, Beruf, Wohnort etc. stellt Becker die psychographische Segmentierung an die Seite. Letztere meint z.B. allgemeine Persönlichkeitsmerkmale, Einstellungen und Nutzen-Erwartungen (benefits), Lebensstil bzw. Lebensgewohnheiten.[72] Eisele hat dies in Kategorien für die Identifizierung und Ansprache von Teilöffentlichkeiten für kommunikative Aufgaben übersetzt[73].

Zweistufige Kommunikation

Die beste und effektivste Form der Kommunikation – da sind sich mittlerweile alle PR-Profis einig – ist die direkte personale Kommunikation. Nichts ist überzeugender als das direkte persönliche Gespräch. Nun sind dem PR-Menschen aber nicht alle Individuen einer Dialoggruppe stets direkt zugänglich. Dies gilt besonders dann, wenn sehr viele Individuen zu einer Gruppe gehören, oder wenn sie weit weg sind vom „Sender". Tausende von PR-Leuten wären nur für ein einziges Unternehmen beschäftigt, wollte dies mit allen Dialoggruppen persönlich kommunizieren. Deshalb brauchen PR-Leute Mittlergruppen, die persönlich an-

72 Jochen Becker: Marketing Konzeption, 1992, S. 229ff.

73 Siehe Kap. 19.2, S.193.

sprechbar sind und ihrerseits die PR-Botschaft an ihr Umfeld weitergeben – am wirkungsvollsten ebenfalls direkt und persönlich.

Diese Erkenntnis der „zweistufigen Kommunikation" ist nicht neu. Bereits in den 30er Jahren haben amerikanische Studien sich mit diesem Aspekt der Kommunikation auseinandergesetzt.[74] Professionelle Kommunikatoren benötigen Stützpunkte und Verstärker. Sie brauchen Verbündete, die ihre Informationen, ihre Story, ihr Anliegen in den einzelnen Dialoggruppen kommunizieren und um Verständnis werben. Die AFK nennt diese Partner der Kommunikation „Relaisstationen" zwischen dem Sender der PR-Botschaft und den End-Empfängern der jeweiligen Dialoggruppe.

Solche Mittlergruppen oder einzelne Personen, die eine besondere Stellung innerhalb einer Dialoggruppe haben, deren Meinung von den meisten anderen Individuen der jeweiligen Gruppe für wichtig gehalten wird, werden in professionelle Multiplikatoren, Opinion Leaders und Fashion Leaders unterschieden.[75] Mit professionellen Multiplikatoren sind Mitmenschen gemeint, die von Berufs wegen Informationen (und damit auch Meinungen) „multiplizieren", weitervermitteln. Journalisten zum Beispiel.

Unter Opinion Leaders versteht man Mitmenschen, „auf die man hört" in den formellen, informellen oder sozialen Gruppen, denen sie angehören: in ihrem Wirkungsfeld. Formelle Gruppen können z.B. für die Pharma-Industrie Ärzte und Apotheker sein. In anderen Fällen Lehrer (für Schüler), Vereinsvorsitzende (für Vereinsmitglieder), Vorgesetzte (für ihre Mitarbeiter). Allgemeiner formuliert: Verbände, Vereine, Institutionen, Unternehmen, also offizielle und für jeden zugängliche Gruppen, deren Adressen ermittelt werden können. Informelle und soziale Gruppen sind z. B. Nachbarschaften, Freundeskreise oder Arbeitskollegen. Sicherlich ist es schwieriger, in solchen Gruppierungen die meinungsbildenden Personen zu finden, oft sind sie aber die wirkungsvolleren Opinion Leaders, weil sie nicht aufgrund von Amt oder Stellung die Gruppe „anführen", sondern weil ihr Umfeld ihnen aufgrund ihrer Persönlichkeit vertraut.

74 Vgl. White/Berelsen/Lazarsfeld in: Michael Kunczik, Massenkommunikation, Köln 1977, S. 27-30.

75 AFK-Arbeitspapier (Seminarunterlage) Nr. PR/1002.

Die dritte Gruppe der Mittler, die Fashion Leaders, sind Mitmenschen, die begierig auf alles Neue sind („Neophile" oder „Trendsetter"), sich Neuem als erste zuwenden, aber auch rasch wieder ihre Ansicht wechseln. Menschen z.B., die als erste eine neue Moderichtung aufnehmen – lange, ehe hunderttausende von Konsumenten ihrem Vorbild folgen.

Die Mittlerzielgruppen müssen genau wie die Endzielgruppen identifiziert und angesprochen werden. Der Konzeptioner muß sich also auch fragen, wer als Multiplikator den Weg zu den Zielgruppen bahnen hilft (Leipziger & Partner).

Die zweistufige Kommunikation baut vor allem auf direkte personale Kommunikation. Sie ermöglicht den PR-Leuten überall da über Verbündete den Zugang zu Dialoggruppen, wo die Gruppe wegen ihrer Größe oder ihrer Entfernung zum Sender schwer zu erreichen ist. Solche „Relais-Stationen", die Mittlergruppen, sind professionelle Multiplikatoren, formelle und informelle Opinion Leaders und Fashion Leaders.

Noch gibt es keine klare oder umsetzbare Theorie der Opinion Leader-Politik. Fest steht jedoch: wem es gelingt, in seinem Konzept wirksame Verbündete zu definieren und anzusprechen, der ist auf dem Erfolgsweg.

Zusammenfassung:

Ohne die präzise Bestimmung der Dialoggruppen weiß der Konzeptioner nicht, mit wem er kommunizieren will, auf wen er seine Maßnahmen, ihre Inhalte, ihre Sprache abzustimmen hat. Je präziser hier nach demographischen wie psychographischen Kriterien differenziert wird, umso einfacher wird es später, die Dialoggruppen auch zu erreichen. Die effektivste Form des Dialogs ist immer die direkte personale Kommunikation. Dies gilt gleichermaßen für Endzielgruppen wie auch für Mittlergruppen.

7. Botschaften/Positionierung – Was nach erfolgreichem Abschluß der Kampagne fest in den Köpfen der Dialogpersonen sitzen soll

Aufruhr in der Kaffeepause. Verwirrung unter den Teilnehmern des PR-Seminars. „Was hat dieser Gastdozent da gesagt? Ich versteh nur Bahnhof: Botschaften, Positionierungen, Kommunikationsinhalte? Ja, was ist denn da jetzt der Unterschied?" – „Und was sind, bitteschön, inhaltliche Steinbrüche und Argumentationsplattformen?" – „Und dann hat der noch was von Zielqualität erzählt, und daß wir ja keine Slogans texten sollen!"

Die Kaffeepause geht zu Ende. Der Trainer des Seminars bringt Ordnung in das vermeintliche Begriffschaos.

Und wir tun das in diesem Kapitel. Bei der Entwicklung des Schrittes „Botschaften/Positionierung" geht es um die Inhalte einer Kampagne und darum, was wir durch diese Inhalte erreichen wollen. Genaugenommen handelt es sich um einen untrennbar verknüpften Doppelschritt – nämlich um die zu kommunizierenden Inhalte der Kampagne und ihr inhaltliches Ergebnis, die Positionierung.

Botschaften

Die PR-Botschaften sind die zu übermittelnden Kommunikationsinhalte (Meyer). Sie formulieren die kommunikative Aussage, abgeleitet von den Zielen (Essing). Botschaften beantworten also die Frage „Was will ich sagen?" (Richter). Oder noch präziser bei der AFK zu lesen: „Welche Meinung/Überzeugung/Haltung sollen unsere geplanten Dialogpersonen nach erfolgreichem Abschluß der Aktion oder der Kampagne haben?"[76] Sie sagen, was die Zielgruppen über den Kunden und sein Produkt denken sollen (Togotzes), wie sich also die Ziele im Bewußtsein der Zielgruppen darstellen (Rolke).

76 Siehe Kap. 19.10, S. 265.

Diese Aussagen, wie sie sich letztlich beim Empfänger einprägen sollen, ergeben die Argumentationsbasis für die Umsetzung der PR-Kampagne.

Die AFK sagt, die Kommunikationsinhalte haben Zielqualität. Das meint: diese Inhalte „in die Köpfe und Herzen zu bekommen", sei ein wichtiges Ziel, also verbindliche Festlegung des Konzeptioners. Dies muß erreicht werden. Deshalb hat das Institut in seinem Schaubild diesen Strategieteil auf der gleichen Ebene wie die Ziele angeordnet.

Diese Kommunikationsinhalte können sich – je nach Aufgabe und nach Unterschiedlichkeit der Bewußtseinslage der Dialoggruppen – zu einer einzigen, kaum differenzierten Kernbotschaft verdichten, die es zu vermitteln gilt. Sie können aber auch zusätzlich zu einer „Dachbotschaft" für das gesamte Unternehmen bzw. Vorhaben mehrere „Säulenbotschaften" für einzelne Dialogfelder oder Dialoggruppen enthalten. Diese dürfen sich allerdings nicht widersprechen, sondern müssen unter dem Dach tragend angeordnet sein. Auch das DIPR empfiehlt diese Differenzierung: „Weil Erwartungshaltungen und Interessenschwerpunkte der internen und externen Zielgruppen unterschiedlich sind, werden nach Festlegung der Zielgruppen aus dieser Gesamtaussage entsprechend positionierte Zielgruppen-Aussagen abgeleitet. Ihr gemeinsames Dach stellt sicher, daß intern und extern nicht mit zwei verschiedenen Zungen geredet wird und Widersprüche vermieden werden, wie sie bei nicht integrierter Vorgehensweise gelegentlich vorkommen." [77] Kein Dach hält, dessen Stützen anderswo stehen. Glaubwürdigkeit kann nur entstehen, wenn eine Organisation mit einer Sprache redet.

Zur Konkretisierung der Botschaften empfiehlt die AFK so zu formulieren, wie die Dialoggruppen denken oder reden würden, falls sie sich nach erfolgreichem Abschluß der Kampagne äußern würden. Genau diese Formulierung stellt aber oft eine Schwierigkeit beim Konzeptionieren dar (Schmidt). Unzweckmäßig wäre es, hier zu veröffentlichende Texte anstelle von inhaltlich relevanten internen Aussagen zu formulieren. Gestaltete Texte (Headlines, Slogans, Plakattexte etc.) sind *Ableitungen* aus diesen Botschaften. Sie, die Botschaften, sind die Argumentationsbasis, sozusagen der inhaltliche „Steinbruch". Aus ihm entwickelt man zum Beispiel, welche Inhalte eine Pressekonferenz haben soll, wel-

77 Siehe Kap. 19.9, S. 235.

che Texte die Medien erhalten oder welche Themen ein Symposium behandeln soll.

Die PR-Botschaften müssen auf die Lebenssituation der Adressaten abgestimmt sein, um an ihre Motivation anknüpfen zu können (Quandt). Das heißt, wer Botschaften formuliert, muß die Ziele, Erwartungen und Mentalitäten der Menschen kennen, für die sie erdacht werden.

In der Entwicklung der Kommunikationsinhalte liegt nach Meinung Richters eine große Leistung des Konzeptioners. Ggf. müssen Vorstellungen des Auftraggebers korrigiert oder Kommunikationsinhalte erst entwickelt werden.

PR-Botschaften oder Kommunikationsinhalte fassen den inhaltlichen Kern der PR-Konzeption zusammen. Sie sagen, welche Inhalte bei den Dialoggruppen ankommen müssen, damit die Ziele der Kampagne erreicht werden. Sie sind die Argumentationsplattform für die Aussagen bei der Durchführung der Kampagne, bei der Ausgestaltung einzelner Texte und Instrumente. Botschaften haben Zielqualität.

Positionierung

Die Positionierung ist das Ergebnis der formulierten Kommunikationsinhalte (Togotzes). Oder um es mit dem Amerikaner Geoffrey Nightingale aus dem Network Burson-Marsteller zu sagen: „Image is what you have, positioning is how you got it." Togotzes interpretiert Positionierung gemäß der Aussage von Nightingale als Art und Weise, wie sich eine Organisation ihren Kernzielgruppen in ihrem Verhalten nach innen und außen aktiv darstellt, also als einen „aktiven Konsens". Die Positionierung hat ganz klar, genau wie die Botschaften, inhaltliche Substanz. Außerdem sei bei der Positionierung die Stellung des Unternehmens oder des Produktes auf den Märkten (auch den Meinungsmärkten) im Vergleich zu seinen Mitbewerbern und seiner Vergangenheit von Bedeutung (Rolke).

Man kann den Begriff Positionierung aber auch folgendermaßen – und wie wir meinen schlüssiger – definieren: Kocks sagt, daß ein Unternehmen dann gut positioniert ist, wenn es bei seinen eigenen unternehmenspolitischen Prioritäten auf dem Markt herausragend allein dasteht. Das heißt, und so definiert es auch die AFK, daß die Positionierung der Zustand ist, der im Entwicklungsprozeß aus den formulierten, umgesetzten und angekommenen Botschaften resultiert.

Auch die Positionierung hat Zielqualität; sie ist das gewünschte Resultat der dialoggruppenspezifisch vermittelten Kommunikationsinhalte. Sie präzisiert den angestrebten inhaltlichen Kommunikationsstatus der Organisation im Hinblick auf die gestellte Aufgabe.

Natürlich gilt auch hier wieder wie bei den Botschaften , daß die Positionierung nicht mit einem Slogan oder werblichen Claim zu verwechseln ist (Leipziger & Partner).[78] Die Schwierigkeit in der Formulierung von Positionierungen liegt darin, differenziert zu formulieren und Beliebigkeit zu vermeiden.

Zusammenfassung:

Botschaften und Positionierungen legen fest, welche Inhalte kommuniziert werden sollen, was sich in den Köpfen der Dialogpartner festsetzen soll, und bis zu welcher Position sich das Unternehmen oder das Produkt in der Meinung der Ansprechpartner verändern soll. An diesem Punkt geht es also um die inhaltliche Substanz jeder PR-Aktivität. Ihre Qualität ist ein wesentlicher Faktor, um mit den Dialogpartnern auch inhaltlich die Ziele der Konzeption zu erreichen.

78 Siehe Kap. 19.5, S. 213.

8. Strategische Umsetzung oder Kräfteeinsatz – Die Entscheidung über die Vorgehensweise

Soeben hat Linda Clausewitz dem neuen Kunden eine zauberhafte Strategie präsentiert und erwartet nun die anerkennenden Blicke. Stattdessen eine Zwischenfrage des Marketing-Managers mit leicht näselndem Kasinoton (Major der Reserve). „Sagen Sie mal, Frau Clausewitz, meinen Sie, daß ein bißchen Pressearbeit, Ihre sogenannten Aktionstechniken und – wie sagen Sie – direkte personale Kommunikation (?) für unsere Kampagne ausreichen? Und wieso planen Sie keine Veranstaltungen?" Linda, stets auf die Kundenpsyche optimal eingestellt, lächelt und antwortet: „Diese drei Punkte, die Sie eben genannt haben, bezeichnen selbstverständlich jeweils ganze Maßnahmenbündel. Und zwar sind es jene entscheidenden Instrumente, die den Durchbruch zur Zielebene sichern. Ein Beispiel: Sie als gelernter Stratege würden doch sagen: ‚Diese Schlacht wird durch Panzerwaffe bei starker Luftüberlegenheit entschieden', wenn das die schlachtentscheidenden Waffengattungen sind. Daß Sie dann natürlich noch Infanterie, Pioniere und den Nachschub bis hin zur letzten Marketenderin brauchen, das ist Sache der Taktik. Auch wir Kommunikationsfachleute nennen in der Strategie nur die wichtigsten Maßnahmenbündel. Also jene, die für die Zielerreichung entscheidend sind. Die notwendigen flankierenden Maßnahmen erfahren Sie in der Taktik."

Dieses Kapitel beschäftigt sich mit dem Weg, auf dem man die Kommunikationsinhalte zu den Dialoggruppen transportiert, um diese auf die Zielebene zu bringen.

Definitionen

Wenn Kohrs und andere auf die Frage, was denn Strategie sei, spontan antworten: „Das ist der Weg zur Problemlösung.", weist das auf die hohe Bedeutung dieses Entwicklungsschritts hin. Wie bereits in Kapitel 4 beim Strategischen Block erläutert, verstehen wir die Strategie als die Einheit der vier Strategiebestandteile Ziele, Dialoggruppen, Botschaften/Positionierungen und Strategische Umsetzung. Die AFK hat diesen letztgenannten Schritt auch *„Strategischen Kräfteeinsatz"* genannt. Ahrens differenziert hier zwei Schritte: der strategische Ansatz legt in wenigen komprimierten Sätzen die intellektuelle Lösung des Weges zu den Zielen dar. In der Umsetzung leistet der Konzeptioner die Beschreibung des Weges mit der Nennung des wesentlichen Instrumentariums. Dieser Weg zu den Zielen (oder besser: Lösungsweg) sei der Operationalisierungsteil der Strategie und lege das *Wie* der Kommunikation fest (Ahrens). Zum Thema Vorgehensweise läßt sich (negativ) hier sogar der Koran zitieren: „Wenn Du nicht weißt, wohin Du willst, ist jeder Weg, den Du einschlägst der Richtige." *Jeder* Weg? Das kann es ja wohl nicht sein.

Es gibt einen untrennbaren Zusammenhang zwischen den Zielen und dem Weg dahin. Anders gesagt: die Strategische Umsetzung / der Kräfteeinsatz entscheidet, ob die Ziele überhaupt erreicht werden können. Die Strategische Umsetzung muß also stark genug sein, um den Durchbruch zur Zielebene zu schaffen (Zitat Linda Clausewitz).

Die zentrale Bedeutung dieses Schritts für die anderen Strategiepositionen formuliert das KOMMUNIKATION-Modell mit eindeutiger Zuspitzung: „Das strategische Vorgehen ist der zentrale Ansatz oder Hebel, mit dem wir die Meinungen und Einstellungen in den Zielgruppen entscheidend beeinflussen wollen. Dem strategischen Vorgehen ordnen sich später die Ziele, Zielgruppen und Botschaften unter." [79]

Auf jeden Fall müsse das Wie der Lösung zwingend sein, dann habe sie auch die gewünschte Verstärkerfunktion für die anderen Strategiepunkte (Ahrens).

Um die Bedeutung dieses Strategieteils zu unterstreichen, sagt die AFK in einer Seminareinleitung zum Thema: „Hier findet Planungskreativität ihren Höhepunkt, hier sind die großen ‚Feldherren' der PR gefragt, hier zeigt sich, ob jemand ein Napoleon oder wenigstens ein kluger Generalstabschef ist oder nur ein biederer kleiner Truppenführer!"

Die Strategische Umsetzung/der Kräfteeinsatz formuliert den Weg, auf dem das Kommunikationsproblem gelöst wird und der zum Ziel führt. Sie hat höchsten strategischen Rang.

---

79 Siehe Kap. 19.4, S. 207.

Funktion und Inhalt der Strategischen Umsetzung

Wie findet man diesen Weg? Die AFK sagt, die Strategische Umsetzung/der Kräfteeinsatz enthalte die Festlegung des Hauptinstrumentariums und stellt sich folgende Frage: „Welches sind die entscheidenden Hebel, mit denen wir den gewünschten Kommunikationsprozeß in Gang setzen und zum Erfolg bringen?"[80] Hier werden die wichtigsten Gruppen von PR-Mitteln festgelegt, mit denen die Botschaften zu transportieren sind. Die Strategische Umsetzung enthalte also Mittel und Techniken, mit denen man die Ziele erreichen will und habe dabei den Charakter einer Arbeitsanweisung (Togotzes). Sie benenne die wichtigsten Instrumente und Plattformen, wie z.B. Workshops, Messen oder Medien (Ahrens). Nun werden allerdings noch keine konkreten einzelnen Maßnahmen genannt. Deren Fülle würde an dieser Stelle nur verwirren. Stattdessen entstehen hier die Vorgaben für die Entwicklung der Einzelmaßnahmen in der Taktik. (Aus diesem Grund wird die Strategische Umsetzung bei Leipziger & Partner „Taktische Umsetzung" genannt.)

In wenigen Einzelfällen nennen Konzeptionsprofis jedoch an dieser Stelle zusätzlich eine zentral wichtige Maßnahme: dann, wenn sie für die Zielerreichung entscheidend ist, also strategische Bedeutung hat.

Da die Strategische Umsetzung/der Kräfteeinsatz die Vorgaben für die Taktik bzw. Maßnahmenplanung gibt, empfiehlt es sich in dieser Entwicklungsphase eines Konzeptes zusätzlich Arbeitsanweisungen für die Art und Weise der Kampagne zu formulieren. Es wird z.B. festgelegt, ob laut oder leise kommuniziert werden solle, ob die Kampagne in die Breite gehen solle oder nur sehr selektiv durchzuführen sei (Richter). Es wird also definiert, wie die Argumentationslinie, der Stil oder die Gestaltungslinie und die Aktionsintensität in der Kampagne aussehen sollen (AFK).[81]

80 Siehe Kap. 19.10, S. 260.

81 Ebda.

Im Kräfteeinsatz, der Strategischen Umsetzung, wird das Hauptinstrumentarium, der Modus operandi, festgelegt: das grundsätzliche „Wie" der Kommunikation, das gleichzeitig die verbindliche Vorgabe für die Taktik ist. Der Kräfteeinsatz konzentriert sich auf die entscheidenden zielführenden Maßnahmenbündel. Einzelmaßnahmen stören hier nur und lenken vom strategischen Kern ab – es sei denn, sie haben (in Ausnahmefällen) strategischen Rang.

Die Erarbeitung der Strategischen Umsetzung

Es sei bei größeren Konzepten nützlich, an dieser Stelle bereits Phasen für die Umsetzung und ggf. die Strukturierung der Zusammenarbeit zwischen Kunde und Agentur festzulegen (Leipziger & Partner). Das heißt, das Team für die Durchführung und die Zuständigkeiten für bestimmte Aufgaben seien zu benennen.

Es kann auch sein, daß sich nach den Analyseergebnissen alternative Vorgehensoptionen herausstellen. Sie müssen dann nach ihren Erfolgsaussichten bewertet werden. Eine gute Agentur nenne dem Kunden diese Alternativen und gebe eine Empfehlung ab (Kommunikation).

Zusammenfassung:

Die Strategische Umsetzung/der Kräfteeinsatz beantwortet die Frage, mit welchen Maßnahmenpaketen und in welcher Art und Weise mit den Dialoggruppen kommuniziert wird. Sie bildet das Transportmittel für die Botschaften und formuliert den Weg zur Erreichung der Ziele. PR-Profis beweisen hier ihre Kompetenz im entscheidenden Arbeitsgang wirksamer Planungskreativität.

9. Taktik/Maßnahmenplanung – Wie Gestaltungskreativität das Konzept unverwechselbar macht

Das Buchmanuskript steht, nur die Feature-Anläufe der einzelnen Kapitel sind noch zu texten. Die Autoren sind zufrieden, aber sie wollen noch eine unbefangene Meinung hören. Kollegin Nicola, längst in Maßnahmenplanung kreativ und erfahren, bekommt Lesestoff mit nach Hause. Am Folgetag kommt sie – mit erstauntem Gesicht und manuskriptwedelnd – ins Meeting mit den Autoren: „Ich verstehe das nicht! Das, was in einer Kampagne tatsächlich passiert, also die ganze Fülle der Maßnahmen, da muß doch der Schwerpunkt liegen. Und nun lese ich da 26 Seiten lang unentwegt etwas über die Strategie, und der Taktik werden lediglich elf Seiten eingeräumt. Das ist doch ein Mißverhältnis, oder?" – „Ja," räumt der Chef ein, „das stimmt schon. Aber die meisten jungen PR-Leute haben Nachholbedarf, wenn's um die Strategie geht. Das liegt sicher auch an unserem Schul- und Ausbildungssystem, wo anstelle von strategischem Denken meist nur Auswendiglernen und Vokabelnpauken angesagt ist. Hier gibt's also die größeren Defizite. Die wollen wir mit diesem Buch ansprechen. Bei der Taktik, verehrte Kollegin, Du weißt es selbst, bei der Taktik sind junge PR-Leute schon sehr früh voll dabei und richtig kreativ und gut!" Co-Autorin Renée ergänzt: „Dies ist ein Methodik-Buch zur optimalen Konzeptionsentwicklung. Und da haben wir das Hauptgewicht auf die sprödere Materie gelegt: auf die Methodenlehre zur Analytischen Phase und zum Strategischen Block!"

So ist es.

Jedes professionelle Kommunikationskonzept besteht aus zwei Teilen, der Strategie und der daraus folgenden Taktik. Den Strategischen Block haben wir in den vorherigen fünf Kapiteln ausführlich erläutert. Nun geht es um die Taktik, also die Umsetzung der Strategie in konkrete Maßnahmen: in Handlungsanweisungen, in das PR-Programm.

Definitionen

Die AFK definiert Kommunikationstaktik als das „gestaltungskreative Handwerk, strategiegerecht Projekt- und Maßnahmenplanung für bestimmte überschaubare Kommunikationsprozesse einzusetzen."[82] Hier ist also nicht mehr von der „Kunst" wie in der Strategie die Rede, sondern vom „Handwerk" konkreter Detailplanung. Das DIPR nennt diese Planung „PR-Programm" oder „kreative Umsetzung, das heißt, die Zielgruppen-Aussagen müssen als möglichst wirkungsvolle Text-/Bild-/Aktions-Ideen über geeignete Hauptinstrumente/Medien an die Zielgruppen herangetragen werden."[83] Oder um es kürzer mit Ahrens zu sagen: „Die Taktik ist die Planung was, wo, wie, wann, wieviel, wie oft stattfindet."

Unbestritten überall: es geht um die Maßnahmen. Aber auch um ihre Ableitung von der Strategie.

Die Anbindung der Taktik an die Strategie

Ausnahmslos alle Gesprächspartner betonen die Verknüpfung von Strategie und Taktik. Die AFK formuliert dies so: „Taktische Entscheidungen bedürfen zu ihrer Planung einer klaren Strategieformulierung. Von dieser Festlegung mit ihren genannten vier strategischen Positionen (...) wird nun die Maßnahmenplanung abgeleitet. Die Strategie bleibt gültiger Maßstab für die taktische Umsetzung. (...) Die Strategieabhängigkeit und -bindung bedeutet, daß die Taktik die Strategie einerseits voll erfüllen muß und sich andererseits aber auch an deren Begrenzungen halten sollte und sie nicht überschreiten darf: Die Taktik muß im *Strategiekorridor* bleiben. Er gibt den verbindlichen Rahmen für die Taktik vor, also für die sinnvolle Planung der Mittel und Maßnahmen."[84]

Das Motto zum Auftakt dieses Buches, siehe Seite 5, Heftys Satz von Herrin und Dienerin, bringt das Verhältnis von Strategie und Taktik in ein präzises Bild.

82 Siehe Kap. 19.10, S. 267.

83 Siehe Kap. 19.9, S. 235.

84 Siehe Kap. 19.10, Schaubild „Strategiekorridor" auf S. 267.

Togotzes sagt, daß die Taktik ein Extrakt der Strategie sei, daß man hier also unter Berücksichtigung der Relevanz der Kommunikationsfelder vorgehen müsse. Auch Rolke, Jaenecke und Schmidt formulieren die Maßnahmenplanung als Umsetzung der Strategie, um die Planbarkeit der Maßnahmen zu gewährleisten.

Essing und Kocks spitzen noch stärker zu, wenn sie sagen, die Taktik diene der Umsetzung der Ziele. Erinnern wir uns noch einmal an Hannibal: Auch er hatte sich erst das Ziel gesetzt, nach Rom zu kommen. Um dieses Ziel zu erreichen, ersann Hannibal eine (in Nordafrika sicher übliche, für Südeuropa aber überraschend neue) taktische Maßnahme – er wollte den Weg nach Rom über die Alpen mit seinen Kriegselefanten meistern. Oder in drei Kurzsätzen: Erst Rom, dann Elefanten. Erst Strategie, dann Taktik. Erst Ziele, dann Maßnahmen.

Die Folgen bei Nichteinhaltung dieser Forderung formuliert Rolke: „Beide Teile sind in sich stimmig, vielleicht auch noch ganz originell, aber sie passen nicht zusammen. Wenn auf diese Weise Strategie und taktische Umsetzung auseinanderfallen, dann führen die Maßnahmen zwar zu irgendeinem Ergebnis, aber eben nie zum Ziel."[85]

Die Taktikplanung leitet sich von der Strategie ab; diese ist für die Taktik verbindliche Vorgabe – in der vollen Ausfüllung, aber auch in den Grenzen des Strategiekorridors.

Planungstechniken für die Maßnahmen

DIPR und AFK bieten zur praktischen und strategiegerechten Planung der Maßnahmen konkrete Arbeitshilfen.

Das DIPR schlägt eine Matrix vor, genannt „Zeit- und Maßnahmenplan" und ergänzt: „Mit diesem Arbeitsschritt (kreative Umsetzung der Botschaften in möglichst wirkungsvolle Text-/Bild-/Aktions-Ideen beginnt die dritte Konzeptionsphase (nach den Schritten Analyse und Strategie, Anm. der Autoren). Sie ist abhängig von Budget- und Zeitfaktoren. In ihr sollen konkrete Einzelmaßnahmen vorgeschlagen werden, die zeitlich

85 Siehe Kap. 19.7, S. 223.

aufeinander abgestimmt werden müssen. Dies geschieht in einem Zeit- und Maßnahmenplan, der (als eigentliches PR-Programm) alle nach innen und außen zu leistenden Kommunikationsaufgaben mittel- bis langfristig vorausplant."

Der Zeit- und Maßnahmenplan ist im DIPR-Teil der Dokumentation abgebildet und ausführlich erläutert.[86]

In dieser Matrix finden sich die Dialoggruppen und das Hauptinstrumentarium der Strategischen Umsetzung wieder. So wird die Anbindung der Taktik an die Strategie gewährleistet. Außerdem hat dieses integrierte Planungsmodell weitere Vorzüge; wir zitieren auszugsweise aus dem DIPR-Papier:

„1. Übersichtliche Zeitplanung.

2. Verwandte Maßnahmen werden einzelnen Maßnahmenketten zugeordnet.

3. Diese Methode ermöglicht (und verdeutlicht später), wann und wie interne und externe Maßnahmen so miteinander verknüpft werden (taktische Planung), daß sie sich gegenseitig stützen oder positiv beeinflussen können (Integration!).

4. PR-Arbeit ist Teamarbeit: Gemeinsame Planung in Arbeitsgruppen ermöglicht einzelnen Gruppenmitgliedern Teilverantwortung zu übernehmen, ohne das Ganze aus den Augen zu verlieren."[87]

Ein ähnliches, aber flexibleres System unter Nutzung der Pinwand-Technik, schlägt die AFK vor.[88] Die Pinwand hat bei der Planung der Taktik mehrere Vorteile. Da sie ein Arbeitsmedium ist, kann auf ihr in der Erarbeitungsphase leichter jederzeit ohne Probleme etwas an der Taktik verschoben, ergänzt, weggenommen und geändert werden. Sie ist allen Mitgliedern des Konzeptioner-Teams präsent, d.h. jeder kann immer sehen, wie der Stand der Dinge ist. Und meistens fallen einem zeitliche Abhängigkeiten, Fehler oder Unschlüssigkeiten eher auf, wenn man das Ganze in der Gruppe stets vor Augen hat.

---

86 Siehe Abb. 3 im Kap. 19.6, S. 239.

87 Siehe Kap. 19.9, S. 238.

88 Siehe dazu Kap. 19.10, S. 268 f.

Die Taktikplanung enthält laut AFK drei integrierte Planungselemente, nämlich Untergliederung, Zeitplanung und Feedbackplanung.

Erstes Planungselement: Untergliederung

Untergliedert wird in Projekte, Teilprojekte und Maßnahmen. Auch hier spielt die Ableitung von der Strategie eine entscheidende Rolle.

Die *Projekte* ergeben sich aus mehreren Maßnahmen, die zusammengehören. Diese Projekte sind aus der Strategie abzuleiten. Im Kapitel Strategische Umsetzung/Kräfteeinsatz ist ja festgehalten, daß dort die Maßnahmengruppen zu nennen sind. Die AFK empfiehlt deshalb folgerichtig, die Formulierungen aus der Strategischen Umsetzung so weit wie möglich als Projekte zu übernehmen. Das sichert die Einhaltung der strategischen Vorgaben. Zu den Projekten werden auf der Pinwand die Verantwortlichen für die Durchführung vermerkt. So wissen die jeweils Zuständigen und die anderen Mitglieder des Konzeptioner-Teams immer, wer für welches Projekt und seine Maßnahmen verantwortlich ist.

Ein Beispiel für die Untergliederung:
Die Formulierung der Projekte und der Verantwortlichen (hier in Klammern gesetzt) kann bei einer fiktiven Kampagne folgendermaßen aussehen:

- Projekt interne Motivation und Teambildung (Vorstand, Personalleitung und Institut xy / Servatius)
- Projekt Medienarbeit (Agentur/Müller)
- Projekt Werksjubiläum / Standort-PR (Werksleitung I und Agentur/ Willibald)
- Projekt Fachkongreß (Vorstand Forschung und Entwicklung und Agentur / Seidelberg)

Teilprojekte werden entwickelt, wenn zusätzlich eine weitere Untergliederung wegen der Menge der Maßnahmen nötig wird ... aber auch nur dann. Dazu werden die Dialoggruppen vermerkt, die von diesem Projekt oder Teilprojekt angesprochen werden. Sie sichern die zweite Anbindung an die Strategie. (Die Dialoggruppen werden natürlich an dieser Stelle auch vermerkt, wenn eine Untergliederung in Teilprojekte unnötig ist.) Beispiele für solche Teilprojekte mit Angabe der Dialoggruppen (hier in Klammern gesetzt) innerhalb des letzten genannten „Projekts Fachkongreß“ können sein:

- Teilprojekt Didaktik (Dozenten, Moderation)
- Teilprojekt Teilnehmerwerbung (Standort-Prominenz, Fachwelt, Branche)
- Teilprojekt Sonderaktion Universitäten (Professoren, Studenten der entsprechenden Fachbereiche)

Die *Maßnahmen* schließlich zeigen auf, was konkret stattfinden soll. Beispiele dafür sind beim „Teilprojekt Sonderaktion Universitäten“:

- Briefwerbung an die Fachprofessoren
- Info-Stand an den beteiligten Universitäten
- Anzeigen in der Studentenpresse
- studentenspezifische Ausstellung während des Kongresses.

Zweites Planungselement: Zeitplanung

Der zweite integrierte Planungsschritt ist die Zeitplanung. Hier werden die Maßnahmen bei allen Projekten in eine zeitliche Reihenfolge geordnet. Dabei kommt es vor allem auf folgendes an:

- dramaturgisch wirksame Abläufe und zeitliche Bündelungen zu planen;
- von den Dialoggruppen her denkend, für einen psycho-logisch nachvollziehbaren Ablauf zu sorgen (= keine übermäßig großen „Lernsprünge“ abfordern);
- alle gegenseitigen zeitlichen Abhängigkeiten zwischen Planung und Durchführung und zwischen den einzelnen Maßnahmen zu berücksichtigen.[89]

89 Wenn man will, stellt die Taktikwand/stellen die Taktikwände der AFK insofern einen reduzierten Netzplan dar.

Auch die Zeitplanung mit dem dramaturgischen Ablauf wird auf der Pinwand anschaulicher als auf dem Papier. Man erkennt schon von weitem, in welcher Senkrechten (also zu welchem Zeitpunkt) besonders viele Maßnahmen stattfinden, wann also ein Höhepunkt der Kampagne liegen wird. Man kann Beziehungen (z.B. Abhängigkeiten in der Zeitfolge) zwischen einzelnen Maßnahmen durch Verbindungspfeile klarmachen. Die Kampagne erhält so ihr schlüssiges Gepräge.

Drittes Planungselement: Feedbackplanung

Der dritte integrierte Planungsschritt, die Feedbackplanung, prüft, ob die einzelnen Maßnahmen genügend kommunikativ sind. Das heißt, ob genügend Feedback-Verlockungen und Handlungsanreize für die aktive Einbeziehung der Dialoggruppen in der Kampagne enthalten sind. Beispiele: Sind bei Mailings Antwortkarten eingeplant, mit denen die Briefempfänger zusätzliches Material anfordern können? Gibt es attraktive Aktionen bzw. Events, die Personen aus der strategisch festgelegten Dialoggruppe zum aktiven Mitmachen verführen können? Sind bei PR-Anzeigen Coupons vorgesehen, mit deren Rücksendung die Dialogpartner sich an einem Preisausschreiben, einer Verlosung beteiligen können? Vor allem: sind genügend Maßnahmen vorgesehen, bei denen die PR-Treibenden und ihre Auftraggeber ihren Dialogpartnern *zuhören*, also symmetrische Kommunikation im Dialog stattfinden kann?

Sinnvoll ist es, alle Maßnahmen, die Gelegenheit zur Antwort geben oder Anreize bieten, sich handelnd mit dem Angebot auseinanderzusetzen oder sich aktiv am Gespräch zu beteiligen, mit einem Klebepunkt oder einer farblichen Markierung zu versehen.

Strategiebindung

Noch einmal: Die Anbindung an die Strategie wird also bei dieser Taktikplanung durch die Übernahme der Strategischen Umsetzung/des Kräfteeinsatzes und der Dialoggruppen abgesichert.

Zusätzlich muß sich der Konzeptioner prüfend fragen, ob die Maßnahmen ausreichend geeignet sind, um die Botschaften ins Gespräch zu bringen und in die Köpfe der Dialoggruppen zu transportieren, um damit letztendlich die inhaltlichen Ziele der Konzeption zu erreichen.

Schließlich (und vor allem!) ist zu überprüfen, ob die Maßnahmen insgesamt, also die Taktik, auch sicher zielführend sind.

Ergebnis

Das Ergebnis dieser dreistufigen integrierten Planungsphase ist ein psycho-logischer, realistischer, umsetzungsreifer Ablaufplan für die strategiegerechten Maßnahmen – die Taktik oder das PR-Programm.

Einige der befragten Konzeptionspraktiker haben ebenfalls ihr System der Taktikplanung erläutert:

KOMMUNIKATION schlägt in ihrem Papier vor, die Maßnahmen in Projekte zu bündeln, „mit denen wir die definierten Botschaften zielgruppengerecht transportieren. (...) Alle Maßnahmen werden kostenmäßig kalkuliert[90], es werden Frequenz- sowie Zeitvorschläge gegeben und eine konkrete Etatempfehlung für das erste Etatjahr vorgestellt." [91]

Togotzes nennt sein System der Maßnahmenplanung *Ziel-Medien-Terminplan*, also eine Liste der Medien (Mittel und Maßnahmen der PR, Anm. d. Autoren), der Zeiten und der Themen.

In Ergänzung zu ihrem Zeit-/Maßnahmenplan bietet Hill and Knowlton dem Kunden eine sogenannte *Wirkungsmatrix* an.[92] Sie listet im Raster Dialoggruppen und Maßnahmen auf und macht durch Punktverteilung deutlich, welche Maßnahmen bei welchen Dialoggruppen besonders wichtig sind. Die Wirkungsmatrix wird damit für den Kunden zur Entscheidungshilfe für einzelne Maßnahmen.

---

90 Zur Kalkulation siehe Kap. 16, S. 161 ff.

91 Siehe Kap. 19.4, S. 209.

92 Siehe Kap. 19.13, S. 304.

Profis nutzen bei der Planung der einzelnen Maßnahmen und ihrer Abfolge als Handwerkszeug einen Raster auf der Pinwand oder eine Matrix. Dabei sind die Strategiebestandteile Strategische Umsetzung/ Kräfteeinsatz als Projekte und die Dialoggruppen zu übernehmen. Das sichert die Anbindung der Taktik an die Strategie ab. Die einzelnen Maßnahmen der Projekte werden so auf einer Zeitachse angeordnet, daß sich ein logisch geplanter, dramaturgisch-psycho-logischer Ablauf ergibt, der die Grundlage für das konkrete Handeln im Prozeß bietet. Die Maßnahmen müssen zielführend und geeignet sein, die Inhalte zu transportieren. Die Feedbackplanung kontrolliert, ob genügend Beteiligung der Ansprechpartner erreicht werden kann: ob der notwendige Dialog stattfinden wird.

Kriterien für kreative Taktikplanung

Bei der Planung sind einige Kriterien zu beachten. Am wichtigsten ist sicherlich, daß die Taktik maßgeschneidert sein muß (Eisele). Schwierig ist, hier nicht nur Maßnahmen „von der Stange“ aufzulisten, sondern kreativ zu werden (Meyer). Wenn hier wieder einmal von Kreativität die Rede ist, so ist zu unterstreichen, daß es nun nicht mehr um die zuchtvolle *Planungskreativität* der Strategie geht. Bei der Erarbeitung der Taktik ist *Gestaltungskreativität* (oder schlicht: Einfallsreichtum) gefragt. Dies muß nicht heißen, daß der Konzeptioner nun eine funkelnagelneue, nie dagewesene Idee nach der anderen gebiert. Kreativität ist vielmehr die ungewöhnliche und wirksam zielführende Zusammenstellung bekannter Elemente (AFK). Denken wir hier noch einmal an Hannibal: Kriegselefanten waren wohl durchaus üblich in nordafrikanischen Kämpfen. Allein die Idee, mit ihnen die Alpen zu überqueren, war das Ungewöhnliche an dieser Maßnahme (weswegen sie bis heute nicht vergessen ist).

Und letztlich: obwohl Maßnahmen kreativ und anschaulich sein sollten, „wird der PR-Erfolg schließlich durch die Wirklichkeitsnähe guter Ideen bestimmt. Kreativität und Realismus liegen bei der Planung und Durchführung von Projekten nah beieinander.“ [93] (Meyer). Um dem Anspruch zielgruppenspezifischer Maßnahmenplanung gerecht zu werden

93 Siehe Kap. 19.4, S. 209.

(Schmidt), müsse sich der Konzeptioner immer fragen, wie er am besten in die Erfahrungswelt der Dialoggruppen eindringe (Eisele).

Das Handwerkszeug für die Taktik nutzen

In der Taktik kann der Konzeptioner – strategiegerecht – aus dem großen Fundus des PR-Instrumentariums schöpfen. Um bei den Tausenden von möglichen Maßnahmen einen Überblick zu behalten, empfiehlt es sich, ein einfaches Gliederungsschema zu nutzen, in dem Maßnahmen in Gruppen zusammengefaßt werden. Die AFK schlägt ein solches Schema für eine Liste (hier meist *einfacher handwerklicher)* Mittel und Maßnahmengruppen vor:[94]

1. **Sondergruppe: Medien für die Presse**
   Zum Beispiel: Pressekonferenz, Pressereise, Journalistenseminar, Pressemappe, Pressedienst, Presseaussendungen usw.

2. **PR-Periodika**
   Zum Beispiel: Mitarbeiterzeitschrift, Kundenzeitschrift, Pressespiegel, Informationsdienst usw.

3. **Nichtperiodische Printmedien**
   Zum Beispiel: Geschäftsbericht, Katalog, Prospekt, Faltblatt, Brief, Anzeige, Broschüre, Firmenbuch usw.

4. **Gesprächsmedien**
   Zum Beispiel: Zweiergespräch, Kleingruppengespräch, Arbeitsbesprechung, Telefongespräch usw.

5. **Veranstaltungsmedien**
   Zum Beispiel: Kongreß, Messe, Ausstellung, Veranstaltungsevent, Symposium, Tag der offenen Tür, Seminar, usw.

6. **Aktionsmedien**
   Zum Beispiel: Vorschlagswesen, Wettbewerb, Preisausschreiben, Happening, „Probespielen“ am Computer usw.

---

94 AFK-Arbeitspapier (Seminarunterlage) Nr. PR/1200.

7. **Auditive, visuelle, audiovisuelle, interaktive und andere elektronische Medien**
Zum Beispiel: Tonband, Dia, Tonbildschau, Video, Film, Internet, Mailbox, Datenbanken usw.

8. **Kooperationen**
Zum Beispiel: gemeinsame Veranstaltungen mit Verbänden, Kommunen, Instituten, Unternehmen, Einzelpersonen, um Glaubwürdigkeit und Reichweite der Botschaften zu maximieren.

9. **Schaumedien**
Zum Beispiel: Plakat, Transparent, Bandenwerbung (etwa bei Sportsponsoring), Fassadengestaltung, Leuchtwerbung, Schaukasten, Fesselballon, Buttons usw.

10. **Sonstige Medien**
Zum Beispiel: Mäzenatentum, Preise, Give aways usw.

Die Punkte dieser Gliederung sind also Oberbegriffe für ganze handwerkliche Maßnahmenbündel ... und vorab waren sie auch mögliche Formulierungen für die Strategische Umsetzung/den Kräfteeinsatz, falls denn die eine oder andere dieser handwerklichen Maßnahmengruppen in der Strategie zielführende Kraft und Bedeutung in der konkreten Kampagne hat.

Eine gute Gliederung aller klassischen PR-Maßnahmen bedeutet allerdings nicht, daß der Konzeptioner dann einfach nur noch in die Schublade zu greifen braucht, um Ideen für seine jeweilige und maßgeschneiderte Kampagne zu finden. Gute Beispiele für kreative neue Vorschläge nennt Rolke an zwei Beispielen:

1. Beispiel: Für die Pfadfinder wird eine Telefonkarte mit ihrer Kernbotschaft entworfen. Für die Pfadfinder ist dies ein ganz neues Medium mit Überraschungseffekt bei ihren Dialoggruppen. Die Telefonkarte als Medium existierte aber bereits, und mußte deshalb nicht neu erfunden werden.

2. Beispiel: Brigitte-Leserinnen können im Rahmen einer Kampagne für die Lufthansa den Berufswunsch „Stewardess" testen. Für die Fluglinie

ist dies eine Möglichkeit, um ein starkes Medienecho zu bekommen. Der Nebeneffekt sind gute und qualifizierte Bewerbungen ohne Stellenanzeige.

Solche Beispiele zeigen, wie Kreativität in strategisch gelenkten Bahnen aussehen kann. Neue Möglichkeiten der Kommunikation erweitern so ständig den Pool der bewährten Maßnahmen.

Das klassische PR-Instrumentarium ist die Basis für gute Maßnahmenplanung. Es wird durch neue, kreative Ideen und ungewöhnliche Zusammenstellungen bekannter PR-Instrumente erweitert, die die einzelne Kampagne strategiegerecht, maßgeschneidert und unverwechselbar machen.

„Kommunikationskonzepte sind letztendlich Handlungspläne – analytisch gestützt zwar, aber immer auf konkretes Handeln hin angelegt. Insofern bildet das Maßnahmenprogramm den Mittelpunkt einer jeden Konzeption." [95] (Rolke)

Zusammenfassung:

Die Kommunikationstaktik ist der strategiegerechte Gebrauch von einzelnen in Projekte (und ggf. Teilprojekte) gegliederten Maßnahmen: Handlungsanweisungen für die Durchführung der Kampagne. Strategiegerecht heißt, daß sich die Taktik an den vier Positionen des Strategischen Blocks orientieren muß, um den Zweck der gesamten Konzeption zu erfüllen.

Es bietet sich an, Planungshilfen, wie sie das DIPR und die AFK nutzen, aufzunehmen und so einen zeitlich, psychologisch und dramaturgisch gestalteten Ablauf der PR-Kampagne zu planen.

Gestaltungskreativität macht in diesem Schritt die Wirksamkeit und das Durchsetzungsvermögen der geplanten Maßnahmen aus.

95 Siehe Kap. 19.7, S. 222.

10. Qualitätskontrolle – Obwohl es kein Meßgerät für gute Konzeptionen gibt ...

Stolz präsentieren die Mitarbeiter von Gerd Mainzelhöhe, dem PR-Chef der Deutschen Grün AG, ihrem Boß die erste selbsterstellte Konzeption. „Sieht ja ganz gut aus," lobt dieser. „Und habt ihr auch mal die Qualität eures Konzepts geprüft?" Fragezeichen in den Gesichtern. „Tja, Chef, wie meinen Sie das: Qualität prüfen? Dafür gibt es doch kein Prüfgerät! Wir können doch den Erfolg erst sehen, wenn die Kampagne gelaufen ist." Mainzelhöhe spürt, daß da wieder einmal Erklärungsbedarf besteht: „Was ihr meint, ist Erfolgskontrolle; sicher ein wichtiger Punkt. Aber man kann und muß schon vorher die Qualität der Konzeption auf Schlüssigkeit, Realisierbarkeit und Erfolgsaussichten überprüfen – und zwar ehe die Kampagne läuft. Sicher gibt's da kein einfaches Meßinstrument, man kann sich aber mit präzisen Kontrollfragen über die Runden helfen." Mainzelhöhe macht es sich erst einmal bequem und erklärt seinen Mitarbeitern die Idee.

In diesem Kapitel geht es also um die Überprüfung der Qualität von Konzepten. Zum schwierigen Thema Wirkungskontrolle folgt am Ende des Kapitels ein Abschnitt.

Eine solche Unterscheidung der Kontrolle in Qualität des Konzepts und Ergebnis-Qualität der Kampagne schlagen auch Schweizer Autoren vor: „Die PR-Evaluation sollte nicht erst nach dem Abschluß der Durchführungsphase zum Zuge kommen. Idealerweise wird sie bereits nach Abschluß der Planungsphase ein erstes Mal eingesetzt: Die geplanten PR-Maßnahmen werden noch einmal sorgfältig auf die zu erreichenden Ziele hin überprüft und allenfalls korrigiert. Nach der Durchführungsphase wird in einem zweiten Evaluationsschritt das Verhältnis zwischen dem Mitteleinsatz und der erzielten Wirkung untersucht." [96]

Wenn wir geschrieben haben, Konzeptionslehre leiste eine Minimierung der Risiken[97], so sagt das, daß stets ein Restrisiko bleibt. Wer es möglichst gering halten will, der möchte gerne einen Weg kennen, mit welchem In-

96 Köcher/Birchmeier, 1992, S. 168.

97 Siehe Kap. 1, S. 17.

strumentarium die Qualität eines Konzepts zu messen, zu prüfen sei. Und zwar: *vor* einem Flop auf den Meinungsmärkten – vom Etatrisiko fehlgeleiteter Ausgaben ganz zu schweigen. Geht das?

Der Faktor Qualität ist ein fester Bestandteil strategischer Unternehmensführung ... Qualitätsmanagement ist die aktuelle Herausforderung an jede Unternehmensleitung ... Diesen Anspruch erfüllen Qualitätsmanagement-Systeme. Sie erfassen das gesamte Gefüge aus Technik, Mensch und Unternehmenskultur. Sie erhöhen Effizienz durch Koordination, Transparenz und Kostenreduzierung. Ergebnis sind eine deutliche Qualitätssteigerung, motivierte Mitarbeiter, zufriedene Kunden und damit eine Stärkung der Wettbewerbsfähigkeit.[98]

Starke, anspruchsvolle Sätze. Sollten sie auch für unser Thema erfüllbar sein? Das Stichwort Qualitätsmanagement ist schließlich in aller Munde und viele GPRA-Agenturen sind inzwischen zertifiziert.

Frage: Kann man auch die Qualität von Konzeptionen überprüfen oder gar planen?

Wie findet Qualitätskontrolle statt?

Die Autoren stellten den Gesprächspartnern die Frage, wie sie die Qualität von Konzepten überprüfen. Darauf kamen, wenn überhaupt, nur recht ungenügende Antworten. Es gibt eben – Mainzelhöhe sagte es – kein Meßinstrument, mit dem sich mühelos die Qualität von Konzeptionen überprüfen ließe.

Die Schwierigkeit liege unter anderem darin, so Rolke, daß das Verfahren zur Konzepterstellung zwar formalisierbar, die Qualität aber von der Auftragslösung abhängig sei. Bei Reporter ist es daher üblich, daß ein Verantwortlicher in der Agentur mit entsprechender Berufserfahrung die Qualität eines Konzepts überprüft.

Auch bei Hill and Knowlton zieht man erfahrene Kollegen (meist aus einem anderen Büro) hinzu, um Qualität zu prüfen. Außerdem findet Qua-

98 Zitiert nach Unterlagen der Qualitec Ebasco GmbH, einer Gesellschaft der TÜV Rheinland-Unternehmensgruppe – jenes Unternehmens, dessen Berater die GPRA bei der Vorbereitung der Zertifizierungsprüfung nach der ISO 9001-Norm unterstützt hat.

litätskontrolle direkt vor der Präsentation in Form eines agenturinternen „Rehearsals" (einer Generalprobe) statt.

Qualitätskontrolle gibt es gelegentlich als Selbstkritik, sozusagen aus dem Bauch heraus (Togotzes). Nützlich ist dies für solche Kollegen, die langjährige Erfahrung im Konzeptionieren haben. Erfahrung als einziger Maßstab? Darüberhinaus ist für Togotzes das Publikum Gradmesser des Erfolgs eines Konzepts, und damit – aber erst im *Nachhinein* – auch der Qualität.

Etwas differenzierter sehen Andresen und Ahrens die Qualitätsprüfung der Konzeption. Andresen geht auf die inhaltliche Qualität ein, wenn er sagt, daß die Qualität nicht vom Umfang des Konzepts abhängig sei, sondern von der ihm immanenten Güte des Fokussierens. Man müsse also überprüfen, ob innerhalb des Konzepts die richtigen Schwerpunkte gesetzt wurden, ob deutlich werde, wo die Lösung des Problems liege und ob die Linie nicht durch tausenderlei Nebensächlichkeiten verwischt werde.

Einen solchen inhaltlichen Ansatz für die Kontrolle nennt auch Ahrens. Er schlägt vor, im Team die Grundgedanken des Konzepts zu besprechen, einzelne Aufgaben dann zu delegieren und anschließend das gesamte Konzept auf die Stimmigkeit der einzelnen Positionen untereinander zu überprüfen.

Es gibt bei den Konzeptionsprofis mangels Meßbarkeit keine allgemeingültigen Regeln für die Überprüfung der Qualität von Konzeptionen. Die meisten Praktiker können lediglich Ratschläge geben, wie sie selbst, auf der Erfahrung langer Berufsjahre aufbauend, die Güte ihrer Konzepte überprüfen.

Erste Vorschläge für Qualitätskontrolle

Einen differenzierten Fragenkatalog zur Qualitätsprüfung von Konzepten schlägt die AFK vor. Wir übernehmen ihn hier wörtlich aus den Arbeitspapieren/Seminarmaterialien des Instituts.[99] Die AFK unterscheidet dabei drei Qualitätssegmente oder Prüfgebiete, nämlich Strategischer Block, Taktik und Kriterienkatalog. Hinzu kommen als viertes mehrere selbstkritische Abschlußfragen. Innerhalb dieser Prüfgebiete sind folgende Qualitäts-Kontrollfragen zu stellen. Ist eine dieser Fragen nach sorgfältiger Überprüfung mit „Ja" zu beantworten, so ist in diesem Punkt die Qualität ok. Anderenfalls muß der Konzeptioner nachbessern.

1. Prüffragen zur Strategie:

- War die Faktenplattform so komplett wie möglich = ohne wesentliche Lücken?
- War die Analyse tiefgreifend und nicht durch Wunschvorstellungen verzerrt?
- Sind unsere Dialoggruppen vollständig, exakt beschrieben und erreichbar?
- Sind unsere Botschaften für alle Dialoggruppen vollständig und für diese angemessen? Sind sie widerspruchsfrei? Ist die Positionierung erzielbar?
- Sind unsere Ziele nach Phasen oder Rang gegliedert? Sind sie weitgehend quantifiziert, also meß- und damit prüfbar? Sind sie gleichermaßen anspruchsvoll und realistisch?
- Verspricht unsere Strategische Umsetzung/unser Kräfteeinsatz genügend planungskreatives Potential, um den Durchbruch zur Zielebene zu erreichen?
- Stimmen diese vier Strategiepositionen überein; passen sie zueinander in jedem denkbaren Bezug ... nahtlos und folgerichtig?
- Und schließlich: Ist die Strategie aus den Fakten und Vorüberlegungen fugenlos abgeleitet?

99 AFK-Arbeitspapier (Seminarunterlage) Nr. PR/1401.

2. Prüffragen zur Taktik:

- Passen die Projekte, Teilprojekte und Einzelmaßnahmen mit ihren Dialoggruppen und Verantwortlichen nahtlos zur Strategie, füllen sie den Strategiekorridor voll aus und ist nichts Überflüssiges dabei? Sind sie zielführend?
- Erreichen die Maßnahmen alle geplanten Dialoggruppen?
- Versprechen unsere Maßnahmen genügend gestaltungskreatives Potential, um Kommunikation mit den Dialoggruppen herzustellen, genügend Feedback zu generieren und kommunikative Ergebnisse zu erzielen?
- Sind die Maßnahmen geeignet, die Botschaften angemessen zu transportieren?
- Folgen unsere Maßnahmen entlang der Zeitachse in ihrer Dramaturgie psycho-logischen Abläufen?
- Sind sie – sich gegenseitig stützend – senkrecht durch die Schienen miteinander verzahnt? (= „integrierte Handlungs-Dramaturgie")?

3. Prüffrage zu den Kriterien

Wer klugerweise generell für die Konzeptionen seines eigenen Unternehmens, seiner eigenen Agentur, seines eigenen Teams einen ergänzenden Kriterienkatalog spezifischer Anforderungen entwickelt hat, der für sein Haus zusätzliche Normen setzt, so liefert dieser Katalog weitere Maßstäbe für die Qualität der Konzeptionerarbeit. Beispiele: Besonderer Ruf als XY, Spitzenstellung auf dem XY-Markt, High Tech-Schwerpunkt, Forschungsintensität, spezifische Unternehmenskultur usw.

- Wir fragen prüfend, ob diese Zusatzkriterien erfüllt sind.

4. Abschlußfragen

Damit er nicht konzeptionseuphorisch abhebt, sondern auf dem Boden bleibt, muß sich der Konzeptioner selbstkritisch immer auch fragen:

- Ist die Gesamtkonzeption sowohl problemgerecht als auch realistisch?
- Erfüllt die Konzeption die Forderung, unserem Gegenstand (Unternehmen, Produkt, o.ä.) ein unverwechselbares Gesicht zu geben? Wird sie profilbildend wirken?
- Reichen denn eigentlich unsere
  - Manpower,
  - Ressourcen (Finanzen, Material),
  - Zeit und
  - eigene Fachkompetenz

  aus, um die Konzeption erfolgreich umzusetzen?

Im Idealfall ist das gesamte Ergebnis der Konzeptionerarbeit nach dieser Überprüfung und der ggf. erfolgten Nachbesserung eine in sich stimmige, professionelle, kreative, kraftvolle und wirksame Konzeption.

Sehr viel weiter noch geht das schlicht *Checkliste* genannte Qualitätsplanungs- und Qualitätsprüfungsverfahren bei der GPRA-Agentur *Kohtes & Klewes* (K&K). Die Autoren kennen kein Beispiel ähnlicher Gründlichkeit für die Qualitätssicherung von Konzeptionen.

Den Lauftext dieses Buches würden die zehn Seiten dieses Papiers sprengen und Kürzungen hätte es nicht verdient. Wir haben es in der Dokumentation vollständig abgedruckt[100] und empfehlen es nachdrücklich zum Studium.

Diese Checkliste prüft nicht nur, wie der AFK-Prüffragenkatalog, die Qualität des fertig entwickelten Konzepts. K&K führt die Qualitätssicherung von Anfang an in den Konzeptionerprozeß ein. So wird Qualität planbar. Die Autoren sind sicher, daß – z.B. im Verlauf der Zertifizierungsprozesse nach der ISO 9001 ff.-Norm – in absehbarer Zeit noch schlüssigere Weiterentwicklungen vorliegen werden. Konzeptionsqualität muß planbarer und prüfbarer werden.

---

100 Siehe Kap. 19.11, S. 284 ff.

Ein Qualitätsplanungs- und -überprüfungspapier, wie die den gesamten Konzeptionierungsprozeß begleitende K&K-Checkliste und ein an das fertige Konzept anzulegender Prüffragenkatalog, wie jener der AFK, helfen, die Qualität von Konzeptionen planbar, zwar nicht präzise meßbar, jedoch qualitativ überprüfbar zu machen. Dies sind sinnvolle Instrumente, um die Fehler/Risiken der eigenen Arbeit zu minimieren – Instrumente klugen Qualitätsmanagements.

PR-Testmärkte?

Unsere verehrten „Kollegen von der Reklamefront", die Werbefachleute, verfügen über ein Instrumentarium, um den Erfolg eines Konzeptes abzusichern, indem sie z.B. für die Neueinführung eines Produktes die Werbelinie und die Produktakzeptanz in einem Testmarkt erproben. Sollte so etwas nicht auch für Public-Relations-Konzepte möglich sein? Einige Wege wären denkbar:

- Bei einem Konzern mit mehreren Werken und/oder Tochtergesellschaften könnte man bei einer *internen* Kampagne die Umsetzung des Konzeptes in einem der Werke testen – z.B. bei der Einführung eines internen Informations- und Kommunikationssystems. Die Ergebnisse sind zu evaluieren und gegebenenfalls ist die Konzeption zu verbessern, ehe diese Kampagne konzernweit durchgeführt wird.
- Wenn es bei einer Kampagne eines solchen Konzerns z.B. um Veranstaltungskommunikation oder Aktionstechniken für ein breites *lokales* Publikum geht (Standort-PR), könnte man die Erfolgssicherheit eines solchen Konzepts in einem geografisch determinierten Testmarkt um einen der Werks- oder Tochterstandorte erproben (je nach Schwerpunkt-Dialoggruppe z.B. in Magdeburg, in Berlin oder im Saarland).

Einer unserer Gesprächspartner, nämlich Martin Quandt, hat uns an einem weiteren Beispiel aus seinem früheren ministeriellen Berufsfeld gezeigt, wie Testmärkte für Public Relations funktionieren können:

- Bei Aufgaben und Themen, die Impulse geben sollten, wo also sozusagen ein Stein ins Wasser geworfen werden sollte, um Eigeninitiative hervorzurufen, fanden zusammen mit einer Agentur vier Pilotveranstaltungen statt. Diese hatten den Zweck, sicher zu gehen, daß sich der erhoffte Erfolg einstellt. Außerdem hatte der Konzeptioner nach der Erprobungsphase Argumente für die Diskussion im eigenen Haus, er hatte Erfahrungen mit dieser Art von Veranstaltung gesammelt und konnte so leichter Hemmschwellen bei weiteren möglichen Dialoggruppen abbauen, die sich am Projekt beteiligen sollten.

PR-Leute haben im Umgang mit Testmärkten aber eine große Schwierigkeit. Ein Testmarkt gibt nur dann ein realistisches Bild der zu erwartenden Schwierigkeiten oder Erfolge, wenn in ihm *alle* im Konzept vorgesehenen Maßnahmen auch durchführbar sind. Diese Maßnahmen dürfen außerdem nicht über die Grenzen des Testmarktes hinaus wirksam werden, um nicht anderenorts Irritationen hervorzurufen. Dies bedeutet: das Arbeiten mit Testmärkten ist immer dann *nicht* möglich, wenn für die Medienarbeit Zeitungen, Zeitschriften und Sender vorgesehen sind, deren Verbreitungs- und/oder Sendegebiet über die Grenzen des jeweiligen Testmarktes hinausgehen. Immer dann also, wenn für die Pressearbeit Fachmedien und andere Zeitschriften notwendig werden, für die es *keine eigenen regionalen Redaktionsteile im Testmarktgebiet* gibt, funktioniert dieses einleuchtende Modell nicht:

- entweder können solche Medien (Fachzeitschriften, Illustrierte, Magazine, überregionale oder gar nationale Zeitungen und Sender) im Testmarkt nicht angesprochen werden, weil die entsprechenden Meldungen, Berichte und Reportagen auch in einem Gebiet erscheinen, in dem alle anderen Mittel und Maßnahmen der Kampagne nicht zur Verfügung stehen,
- umgekehrt könnten im Testmarkt dann konzeptionsnotwendige Maßnahmen der Medienarbeit nicht eingesetzt werden, was Testergebnisse verzerren würde.

Der verlockend erscheinende Einsatz von Testmärkten muß also im Einzelfall abgewogen werden und wird in vielen Fällen nicht möglich sein.

Testmärkte für die Zwecke von Public Relations sind unter bestimmten begrenzten Umständen sinnvoll und möglich. Allerdings müssen dabei wichtige Kriterien wie Verbreitungsgebiet der einzusetzenden Medien und die Auswahl des geografischen Testgebietes genau geprüft werden, um das Ergebnis des Testmarktes auch für die gesamte Kampagne verwertbar zu machen.

Ein Wort zum Thema Wirkungskontrolle

Wenn von Qualitätskontrolle die Rede ist, liegt immer wieder auch die Assoziation Ergebnis- oder Wirkungskontrolle nahe. Dies spiegelte sich auch in den Antworten der Gesprächspartner wieder. (Fast) jeder möchte gerne wissen, welchen Erfolg seine PR-Bemühungen zeitigen. Dies ist wohl eines der erst teilweise gelösten Probleme der PR. Der Platz in diesem Buch würde kaum ausreichen, den gegenwärtigen Stand der Diskussion über den Ist-Zustand und die notwendigen Weiterentwicklungen widerzuspiegeln. Trotzdem wollen wir doch in einem kurzen Absatz die Meinung unserer Gesprächspartner referieren.

Einigkeit besteht darüber, daß Erfolgskontrolle wichtig ist, und „eigentlich" auch regelmäßig durchgeführt werden müsse (Rolke), um die eigene Arbeit zu optimieren und dem eigenen Unternehmen oder dem Kunden gegenüber die Arbeit (gerade in wirtschaftlich schwierigen Zeiten, in denen auch großzügige Klienten zu Recht sparsam sind) zu rechtfertigen und glaubwürdig zu bleiben (Schmidt). Trotzdem habe sich die Erfolgskontrolle als Teil der PR-Arbeit noch nicht überall durchgesetzt (Rolke). Meist ist sie auf Medienresonanzanalysen beschränkt, da es für weite andere Teile der PR-Aktivitäten noch keine preisgünstigen geeigneten oder praktikablen Meßinstrumente gibt. So scheitern qualitative Analysen entweder, weil der Kunde schlechte Ergebnisse befürchtet bzw. „ohnehin mein Image kennt" und deshalb lieber darauf verzichtet. Oder, wenn es zu einer Analyse kommt, weil die PR-Wirkung auf die Dialogpartner dabei offen bleibe (Jaenecke) und sich nicht von Wirkungen anderer „Künste", z.B. der Werbung, trennen läßt. Oder schließlich: „... weil das alles zu teuer ist!" Was fehlt, sind also Verfahren, die nicht nur auf empirischer Ebene funktionieren, sondern die Veränderung im Denken und Handeln der Dialogpartner kostengünstig nachweisen.

Hier haben PR noch kein funktionierendes Instrumentarium in der wünschbaren Anwendungsbreite. Die validen, aber kostspieligen Möglichkeiten der Überprüfung bieten Ergebniskontrollen über Meinungsforschungsinstitute (sog. „evaluative Forschung") (Jaenecke): z.B. der Imageforschung bei Imagekampagnen. Dabei ist das selbe Methodenpaket zu nutzen, das wir schon im Analytischen Block notiert haben.

Das Ergebnis von PR-Bemühungen ist also exakt nur unter hohem (finanziellem und zeitlichem) Aufwand meßbar. Für Teilbereiche (z.B. Medienarbeit) sind die Agenturen wie jene der Gesellschaft Public Relations Agenturen e.V., GPRA auf einem guten Weg und haben eigene Instrumente zur Wirkungskontrolle entwickelt:[101] sie haben sich die Medienresonanz-Analyse ins Pflichtenheft geschrieben. Daß Wirkungskontrolle in der PR-Praxis oft an den Faktoren Zeit, Personal, Finanzen, generellen Zweifeln an der Nützlichkeit, Unsicherheit im Umgang mit dem wissenschaftlichen Instrumentarium und subjektiver Abneigung gegen wissenschaftliche Analysen scheitert, ist das Ergebnis einer Untersuchung aus dem Jahre 1989, auf die sich Barbara Baerns im Einführungstext ihres 1995 erschienenen Buches „PR-Erfolgskontrolle" bezieht.[102] Der Band versucht, sich in Aufsätzen von Praktikern und Wissenschaftlern dem Thema Wirkungskontrolle in folgenden Fragen systematisch zu nähern:[103]

- „Er behandelt die Frage, warum, in welchen Grenzen, Offenlegung und Überprüfung von PR-Prozessen möglich, sinnvoll und notwendig ist.
- Er definiert Erfolg.
- Er macht Erfahrungen mit Verfahren der Kontrolle und Bewertung nicht nur externer, sondern auch interner Information und Kommunikation zugänglich."

101 Die GPRA-Agenturen haben ihr Knowhow dazu in einer Projektgruppe gebündelt, abgeglichen und in einer Fachbroschüre publiziert: GPRA (Hrsg.): Medienresonanz-Analysen, Wer bewirkt was, wann, wodurch und andere Antworten auf die Fragen zum Erfolg der Medienarbeit, Frankfurt am Main 1994.

102 Barbara Baerns (Hrsg.): PR-Erfolgskontrolle, Messen und Bewerten in der Öffentlichkeitsarbeit. Verfahren, Strategien, Beispiele; Frankfurt 1995, S. 16.

103 Ebda. S. 18.

Das Buch gibt also einen aktuellen Überblick der derzeitigen Diskussion, zeigt die zu schließenden Lücken auf und bietet Ausblicke für mögliche Entwicklungen im Forschungsfeld PR-Erfolgskontrolle.

Wirkungskontrolle ist wichtig und Teil des Konzeptionsprozesses. Wenn wir bei der Faktensammlung Daten evaluieren, um über ihre Analyse zur Zielsetzung zu gelangen, dann müssen wir unsere Ziele auch nach Abschluß der Kampagne, oder bereits in vorher definierten Zwischenschritten überprüfen. Nur so können wir den Erfolg unserer Konzeption auch belegen. Daß dies zum einen Teil an objektiven Faktoren wie Zeit und Geld scheitert, haben wir oben beschrieben.

Daß Erfolgskontrolle aber auch oft durch ungenaue oder unzulängliche Zieldefinitionen verhindert wird, konstatierte Jürgen Troschke, Professor für medizinische Soziologie an der Universität Freiburg in einem Vortrag anläßlich der DPRG-Jahrestagung 1996 zum Thema Erfolgskontrolle in der PR. Bei der Frage nach den Methoden zur Erfolgskontrolle, sollte ein verantwortungsvoller Konzeptioner nicht so sehr nach „Tricks und Kniffen" zur Messung von Zielen fragen, sondern bereits beim Sammeln der Fakten die richtigen Fragen stellen, sie gewissenhaft beantworten und sachlich fundierte Schlußfolgerungen daraus für die Evaluation ziehen. Soviel Denken muß sein. So nennnt denn auch Troschke „eine besondere Form der Selbstlüge in der Effektivitätseinschätzung (...) das Sammeln von Pressebelegen." Zwar sind die in den vergangenen Jahren entwickelten Medienresonanzanalysen zumindest ein Anfang in systematischer Wirkungskontrolle, sie decken jedoch nur ein kleines Spektrum der Kontrolle von kommunikativen Maßnahmen ab.

Sicher wird die erfolgreiche und verbesserte Wirkungskontrolle ein Thema für die kommende PR-Wissenschaft sein, die gefordert ist, im ständigen Dialog mit PR-Praktikern aus Agenturen und Unternehmen, geeignete, noch präzisere und möglichst auch kostengünstigere Instrumente zu entwickeln.

Zusammenfassung:

Zur Überprüfung oder gar zur Planung der Qualität von Konzeptionen gibt es noch kein Meßinstrument. Ein guter Konzeptioner kann sich allerdings mit professionellen Checklisten, Prüffragen, selbsterstellten Kriterienkatalogen und deren gewissenhafter Beantwortung Hilfsmittel schaffen, um die eigene Konzeption methodisch und inhaltlich auf Stimmigkeit zu testen. Für professionelles Konzeptionieren und für die Verantwortung gegenüber dem Kunden oder dem eigenen Haus ist dies unerläßlich: Qualitätsmanagement!

Den Erfolg der konzipierten Kampagnen kann man unter Umständen auch mit Testmarkttechnik absichern. Dies ist allerdings nur unter bestimmten, eng begrenzten Voraussetzungen möglich, die vorher abgeklärt werden müssen.

Für die Wirkungskontrolle von Konzepten und deren Umsetzung gibt es ebenfalls kein allgemeingültiges Instrumentarium. Auf dem Gebiet der Medienresonanzanalysen haben einige PR-Profis schon differenzierte Kontrollmöglichkeiten erarbeitet, in vielen Bereichen ist aber inhaltliche Qualitäts- und Wirkungskontrolle nur mit aufwendigen Kommunikations-, Image- und Meinungsforschungsanalysen möglich.

Auf den Gebieten Qualitätskontrolle von Konzeptionen, Anwendung von Testmärkten für Erfolgskontrolle und Wirkungskontrolle von umgesetzten Konzeptionen gibt es noch viele ungelöste Probleme und Entwicklungsnotwendigkeiten, mit denen sich die PR-Wissenschaften und die kommende PR-Generation auseinandersetzen müssen.

11. Zusammenfassung – Profi-Konzeptionstechnik im Überblick nebst einigen Ergänzungen

In der Werkskantine der Deutschen Grün AG: nach einem gekonnten Slalomlauf um Tische und Stühle, läßt sich PR-Chef Gerd Mainzelhöhe mitsamt seinem Tablett (heute mal nur Salat) neben seinem neuen Mitarbeiter nieder, den er wegen seiner konzeptionellen Stärken ins Team geholt hatte. „Na, Herr von Trubell, wie gefällt's Ihnen denn so bei uns?" Der Neue erwidert höflich, daß ihm der neue Job natürlich Spaß mache, das Team sei in Ordnung und die Arbeit interessant. Mainzelhöhe spürt aber, daß ihm etwas auf der Seele liegt. „Ja, wissen Sie," räumt Mike von Trubell schließlich ein, „dies ist nun mein dritter PR-Job. Und ich habe den Eindruck, daß jede PR-Abteilung und jede Agentur beim Konzeptionieren ihr eigenes Süppchen kocht." Mainzelhöhe, der in seinem bewegten PR-Leben ebenfalls schon mehrere unterschiedliche Brötchengeber erlebt hat, kennt das. „Im Grunde laufen alle professionellen Konzeptionen nach dem gleichen Grundmuster, sicher gibt's aber im Einzelfall unterschiedliche Auffassungen über die Verbindlichkeit von Schrittfolgen oder Schwerpunkten. Wenn Sie wollen, können wir das gerne mal vertiefen."

Auch die Autoren haben auf die Frage, wie denn beim Konzeptionieren vorgegangen wird, von den Gesprächspartnern in Details voneinander abweichende Antworten bekommen. Wir wollen in diesem Kapitel zusammenfassend darstellen, wo Gemeinsamkeiten bestehen, wo Unterschiede liegen, und wo die Gesprächspartner die Schwerpunkte setzen.

Konzeptionstechnik in diesem Buch

Die Kapitel 2 bis 9 dokumentieren den derzeitigen Stand und differenzieren bzw. verdichten die Erkenntnisse aus den verschiedenen Gesprächen mit Konzeptions-Profis zu einem geschlossenen konzeptionstechnischen Verfahren. Lassen Sie uns zusammenfassen, „was sich daraus lernt":

(1) Die Konzeptionerarbeit beginnt mit dem vollständigen Briefing (Kapitel 2), bei dem es darauf ankommt, alle möglicherweise für den Fall in Frage kommenden Fakten, Meinungen und Informationen zu erhalten. Ergänzend dazu sind eigene Recherchen und ggf. Kommunikations-, Markt- und Meinungsforschung notwendig, um die *Faktenplattform* zusammenzustellen, auf der die Konzeptionerarbeit aufbaut.

(2) In der *Analytischen Phase* (Kapitel 3) werden zuerst die Fakten nach ihrem Rang und in *Stärken/Schwächen bzw. Chancen/Risiken* gegliedert. Die durch Problematisierung, Selektion und Komprimierung herausgearbeiteten „Symptome“ des Falles werden, wenn man diese Phase voll ausdifferenziert, in einer logischen und *Verantwortlichen Analyse* zu einem bewerteten Bild der Situation zusammengefaßt. Es enthält alle für den Fall relevanten kommunikativen Kern-Feststellungen.

Daran schließt sich die möglichst schon strategienahe formulierte *Spezifische Aufgabenstellung* an, die bereits die Lösungsrichtung für die Strategie bestimmt.

Die Reihenfolge der Vorstufen zur Strategie, also Faktenplattform, Stärken/Schwächen bzw. Chancen/Risiken, Verantwortliche Analyse und Spezifische Aufgabenstellung ist für die Schrittfolge der Erarbeitung *verbindlich*.

(3) Der *Strategische Block* (Kapitel 4 bis 8) legt fest, wie die Kommunikationspolitik optimal für die übergeordneten Zwecke des Unternehmens einzusetzen ist. Er besteht aus vier untereinander stimmigen Strategiepositionen, die die Konstanten des Problemlösungsprinzips der PR-Aufgabe bilden: PR-Ziele, Dialoggruppen, Botschaften und Positionierungen sowie Strategische Umsetzung/Kräfteeinsatz.

Die Zielsetzung ist das A und O jeder Strategie. Die Planungskreativität in der Strategischen Umsetzung entscheidet, ob der Durchbruch zur Zielebene erreichbar ist. Die Dialoggruppen sind es, die bei der Kampagne anzusprechen und in Kommunikation zu nehmen sind. Die Botschaften sind die Inhalte, die es zu den Dialoggruppen zu transportieren gilt und die Positionierung stellt das inhaltliche Ergebnis dar.

Die vier Strategiepositionen *müssen nicht* in einer bestimmten Reihenfolge erarbeitet werden, sind aber mittels eines Cross-Checks auf ihre Stimmigkeit untereinander zu überprüfen.

Die Strategiepositionen im einzelnen:

(3a) *PR-Ziele* (Kapitel 5) geben präzise den Endpunkt des geplanten Kommunikationsprozesses an. Sie sind deshalb auch terminiert und – um ihre Erreichung nach Abschluß der Kampagne oder der einzelnen Maßnahmen überprüfen zu können – möglichst meßbar.

(3b) Genau definierte und differenzierte *Dialoggruppen* (Kapitel 6) bestimmen, mit wem kommuniziert werden soll. Die trennscharfe Definition, die im Idealfall schon Aufschluß über die Erreichbarkeit gibt, gilt für Enddialoggruppen gleichermaßen wie für Mittlergruppen.

(3c) Mit den *Botschaften* (Kapitel 7) legt der Konzeptioner die Kommunikationsinhalte der Kampagne fest. Sie geben das Bild vor, das bei Erreichung der Ziele fest in den Köpfen der Dialoggruppen sitzen soll und das die künftige *Positionierung* prägt.

(3d) Die Maßnahmenbündel und die Art und Weise, mit denen die Kampagne das Ziel erreichen soll, werden in der *Strategischen Umsetzung/dem Kräfteeinsatz* (Kapitel 8) bestimmt.

(4) Die *Kommunikations-Taktik* oder die Maßnahmenplanung oder das PR-Programm (Kapitel 9) schließlich legt fest, mit welchen Maßnahmen wann und wo und in welcher Abfolge die Kampagne durchgeführt wird. Sie ist untergliedert in Projekte, denen die einzelnen Maßnahmen auf einer Zeitachse zugeordnet sind. Außerdem macht sie Angaben über die zur Verfügung stehenden bzw. notwendigen Mittel wie finanzielle Ressourcen und Manpower. Die Taktik muß strategiegerecht sein, d.h. sie muß sich aus den vier Strategiepositionen ableiten, muß so den Strategiekorridor einerseits voll erfüllen und sollte andererseits nicht über ihn hinausgehen.

Soweit der Stand der Dinge.

Einmütigkeiten

Was die wesentlichen Schritte einer guten Konzeption angeht, so gab es in vielen Punkten Einigkeit. Alle Gesprächspartner, auch die beiden Lehrinstitute sagen übereinstimmend und formulieren zum Teil wortgleich:

- gutes und vollständiges Briefing,
- konzentrierte Analyse,
- klare, terminierte und möglichst meßbare Ziele,
- exakt beschriebene Dialog-/Zielgruppen,
- inhaltlich relevante Botschaften/Kommunikationsinhalte/Positionierungen
- und das, was manche wegen der hohen Bedeutung Strategie oder Kern des Strategischen Blocks nennen: Strategische Umsetzung/Kräfteeinsatz.

Der Einmütigkeit, mit der diese Punkte von allen Gesprächspartnern genannt worden sind, liegen jahrzehntelange Erfahrungen mit Public Relations zugrunde.

Die in Kapitel 2 bis 9 dargelegte Methodik der Konzeptionslehre spiegelt den derzeitigen konzeptionstechnischen Diskussions- und Praxisstand der Autoren und ihrer Gesprächspartner. In den wesentlichen Punkten gab es durchgehende Übereinstimmungen, die aus langjähriger Erfahrung im Umgang mit dem Profi-Instrument „Konzeptionstechnik“ resultieren.

Ergänzungen und Abweichungen

(1) Die Ausbildungsinstitute

Vor allem die beiden Lehrinstitute, hochtrainiert darin, PR-Anfänger schrittweise in die Konzeptionstechnik einzuführen (und diese Schritte auch übend trennscharf erarbeiten zu lassen), differenzieren an besonderen Stellen des Konzeptionsablaufes mehr als andere.[104]

104 Siehe Kap. 19.5, S. 229 und 19.10, S. 244.

Dies ist vor allem in der Analytischen Phase der Fall, wo DIPR und AFK in drei getrennten Schritten vorgehen:

1. Rangreihung der Fakten und Differenzierung in Stärken/Schwächen und Chancen/Risiken,
2. Situationsanalyse,
3. Aufgabenstellung.

Im Rahmen der Analyse weisen allerdings auch das KOMMUNIKATION-Modell und mündlich Togotzes, Schmidt und Kohrs auf die Differenzierung der wichtigsten Fakten nach Stärken/Schwächen bzw. Chancen/Risiken hin. Die Aufgabenstellung, oder – wie die AFK es nennt – Spezifische Aufgabenstellung allerdings wird als gesonderter Zwischenschritt für die Hinführung zur Strategie nur vom DIPR, der AFK und im infoplan-Modell, das dies „globale Aufgabenstellung“[105] nennt, und vertiefend bei Ahrens & Behrent[106] empfohlen.

Die beiden Ausbildungsinstitute unterscheiden sich von den anderen Gesprächspartnern weiterhin in der präziseren Behandlung des Begriffes „Strategie“. Wir haben die unterschiedlichen Auffassungen zu diesem Begriff bereits erläutert. Hier sei nur noch einmal darauf hingewiesen, daß DIPR und AFK im Gegensatz zu den anderen die Stimmigkeit der vier Strategiepositionen untereinander hervorheben.

Und schließlich machen die beiden Ausbildungsinstitute genaue Vorschläge für die praktische Planung der Taktik. Sie haben Planungsinstrumente entwickelt, mit deren Nutzung der Konzeptioner die Strategie leichter in Maßnahmen umsetzen kann.

(2) Die Agenturen

Auch mehrere der Gesprächspartner aus den Agenturen, selbst wenn sie kein eigenes schriftliches Modell vorgelegt haben, differenzieren und ergänzen an unterschiedlichen Stellen:

Richter unterteilt die Sammlung der wichtigsten Fakten, also die Phase noch *vor* der Analyse in drei Schritte und benennt diese

105 Siehe Kap. 19.3, S. 198.

106 Siehe Kap. 19.1, S. 187.

1. Briefing
2. Recherche
3. Brainstorming

Ahrens unterteilt das, was wir Strategische Umsetzung/Kräfteeinsatz genannt haben, in zwei Schritte, nämlich die Strategie und die Umsetzung. In der *Strategie* wird bei ihm die zentrale Idee entwickelt, wie das PR-Problem zu lösen ist. Sie ist abstrakt und für ihn die intellektuell entscheidende Leistung. In der *Umsetzung* benennt er die wichtigsten Instrumente, die zur Operationalisierung der Strategie vonnöten sind. Er zeigt hier auch, wo intern und extern die Kommunikation zusammenhängt, er benennt ggf. die Phasen der Kommunikation und definiert, wie die Agentur mit dem Kunden zusammenarbeitet.

Die den Autoren schriftlich vorliegenden acht ausführlich abgefaßten Konzeptioner-Modelle der Agenturen *Ahrens & Behrent, Eisele & Partner, infoplan, KOMMUNIKATION, Leipziger & Partner, PR Nord* und *Reporter Public Relations* können in der Dokumentation Kapitel 19.1 bis 19.8 nachgelesen werden. Wir wollen aber doch noch einmal die wesentlichen Ergänzungen hervorheben:

Ahrens & Behrent bezieht sich in der Struktur der Konzeption auf die „bewährte Dörrbeckersche Rakete".[107] Die Schritte zur Konzeptionsentwicklung benennt die Agentur mit

- Festlegung der Aufgabe und Zielsetzung
- Formulierung der Arbeitshypothese
- Recherche und Analyse
- Plausibilitätsprüfung und Formulierung der Lösung
- Ausarbeitung der Lösung
- Präsentation der Lösung

Konzeptionsentwicklung ist bei Ahrens & Behrent in eine Konzeptionsphilosophie eingebettet, die Kommunikation als permanenten Prozeß und als Teil eines ganzheitlichen Lebenszusammenhangs begreift. Für die Agentur hat dies zur Folge, daß sie in der Analyse immer auch die Genese einer kommunikativen Ausgangslage, nicht nur die aktuelle Situa-

107 Siehe Kap. 19.1, S. 186.

tion untersucht. Die Vorschläge der Konzeption sind im Sinne integrierter Kommunikation als Schritt in einer Reihe vorhergehender und nachfolgender Schritte zu verstehen.

Hans Eisele legt in seinen Ausführungen[108] zur Konzeptionstechnik besonderes Augenmerk auf die Analyse der Ist-Situation und macht konkrete Vorschläge für eine thematische Struktur nach gesellschaftspolitischen Daten und Trends, organisationsspezifischer Themen sowie Marktdaten und -entwicklungen.

Auch in einem zweiten Punkt ist Eisele im schriftlichen Modell gründlicher als seine Kollegen: bei der Ortung und – daraus folgend – bei der Ansprache der Teilöffentlichkeiten. Als Kategorien für die Unterscheidung schlägt er vor:

- geographische Kriterien
- demographische Kriterien
- sozioökonomische Kriterien
- sozialpsychologische Kriterien
- Lifestylekriterien.

Eisele ergänzt dies außerdem durch eine Checklist mit Kontrollfragen zur Differenzierung der Teilöffentlichkeiten.

Der sogenannte *strategische Rahmen* im infoplan-Modell[109] enthält die fünf Elemente:

1. Kompakt-Analyse/Ausgangssituation
2. Die globale Aufgabenstellung
3. Die Zielplanung
4. Zielgruppen-Definition
5. Die Copy-Plattform

Punkt 5 „Die Copy-Plattform" meint hier die prägnante Zusammenfassung der inhaltlichen Ziele als Basis für die verbale und visuelle Umsetzung der Maßnahmen. Sie enthält die Begründung für die Auswahl der Zielgruppen, legt die Kommunikationsziele in Bezug auf Inhalte (Meinungen und Haltungen) fest und erarbeitet die „Hindernisse" für die

---

108 Siehe Kap. 19.2, S. 192.

109 Siehe Kap. 19.3, S. 198.

Kommunikation. Hier findet also die Behandlung der Kommunikationsinhalte, der Botschaften und Positionierungen statt.

Das, was die Autoren Strategische Umsetzung genannt haben, gehört bei infoplan zum taktischen Teil mit den Punkten:

(1) Die PR-Instrumente im Kommunikations-Mix
(2) Die Gestaltungsrichtlinien
(3) Die operative Planung
Das Budget
Zeit- und Aktionsplan

Wir würden Pos. 1 dem Kräfteeinsatz, Pos. 2 dessen Ergänzung und Pos. 3 der Taktik zuordnen. In diesem Buch haben wir die Budget-Fragen im Kapitel 16 behandelt – das Thema wäre sonst gleich an mehreren Stellen zersplittert aufgetaucht.

Im Modell von KOMMUNIKATION[110] beginnt der Konzeptionerprozeß mit der Festlegung des Zweckes der PR-Aktivität. Dann folgt die Problemanalyse und darauf die Bilanz der Stärken und Schwächen. Diese drei Schritte spiegeln im Grunde die Vorstufen zur Strategie wider, wie sie DIPR und AFK definieren (s.o.), aber in anderer Reihenfolge.

Im Strategischen Block legt das KOMMUNIKATION-Modell den Schwerpunkt auf das strategische Vorgehen (Strategische Umsetzung/Kräfteeinsatz). Diesem zentralen Hebel oder Ansatz ordnen sich die anderen Strategiepositionen Ziele, Zielgruppen und Botschaften unter. Außerdem erweitert diese Agentur den Handlungsrahmen für den Konzeptioner, indem sie dem Kunden je nach Analyseergebnissen zwei oder mehrere alternative Vorgehensoptionen vorschlägt. In Fällen von Krisenkommunikation wird hier ein speziell für den Kunden erarbeitetes „Krisenbarometer“ entwickelt, das Handlungsalternativen schon im Vorfeld aufzeigt. Eine sinnvolle Erweiterung der Strategischen Umsetzung.

Das Modell von Leipziger & Partner[111] schlägt, genau wie Ahrens & Behrent, eine Differenzierung der Strategischen Umsetzung in zwei Schritte vor. Auch hier findet sich die Gliederung in „Strategie“, also der verdich-

110 Siehe Kap. 19.4, S. 205.

111 Siehe Kap. 19.5, S. 210.

teten Antwort auf die Frage „Wie gehen wir vor?“ und der „Taktischen Umsetzung“, die das konkrete Vorgehen auf dem in der Strategie dargestellten Weg beschreibt.

Das Reporter-Modell[112] bezeichnet als einziges der aus Agenturen schriftlich vorliegenden Modelle die Erfolgskontrolle als Planungsschritt der PR-Konzeption. Auf die Schwierigkeiten im Umgang mit Erfolgskontrolle haben wir bereits in Kapitel 10 hingewiesen. Sicher ist es aber auf die Dauer und in Zukunft unerläßlich, die Kontrolle der eigenen Arbeit mit in den Planungsprozeß professioneller Public Relations einzubeziehen.

Das „11-Punkte-Programm“ von PR Nord beschreibt in komprimierter Form alle Stufen der Konzeptionsentwicklung.[113] Zum Thema Präsentation ergänzt dieses Konzeptionsmodell, daß es vor allem darauf ankommt, daß der Auftraggeber auf den gleichen Stand der Information wie das Konzeptionsteam gebracht wird, um bei den Maßnahmen zustimmen zu können. Das PR-Nord-Programm betont hier auch die Einbettung der PR-Aktionen in die „Corporate Communications“, also auch in die Marketing-Kommunikation.

Soweit die Erläuterungen der Agenturleute, die sich beim Konzeptionieren ständig auf unterschiedliche Kunden einstellen müssen. Die PR-Leute der Unternehmen, die ja immer für den gleichen Auftraggeber, nämlich ihre Organisation, arbeiten, können ihre Modelle für die Vorgehensweise noch mehr auf diesen einen „Kunden“ zuschneidern.

(3) Die PR-Abteilungen der Unternehmen

Essing schildert sein Modell eines Kommunikationskonzepts am Beispiel vom Zukauf eines Unternehmens in den ABB-Konzern:

- Wer: Zielgruppen
- Wie: Botschaften
- Womit: der Weg bzw. die Wege
- Wann: die einzelnen Maßnahmen

112 Siehe Kap. 19.7, S. 219.

113 Siehe Kap. 19.6, S. 215.

- tatsächliche Umsetzung/Realisierung
- im Optimalfall: kritische Nachlese

Bei diesen Schritten läuft manches parallel und mit folgenden Ergänzungen:

- Dazwischen Abstimmungsgespräche zwischen Konzernleitung und Geschäftsleitungen der übernehmenden und der übernommenen Gesellschaft, ggf. auch mit den Betriebsräten. Dabei zusätzlich: wer aus den Führungsebenen wird persönlich einbezogen, spricht evtl. in der Öffentlichkeit, vor der Presse oder vor der Belegschaft usw.
- In der Vorbereitung werden schriftliche Fragen- und Antwortkataloge entwickelt, die auch kritische Positionen widerspiegeln.
- Schriftlich werden erstellt: Zeitplan, Mitarbeiterinfos, Pressemitteilungen usw.

Daraus ist viel entwickelt worden, auch aus den Erfahrungen der Krisenkommunikation.

Auch Kocks befolgt für die Zwecke der Unternehmenskommunikation im eigenen Haus ein bestimmtes Schema. Er schlägt folgende Schritte vor:

- Defizitanalyse auf zwei Ebenen (intern und extern).
- extern: Hinzuziehung eines Marktforschers für qualitative Analysen
- intern (Defizite der eigenen Mittel/Maßnahmen):
  a) Was wünscht sich das eigene Unternehmen, wo liegen die größten Probleme?
  b) Prioritäten setzen in Relation zur Unternehmenspolitik
- Zielformulierung
- Definition der Projekte (Maßnahmenbündel)
- Kampagnen
- Maßnahmen
- Budgetierung: Mitarbeiter, Zeitplan, Kosten
- Definition von Kontrollschritten

Hier zeigt sich, wie aus den präzise erarbeiteten Modellen durch die Einbeziehung der praktischen Erfahrung spezifische ergänzende Lösungsvorschläge für das eigene Unternehmen entwickelt werden können. Dies sind sozusagen maßgeschneiderte Konzeptionsverfahren für den speziellen Fall, die aber immer auf den beschriebenen, allgemein verbindlichen Konzeptionergrundlagen basieren. Warum aber können viele Unternehmens-PR-Leute nicht mit kompletten, schriftlich fixierten Verfahrensweisen/Modellen aufwarten? Vielleicht liegt es daran: Sie sind – viel deutlicher als die Agenturen oder die Ausbildungsinstitute – fest verwurzelt in der Gesamtstrategie ihres Unternehmens. Was immer die PR-Abteilungen an Einzelmaßnahmen oder auch großen Projekten für ihr Haus entwickeln, fußt auf der notwendigerweise in den PR-Köpfen festsitzenden Gesamtkommunikationslinie des eigenen Hauses.

Die Autoren haben denn auch von einigen PR-Leuten aus Unternehmen Absagen für ein Gespräch über Konzeptionstechnik bekommen, oder nur unbefriedigende Antworten auf die Frage, wie man denn beim Konzeptionieren vorgehe. Ein großes Unternehmen, dessen PR-Chef ein (gutes!) Buch über PR geschrieben hat, erklärte auf Nachfrage: Nein, ein eigenes Konzeptionsmodell habe man nicht. Es gab Gespräche, in denen wir den Eindruck hatten, daß die Partner nicht einmal richtig wußten, wovon wir redeten. Natürlich wollen wir damit nicht sagen, daß die PR-Leute der Unternehmen die schlechteren Konzeptioner seien. Eine mögliche, nachdenkliche Begründung für dieses Verhalten nennt Horst P. Borghs, Vorstandsmitglied Public Relations der Adam Opel AG: „Wenn ich mir etwas wünschen könnte, dann wäre das, mehr Zeit zu haben, um PR-Methodik auch in den Routinefällen unserer Arbeit noch stärker einzusetzen. Routine darf Methodik nicht ersetzen." Wie wahr!

PR-Abteilungen in den Unternehmen entwickeln, wenn sie gut arbeiten, aus dem Grundkonsens über die Kommunikationspolitik ihres Hauses spezielle konzeptionstechnische Verfahrensweisen. Konzeptions-Modelle von guten Agenturen geben präzise Verfahrenshinweise, die auf alle Kunden und Situationen anwendbar sein müssen. Die Ausbildungsinstitute geben, wie es ihrer Tätigkeit entspricht, die differenziertesten Konzeptioner-Schritte vor, mit denen flexibel verschiedene PR-Probleme konzeptionell angegangen werden sollen.

Variationen der Schrittfolge

Von der Reihenfolge, die die Autoren in den Kapiteln 2 bis 9, also vom Briefing bis zur Taktikplanung, vorgeschlagen haben, gibt es in Ausnahmefällen Abweichungen. Zwei typische Beispiele dafür sind:

(1) Der Auftrag lautet, die Konzeption für eine große Veranstaltung zu entwickeln, oder, in einem anderen Fall, eine Mitarbeiterzeitschrift zu konzipieren. Bei diesen Beispielen steht von Anfang an das Hauptinstrument der Strategischen Umsetzung/des Kräfteeinsatzes fest; im einen Fall „Veranstaltungskommunikation" und im anderen Fall ein bestimmtes Periodikum.

(2) Der Auftraggeber sagt, er wolle eine Konzeption zur Mitarbeitermotivation haben, oder das Konzept für eine Veranstaltung, bei der die Arbeitsjubilare des letzten Jahres geehrt werden sollen. In diesen und ähnlichen Fällen stehen zumindest die Hauptdialoggruppen von Anfang an fest, obwohl wir sie erst im Strategischen Block genau und vollständig definieren müssen.

Es wird also immer wieder Aufgaben geben, bei denen für den Konzeptioner schon aufgrund der Art des Auftrags oder verbindlicher Vorgaben im Briefing Teile des Konzeptes feststehen. Auch Rolke nennt zwei Beispiele, die zu Variationen der Vorgehensweise führen können:

(1) Ein Leitgedanke steht fest, aus dem sich das Handlungsprinzip entwickelt. Z.B.: Eine große Organisation hat sich zum Ziel gesetzt, mehr Mitglieder zu gewinnen, und formuliert den Leitgedanken, „Wir müssen uns deshalb selbst verändern." Aus diesem Leitgedanken folgen die Handlungen, die für diese Veränderung notwendig sind.

(2) Ein Handlungsprinzip steht fest, aus dem sich der Leitgedanke entwickelt. Z.B.: Ein Unternehmen will ein neues Produkt mit einem großen Event einführen, der langfristige Berichterstattung sichert. Nun muß der Leitgedanke entwickelt werden, der dieses Event ermöglicht. In einem solchen Fall kennt der Konzeptioner zuerst das Handlungsprinzip und entwickelt sodann den Leitgedanken.

An diesen Beispielen zeigt sich wieder einmal, daß der Konzeptionsprozeß nicht starren Handlungsmustern folgt, sondern analytische Fähigkeiten und strategisches Denken erfordert. Konzeptionieren ist und bleibt – Maßarbeit!

Neben den Angaben zur Schrittfolge in der Vorgehensweise haben uns einige Gesprächspartner zusätzlich nützliche Hinweise zum Konzeptionsprozeß gegeben. So hält Andresen eine gute Analyse und Kreativität für die zwei wichtigsten Standbeine einer jeden Konzeption. Dies setzt für ihn voraus, daß man sich nicht sklavisch an „Rezepte" halte, sondern den Blick für das Wesentliche jeden Auftrags behalte (auch und gerade im eigenen Haus). Eisele geht sogar soweit zu sagen, daß er nicht nach einem bestimmten Modell vorgehe, sondern problemorientiert arbeite und dabei die wichtigsten Bestandteile der Konzeptionstechnik neu zusammenstelle. Er sucht also nach dem situativen Ansatz. Das könne heißen, zuerst die wichtigsten Zielgruppen zu erarbeiten, und auf dieser Grundlage das Konzept zu entwickeln. Diese Vorgehensweise ist, will man der immanenten Logik und der Vollständigkeit einer guten Konzeption folgen, nach Ansicht der Autoren mit Risiken behaftet und für diejenigen, die erst mit dem Konzeptioner-Instrumentarium vertraut werden wollen, nicht empfehlenswert.

Durchdachte Konzepte brauchen Zeit

Und schließlich brauchen gute Konzeptionen auch Zeit zur Entwicklung. IPR&O sagt zum Thema Termine: „Wir sind flexibel und können auch sehr kurzfristig ein Konzept entwickeln. Aber: Unnötiger Zeitdruck kann die Qualität eines Konzeptes beeinträchtigen – zum Beispiel, wenn für notwendige Basisrecherchen keine Zeit bleibt. Das heißt für uns: Professionelles Timing ist Voraussetzung für Qualität – wer erst auf den sprichwörtlich ‚letzten Drücker' mit der konzeptionellen Arbeit beginnt, belastet unnötig das Team und gefährdet die Qualität. Aber auch der Klient sollte verstehen, daß ein angemessener Vorlauf die Agentur-Arbeit nicht nur erleichtert, sondern auch ein besseres Ergebnis bringt."

Eine optimale Zeitplanung für ein Basiskonzept formulieren Ahrens & Behrent in ihrem Agenturpapier zur Konzeptionsentwicklung.[114] Mit anderen Worten: analytisches Denken, die Planungskreativität der Strategie und die Gestaltungskreativität der Taktik müssen nicht zuletzt durch realistische Zeitplanung gewährleistet werden.

---

114 Siehe Kap. 19.1, S. 187 f.

Gute Konzepte zeichnen sich durch den Blick für das Wesentliche aus. Sie erfordern gleichermaßen analytisches Denken und Kreativität. Dies setzt voraus, daß das Konzeptions-Modell logisch aufgebaut ist und vollständig erarbeitet wird. So wird auch für den Auftraggeber nachvollziehbar und einsichtig, warum gute Konzepte einen gewissen zeitlichen Rahmen brauchen.

Teamarbeit

Besonders wenn man noch nicht sehr konzeptionssicher ist, ist es ratsam, in der Gruppe zu arbeiten. Gute Teamarbeit sichert, daß

- jeder seinen Teil zum Ergebnis beiträgt,
- die Stärken der einzelnen Teammitglieder optimal genutzt werden,
- Fehler durch das Prinzip „vier Augen sehen mehr als zwei" vermieden werden und
- das Konzept als Gruppenergebnis fast immer besser ist, als die Summe aller Einzelarbeiten.

In der Realität ist es bei vielen kleinen Abteilungen oder kleinen Agenturen immer noch üblich, daß der Chef sein Konzept schreibt. Vielleicht, weil seine Mitarbeiter Konzeptionstechnik nicht beherrschen, vielleicht, weil er oder sie es den anderen gar nicht zutraut, oder aus Angst, an Einfluß zu verlieren. Wie es konkret in größeren Agenturen aussehen kann, zeigen drei Beispiele:

Andresen erläutert den Entstehungsprozeß von Konzepten bei Burson-Marsteller folgendermaßen. Für das Konzept sei der jeweilige Berater verantwortlich. Er verstehe sich nicht als „König", sondern als *gate keeper* für das Ausnutzen aller hauseigenen Spezialisten in der Konzepterstellung. Der Gruppe, die das Konzept erarbeitet, stehe außerdem ein Manual zur Verfügung, das Möglichkeiten aufzeigt, Kreativität zu entwickeln. Der sogenannte *facilitator* moderiere die Gruppe im Konzeptionsprozeß. Er oder sie leite die Gruppe zu unterschiedlichen Ansichten des Problems, um möglichst früh zwischen Problem und Zielsetzung einen Bogen zu schlagen. Die Gruppenmoderation werde als Schlüssel zum erfolgreichen Konzeptionieren gesehen. Es sei der Prozeß, wie man zum Denken kommt und die Gruppe anleite, das Konzept zu erarbeiten. Dabei müsse allen Teammitgliedern bewußt sein, daß keiner allein die ganze „Wahrheit" besitze. Teamfähigkeit und Fragefähigkeit seien die Voraussetzungen für gute Teamarbeit.

Auch Rolke sieht die Teamarbeit als ideale Arbeitsform an, denn nur ganz selten könne einer alleine gute Konzepte schreiben. Ein Team solle mit drei oder vier PR-Leuten besetzt sein. Die Einführung in den Konzeptionsprozeß geschehe durch den Projektleiter. Dann gehe die Gruppe gemeinsam gedanklich die Analyse, die Strategie und die wichtigsten Maßnahmen durch. Im Anschluß daran werden die Aufgaben auf die einzelnen Teammitglieder verteilt. Wenn alle Einzelaufgaben erledigt sind, werde wieder gemeinsam die Stimmigkeit des gesamten Konzeptes überprüft. Abschließend führt der Projektleiter die Konzeption sprachlich zusammen.

Leipziger & Partner spricht sich im schriftlichen Konzeptionsmodell ebenfalls für Teamarbeit aus.[115] In Ergänzung zu Andresen und Rolke nennt Leipziger & Partner die Zusammenarbeit mit dem Kunden ebenfalls einen wichtigen Teil der Teamarbeit und begründet dies: „Hierdurch kann besonders in schwierigen Aufgabenfeldern schon frühzeitig Vertrauen in die beraterische Kompetenz der Agentur entwickelt werden. Gleichzeitig stärkt ein solcher Prozeß die Bereitschaft zur Identifikation mit seinen Ergebnissen."[116]

Es ist klar, und die Beispiele machen dies einsichtig, daß eine Konzeptionergruppe nicht in der Lage sein kann, im Team zu „dichten", d.h. gemeinsam auszuformulieren. Deshalb empfehlen auch die Autoren, wichtige Schritte des Konzepts in der Gruppe zu erarbeiten und zur Ausarbeitung zu delegieren.

In der Praxis kann eine solche Vorgehensweise folgendermaßen aussehen:

Der Konzeptioner (Agenturchef, Abteilungsleiter oder der Berater, der den Kunden am besten kennt) leitet den Prozeß.

115 Siehe Kap. 19.5, S. 214.

116 Ebda.

1. Er oder sie stellt die Faktenplattform zusammen, wobei Teilrecherchen an Teammitglieder oder kompetente Externe delegiert werden.

2. Auf dieser Basis ermittelt der Konzeptioner die Stärken und Chancen sowie die Schwächen und Risiken der Kommunikationssituation. Er schreibt die Verantwortliche Analyse und die Spezifische Aufgabenstellung.

3. Bei der Erarbeitung des Strategischen Blocks, insbesondere bei den Zielen und den Dialoggruppen, können Mitarbeiter des Teams, die einen größeren Abstand zur Aufgabe haben als der Briefingnehmer, oft unbefangener wichtige Beiträge leisten. Abgeschwächt gilt dies auch für die Botschaften/Positionierungen (gemeinsam Stichworte sammeln, der Konzeptioner formuliert aus).

4. Die Prüfung, ob der Strategische Block in sich stimmig ist, ist die Aufgabe des verantwortlichen Konzeptioners.

5. Für die Taktikplanung ist dann wieder die volle Kreativität des gesamten Teams gefragt, auch jener, die noch keine reichen Konzeptionserfahrungen haben.

6. Wenn die Taktikplanung steht, kontrolliert der Konzeptioner, ob sie strategiegerecht und realistisch ist, denn er muß das Konzept insgesamt verantworten.

7. Vor der Präsentation findet „daheim" ein Probelauf statt. Das Team achtet dabei kritisch auf Überzeugungskraft und Stimmigkeit und hat dafür ein gutes Gespür.

Die Autoren plädieren sehr für eine arbeitsteilige Form der Konzeptionsentwicklung, weil dies der Gesamtqualität zugutekommt.

Gute Konzeptionen entstehen in Teamarbeit. Dabei wird es immer in Wächterfunktion einen verantwortlichen Konzeptioner geben, der den Prozeß der Konzeptionsentwicklung leitet und die Qualität der Konzeption sichert.

Brainstorming und Brainwriting

Um im Team kreativ zu sein, kann man sich verschiedener Kreativitätstechniken bedienen. Die unkompliziertesten und bekanntesten sind das Brainstorming und Brainwriting. Bei Burson-Marsteller werden solche Techniken nicht nur angewandt, sondern auch als strategische Übungen verstanden (Andresen). Dort gibt es sogar ein eigenes Manual, in dem solche Kreativitätstechniken aufgeführt und erläutert sind. Auch bei Leipziger & Partner gehört das Brainstorming ausdrücklich zur Teamarbeit.[117] Bei Hill and Knowlton ist es üblich, daß der verantwortliche Berater eine Gruppe für zwei bis drei Brainstormings zusammenstellt und diese Brainstormings auch vorbereitet, damit systematisch für die Aufgabe gearbeitet werde (Richter).

Wir wollen die beiden Kreativitätstechniken Brainstorming und Brainwriting hier kurz schildern.

Brainstorming:

Brainstorming ist die bekannteste und sehr direkte Kreativitätstechnik. Doch es sind schon einige Voraussetzungen und Regeln einzuhalten, um ein erfolgreiches Brainstorming durchzuführen. Bei max. acht bis zwölf Personen sollte es nicht länger als 30 bis 40 Minuten dauern. Die Gruppe muß möglichst herrschaftsfrei, sachbezogen, engagiert und angstfrei miteinander umgehen, einen Moderator als Regelwächter und einen Protokollanten haben. Der Moderator wacht auch darüber, daß keine „Killerphrasen“ das Brainstorming zerstören. Killerphrasen sind z.B. „Geht nicht ... Haben wir schon alles versucht ... Alles graue Theorie ... Macht nur Arbeit ... Was für ein Phantast ist denn darauf gekommen ... Ich sehe da keinen Zusammenhang ...“

Vor dem Brainstorming wird das (hochrangige) Ziel festgesetzt und die Fragestellung formuliert. Die Fragen sollten keine „Gießkannen-Fragen“ sein, deren unpräzise Formulierungen nur vage Antworten mit großer Streubreite zur Folge haben. Besser ist es, „Gartenschlauch-Fragen“ zu stellen, die präzise auf den Punkt zielen, den es zu klären gilt. Gartenschlauchfragen beginnen mit „Was (... können wir tun)“ oder „Wie (... muß unsere Lösung aussehen)“. Aber bitte keine „Spezialdüse“ in den

---

117 Siehe Kap. 19.5, S. 214.

Gartenschlauch stecken, sprich: die Frage nicht so eng stellen, daß Kreativität keinen Raum mehr findet.

Für den Verlauf des Brainstormings gelten folgende Regeln, die auch bei Kirsten/Müller-Schwarz „Gruppen-Training“[118] nachgelesen werden können:

1. Kritik ist grundsätzlich verboten.
2. Jede Idee ist erlaubt. Je phantastischer, desto besser.
3. Jeder sollte soviele Ideen wie möglich entwickeln.
4. Jeder darf die Ideen der anderen aufgreifen und weiterentwickeln.
5. Jede Idee ist als Leistung des Teams, nicht eines einzelnen zu betrachten.

Brainwriting:

Für das Brainwriting gelten dieselben Rahmenbedingungen und Regeln wie für das Brainstorming. Also vorher die Fragestellung klären, Zeitlimit festlegen, sachbezogen in entspannter Atmosphäre arbeiten usw.

Beim Brainwriting, z.B. für die Taktikplanung, hat jeder Teilnehmer ein großes Blatt vor sich und ein Schreibwerkzeug. Dann schreibt jeder drei Maßnahmen-Vorschläge gemäß der Fragestellung auf dieses Blatt und gibt es an seinen linken Nachbarn weiter. Jeder läßt sich von den Vorschlägen des Nachbarn inspirieren, erweitert sie und schreibt drei neue Punkte auf, ehe er das Papier nach links weitergibt. Die Blätter wandern so lange mit zunehmendem Inhalt im Kreis, bis jeder Teilnehmer wieder sein Anfangsblatt vor Augen hat. Anschließend liest jeder sein Blatt vor und die Gruppe diskutiert die Vorschläge gemeinsam.

Aus dem großen Pool von Vorschlägen trifft die Gruppe zuerst Sortierentscheidungen für drei Gruppen von Ideen

- engere Wahl ...
- vielleicht ...
- nicht brauchbar.

---

118 Rainer E. Kirsten/Joachim Müller-Schwarz: Gruppen-Training. Ein gruppendynamisches Übungsbuch mit 59 Psycho-Spielen, Trainingsaufgaben und Tests, Stuttgart 1973.

Und dann folgen die Detailprüfungen: Schwerpunkte, Zuordnung zu den Projekten, zeitliche Plazierung im Gesamtgeschehen usw.

Die Anzahl der Vorschläge variiert je nach Teilnehmerzahl. Wenn es sich um eine sehr enge Fragestellung handelt oder um ein sehr schwieriges Gebiet, das nicht sehr viele Ideen erwarten läßt oder wenn nicht viel Zeit zur Verfügung steht, kann man die Vorschläge auf je zwei pro Blatt und Teilnehmer reduzieren. Dann ergeben sich natürlich auch weniger Ideen.

Um die Kreativität einer Konzeptionergruppe zu nutzen, um Ideen oder Lösungsvorschläge für ein Problem zu sammeln, empfiehlt es sich, auf so bewährte Kreativitätstechniken wie Brainstorming und Brainwriting zurückzugreifen. Beiden Methoden liegen einfache, rasch zu übernehmende Verhaltensregeln zugrunde. So kann die Gruppe in einem Fall mündlich, im anderen Fall schriftlich, gemeinsam kreativ sein.

Sicherlich gibt es über Brainstorming und Brainwriting hinaus noch jede Menge anderer Kreativitätstechniken, darunter so ausgefeilte wie Synektik und morphologischer Kasten. Obwohl sehr reizvolle Techniken, werden sie in diesem Buch nicht behandelt, weil seltener genutzt und weil die Spielregeln zu umfangreich sind und hier nicht adäquat transportiert werden können.

Zusammenfassung

Die Kapitel 2 bis 9 geben den konzeptionstechnischen Rahmen wieder, in dem sich Konzeptionsprofis derzeit bewegen. Public Relations entwickeln sich ständig fort, so auch die Methodik ihres wichtigsten Instruments – der Konzeptionslehre. PR-Fachleute in Deutschland versuchen, dieses Handwerkszeug weiter zu optimieren. Die Lehrinstitute gehen dabei am differenziertesten vor, weil sie die Konzeptionstechnik PR-Anfängern mit in die „Wiege" legen müssen. Agenturen schöpfen bei der Weiterentwicklung ihrer Modelle natürlich aus der eigenen Erfahrung. Unternehmen nutzen in einigen Fällen die Chance, konzeptionstechnisches Wissen und unternehmenseigene Strategien der Kommunikation gewinnbringend miteinander zu verknüpfen.

Neben der Bereitschaft zur methodischen Auseinandersetzung mit Konzeptionstechnik bringen gute Konzeptioner analytische und kreative Qualitäten mit. Nur so entstehen gewissenhafte und dienstleistungsorientierte Konzeptionen.

Erfahrene Profis geben einige Tips, wie der Konzeptionsprozeß einfacher zu bewältigen ist:

- Dazu gehört es, sich die Aufgabe noch einmal zu vergegenwärtigen und zu überlegen, welche Vorgaben aus dem Briefing für die Erarbeitung der Strategie feststehen.
- Konzeptionerarbeit ist im Idealfall immer Teamwork. Gesteuertes Arbeiten in einem gut zusammengestellten Team optimiert das Konzeptionsergebnis. Dabei helfen Kreativitätstechniken wie Brainstorming oder Brainwriting.

12. Besonderheiten – Ein Blick hinter spezielle Kulissen

PR-Stammtischabend, irgendwo in der deutschen Provinz. Der Teufel will es, daß einer der Anwesenden von seinem neuen Konzept erzählt. Bei Wein und Bier entspinnt sich eine lebhafte Diskussion zum Thema Konzeptionen, und es gibt höchst unterschiedliche und streckenweise kontroverse Anmerkungen zu diesem Stichwort: „Wir entwickeln Konzeptionen ganz anders." – „Ach was, es gibt gar kein allgemeines Konzeptions-Schema." – „Ich komme gerade aus einem Seminar für Werkjournalisten; wenn man so ein Blatt entwickelt, muß man an ganz andere Dinge denken, als bei einer Imagekampagne." – „Bei unseren Agenturkunden habe ich immer wieder den Eindruck, die wollen gar kein Konzept, sondern nur ein paar knackige Maßnahmen." – „Jaja, wenn's bei der Analyse ans Eingemachte geht, dann kneifen die." – „Ich finde, die deutschen PR-Leute denken sowieso viel zu sehr in Kästchen. Aus dem internationalen PR-Network meiner Agentur weiß ich, daß die Kollegen in den Staaten und in London ganz anders arbeiten." – „Die Zeit der großen Strategien ist eh vorbei. Hat ja keiner mehr Geld dafür."

Lassen Sie uns den einen oder anderen Blick hinter spezielle Kulissen werfen.

Konzeptionen für PR-Periodika

Daß man sich Konzeptionstechnik auch für spezielle PR-Aufgaben zunutze machen kann, zeigt ein Beispiel der AFK. Sie hat auf der Grundlage des großen Konzeptions-Modells eine Variante speziell für die Planung von PR-Periodika, also Mitarbeiterzeitschriften, Hauszeitschriften, Kundenzeitschriften etc., erarbeitet.[119] Sie dient der professionellen Planung eines neuen oder dem Relaunch eines bestehenden Periodikums.

Die Definitionen variieren sinnvollerweise leicht. Für die Sammlung und Auswertung der Fakten, für die Analyse, für die Bestimmung von Zielen, Dialoggruppen und Botschaften/Positionierungen gelten die

119 Siehe ausführlich Kap. 19.10, S. 276 ff.

gleichen Grundsätze wie bei jeder anderen Konzeption auch. In der Strategischen Umsetzung/beim Kräfteeinsatz und für die Taktik ist das Konzeptionerpapier auf die Bedürfnisse der Blattmacher zugeschnitten und modifiziert – bei der Taktik sogar sehr stark.

Das Hauptinstrument der Strategischen Umsetzung/des Kräfteeinsatzes ist ja bekannt, nämlich das zu planende Periodikum. Ergänzend dazu sollten hier auch der Blatt-Typ (Magazin oder Fachzeitschrift oder à la Zeitung usw.), ggf. auch das Format, der Umfang oder die Frequenz des Erscheinens festgelegt werden – sie werden meist strategischen Rang haben. Ggf. wird der Konzeptioner hier auch bestimmte Rahmenbedingungen des Blattes festlegen: Vertriebsweg, „Korrespondentennetz" bei Unternehmen mit mehreren Standorten usw. – wenn denn solche Festlegungen für das zu planende Blatt strategisches Gewicht haben.

Ergänzend sollten in der Kreativen Strategie die Zuständigkeiten des Herausgeber- oder Redaktionsbeirates (wenn vorhanden) geklärt und die Gestaltungs-Grundlinie des Blattes (ohne Details) festgelegt werden. Plant man, in gewissen Abständen Aktionen an das Blatt zu koppeln, ist dies hier ebenfalls zu notieren.

Die Änderungen in der Strategischen Umsetzung haben Folgen für die Taktik. Hier geht es kaum noch um die Zeitachse, wird nicht mehr in Projekte unterteilt, die sich an den Maßnahmenbündeln der Strategischen Umsetzung orientieren, sondern jetzt sind folgende mindestens vier bis neun Planungsfelder in der Taktik zu bearbeiten:

- die inhaltliche Planung
- die Journalistik-Planung
- die typografische Planung
- die technische Planung

und, wenn man in dieser Konzeptionerphase schon ins Detail gehen kann, will oder gar soll

- die Schwerpunkt- und Detailplanung für das erste Erscheinungsjahr
- die „Nullnummer"

und zwei Ergänzungen:

- die deutlich andere Zeitplanung

- die Feedbackplanung

und selbstverständlich

- die Kosten.

Mehr dazu – mit allen Unterteilungen und Details – in der Dokumentation, Kapitel 19.7.

Die Autoren sind gespannt, ob Konzeptionsprofis in der nächsten Phase deutscher Public Relations weitere Modellvarianten der Konzeptionstechnik für bestimmte wichtige PR-Aufgaben entwickeln, wie die AFK dies für die Periodika getan hat.[120]

Schwierigkeiten beim Konzeptionieren

In den Gesprächen mit den Konzeptions-Profis in Agenturen und Unternehmen haben sich zwei Hauptschwierigkeiten im Konzeptionsprozeß herausgestellt: die Art und Weise zu denken (die „Denke") und die Sprache des Konzeptionierens.

Die Konzeption wird von den Menschen, die sie erstellen, beeinflußt. Für unternehmensinterne PR sieht Essing die Schwierigkeit in der Art und Weise des Denkens. PR-Leute in Unternehmen müßten sich immer wieder darüber klar sein, daß Kommunikation Teil ihrer unternehmerischen Aufgabe ist. In der Agenturzusammenarbeit komme es dann schon im Briefing darauf an, der Agentur die Strategien und Themen des Unternehmens zu vermitteln, und damit der Komplexität und der Denke des Konzerns gerecht zu werden.

Kohrs formuliert dies aus der Warte der Agentur. Er fordert, die Agentur müsse immer verständlich bleiben für den Kunden, also keine zu weiten Gedankensprünge voraussetzen. Außerdem sollten Agenturleute – trotz aller Erfahrungen – immer den Blick frei haben für Innovationen in der Kommunikationsfähigkeit des Kunden. Andresen hält die Konzeptionssprache für das große Problem der meisten Konzeptioner. Er differenziert dabei in:

120 Siehe dazu ausführlich Kap. 18., Nachwort.

- Analysesprache (muß das Problem beschreiben)
- Zielsprache (muß das Ziel präzise beschreiben) und
- Strategiesprache (muß den Prozeß beschreiben, die *travelling route).*

Sehr konsequent schließt er daraus, daß Konzeptioner, die diese „Sprachen" nicht beherrschen, die einzelnen Konzeptionsschritte nicht professionell differenzieren können. Kritisierend ergänzt Andresen, das eigentliche Problem sei, daß man diese Sprachen, abgesehen von der Terminologie, nirgends richtig lerne.

Für PR-Leute innerhalb eines Unternehmens sieht Kocks manchmal die Schwierigkeit, ein Konzept intern zu „verkaufen". Selbst wenn ein Konzept gut sei, so meint er, habe man als Konzeptioner in der Agentur-Kunden-Zusammenarbeit weniger Probleme bei der Durchsetzung zu bewältigen als innerhalb des Unternehmens.

Eine ähnliche Schwierigkeit beim „Verkaufen" des Konzeptionsprozesses aus Sicht der Agentur sieht Jaenecke. Ein Kunde, der keine saubere Definition seines Problems gibt, habe oft Angst vor den Ergebnissen einer ausführlichen Analyse. Dann lehne er strategisches Arbeiten indirekt ab („Jalousie-runter-Effekt"). Der Konzeptioner bzw. der Berater aus der Agentur stehe dann vor der Frage, ob er sich mit dem Kunden darüber auseinander setzen soll und ihn u.U. verliert, oder ob er sich auf Halbherzigkeiten einläßt, weil er den Auftrag weiter bearbeiten will. Jaenecke gibt dafür ein schönes Beispiel: Ein Kunde bricht das Projekt nach Erhalt einer Checklist von Fragen für die Analyse ab, weil sie „an den Grundfesten des Unternehmens rüttelt, sie in Frage stellt". Der Kunde will sich dem nicht stellen. (Stattdessen macht er einen Messestand.) Ein Problem, das im PR-Alltag nicht selten vorkommt, und über das man sich im Klaren sein muß.

Ein anderes Problem in der konzeptionellen Zusammenarbeit mit Kunden sieht Jaenecke bei großen Verbänden. Verschiedene Mitglieder eines Verbandes hätten unterschiedliche Interessen und Zielvorstellungen. Dies wirke sich dann bei der Konzeptdiskussion in den zuständigen Verbandsgremien aus. Die Schwierigkeit für die Agentur liege dann darin, Gemeinsamkeiten für den gesamten Verband zu formulieren. Schwierig deshalb, weil die Gremien, z.B. ein Ausschuß für Öffentlichkeitsarbeit, oft dazu neigen, sich auf einen allzu kleinen gemeinsamen Nenner hinzubewegen – Feind aller Innovation.

Der Prozeß des Konzeptionierens und der Konzeptionsabstimmung und -genehmigung birgt manchmal Schwierigkeiten. Die großen Probleme liegen in der Denkweise, der Sprache und im „Verkaufen" des Konzepts. Agentur und Kunde müssen sich wechselseitig im Denkprozeß begleiten, um Mißverständnissen und Konflikten vorzubeugen. Der Konzeptioner sollte die Konzeptionssprachen Analysesprache, Zielsprache und Strategiesprache beherrschen, um professionell arbeiten zu können. Außerdem muß er sein Konzept den internen oder externen Kunden verkaufen können, dabei auch Widerstände durch Überzeugungsarbeit abbauen.

Konzeptionen für Interne Kommunikation

Wer Konzeptionsprozesse für die interne Kommunikation eines Unternehmens oder einer Organisation konzipiert, geht im Prinzip genauso vor, wie bei jeder anderen kommunikativen Aufgabestellung. Es gibt allerdings ein paar Besonderheiten, derer sich man bewußt sein sollte.

Agenturen spielen bei internen Kommunikationsprozessen eine andere Rolle als bei externen. Das liegt vor allem daran, daß interne Kommunikation nicht ohne intimes Wissen um die Organisation und ihre Mitarbeiter machbar ist – und das wiederum setzt ein besonders hohes Maß an gegenseitigem Vertrauen voraus.

Das gilt auch und speziell für CI-Prozesse. Oder um es entlang der Konzeptionslogik zu formulieren: Die Fakten müssen in erster Linie im Unternehmen selbst und in seinen „internen Meinungsmärkten" recherchiert werden. Solche Fakten und Meinungen einer verantwortlichen Analyse zu unterziehen heißt, ans „Eingemachte" zu gehen. Unternehmensinterne Konzeptioner – selbst Teil der Organisation und von Geschäftsleitung oder Vorstand beauftragt – haben es da manchmal schwer, ehrliche Antworten zu bekommen. Externe Konzeptioner gelten oft erstmal als Fremde, die ja „keine Ahnung" haben.

In der Entwicklung eines CI-Prozesses gewinnen die Botschaften eine besondere und eigenständige Funktion. Die Kommunikationsinhalte geben das zukünftige Bild aus der Sicht der Mitarbeiter wieder. Dieses Bild ist einerseits die Guideline und andererseits Impulsgeber für das Handeln der Mitarbeiter – das Leitbild. Wenn eine Organsiation noch kein

Leitbild entwickelt hat, so muß sie es, ob sie es nun so nennt oder nicht, spätestens an dieser Stelle tun. Und dies idealerweise unter Einbeziehung aller Mitarbeiterebenen.

Die dramaturgisch durchdachte Umsetzung interner Kommunikationskonzepte baut auf diesem Leitbild auf. Bei der Planung der konkreten Maßnahmen können Konzeptioner aus dem großen Fundus der Managementtechniken, wie aus dem reichen Repertoire sämtlicher PR-Maßnahmen schöpfen. Auch unternehmensintern eröffnen elektronische Medien wie unternehmenseigene Intranets ganz neue Möglichkeiten der Mitarbeiterkommunikation.

Konzeptionen im internationalen Vergleich

Um Mißverständnissen vorzubeugen: Dies ist ein Buch über Public Relations-Konzeptionen in Deutschland. Die Autoren wollen deshalb auch, wie der sprichwörtliche Schuster, bei ihren Leisten bleiben. Wir erheben also nicht den Anspruch, einen Überblick darüber zu geben, wie man in den Profi-PR-Kulturen anderer Länder beim Thema Konzeptionen vorgeht. Zum internationalen Vergleich deshalb nur zwei Anmerkungen von Andresen und Meyer, die sich aus den Gesprächen mit ihnen ergeben haben.

Zunächst Andresen: Als Norweger ist er der Meinung, daß in Deutschland Konzeptionen im Gegensatz zu Skandinavien sehr starr und schematisch behandelt würden. In Skandinavien konzentrierten sich Public Relations mehr auf das, was wirklich durch Kommunikation beeinflußt werden könne. Für Schweden sei z.B. die „Coaching/Consulting-Basis" typisch, auf der eine ständige kommunikative Wechselwirkung mit dem Kunden stattfinde; dadurch ergebe sich eine engere Zusammenarbeit mit dem Kunden (Präsentationen werden wegen der gemeinsamen Erarbeitung der Strategien und Umsetzungen fast überflüssig).

Außerdem entscheiden die Märkte, wo PR stattfinden, und die Mitarbeiterstrukturen der Agenturen richten sich nach den im jeweiligen Land vorhandenen Märkten. In Schweden kommen daher die meisten PR-Leute aus dem Management und der Unternehmensberatung. In den USA dagegen kommen die PR-Leute mehr aus dem Journalismus und der klassischen Öffentlichkeitsarbeit. Verständlich, da es in den Staaten die größte Bandbreite in der Vorgehensweise bei Public Relations gebe. Dort sei auch der Markt am größten und es gebe enge Verbindungen durch professionelles Lobbying. Außerdem ist der klassische Beratungsschwerpunkt dort zuhause. In einem internationalen Network wie Burson-Marsteller werden – aufgrund der unterschiedlichen nationalen Märkte – diese unterschiedlichen Mentalitäten in der PR-Arbeit deutlich. Kleinere Märkte, wie z.B. Schweden, stellen andere Anforderungen an die PR, als größere, komplexere Märkte, wie z.B. Deutschland und die USA, die durch differenziertere staatliche und institutionelle Strukturen (Föderalismus) geprägt sind.

Ergänzend dazu formuliert Meyer (dessen Agentur in das internationale Shandwick-Network eingebunden ist) seine Eindrücke internationaler PR-Konzeptionsentwicklung. Seiner Meinung nach werde in den USA und Großbritannien der Schwerpunkt nicht so stark auf die Strategie von Konzeptionen gelegt. Entsprechend werde nach seinen Erfahrungen weniger Wert auf professionelle Analysen gelegt, als das in Deutschland der Fall sei. Strategieentwicklung finde auf Beraterebene statt, wobei Präsentationen insgesamt mehr von der Kreativen Umsetzung und den Maßnahmen leben, als von der Gesamtstrategie. Ein Grund dafür mag laut Meyer sein, daß insgesamt im Ausland mehr Projektarbeit als Arbeit nach langfristig angelegten Konzeptionen von den Agenturen gefordert wird. Folge davon ist dann auch, daß die Unternehmen die Agenturen schneller als in Deutschland wechseln. Trotzdem aber sagt Meyer: „Die Meinungsbildung in Deutschland wird meist von internationalen Entwicklungen beeinflußt. PR-Agenturen müssen deshalb international denken und handeln können."

Im Zusammenhang mit seinen Äußerungen zur internationalen PR hat Meyer auch interessante Thesen zur Zukunft der Strategieentwicklungen formuliert. Wir haben hierzu von keinem der anderen Gesprächspartner etwas gehört:

Die Zahl der großen Strategieentwicklungen werde geringer. Die Ursachen hierfür sieht Meyer darin,

- daß die Unternehmen nicht mehr bereit (oder in der Lage) seien, sie zu bezahlen,
- daß Unternehmen ihre Strategien selbst entwickeln (siehe z.B. Opel oder ABB, ein Unternehmen, das seine PR-Abteilung in eine unter-

nehmensinterne Agentur als Profit-Center gewandelt hat, Anm. d. Autoren[121]),

- daß Unternehmen, die eigene Strategien entwickelten, Agenturen nur noch zur Umsetzung heranzögen (insbesondere bei internationalen Projekten),
- daß Unternehmen und ihre Mitarbeiter in Sachen PR immer professioneller würden und
- daß es insgesamt einen Trend zu kleineren und kurzfristigeren Konzeptionen gebe. (Dies hängt vielleicht auch mit dem Portfolio der Agentur Meyers und der vorübergehenden rezessiven wirtschaftlichen Lage zusammen. Anm. d. Autoren.)

Die strategische Grundlage von PR-Handeln wird nach Meyers Überzeugung allerdings ihren Stellenwert behalten oder gar vergrößern. Sie sei und bleibe das „Alltagsgeschäft" des professionellen PR-Beraters.

121 Siehe Nusch/Essing, 1994.

Zusammenfassung:

1. Public Relations haben viele sehr unterschiedliche Arbeitsfelder. Wie Konzeptionstechnik auch auf spezielle Aufgaben zugeschnitten werden kann, zeigt die „Blattmachervariante" der AFK. Hier wird die Konzeptionslehre für die Planung von PR-Periodika zielführend abgewandelt. Ein Beispiel, das Schule machen sollte . . .

2. Doch bei allen methodischen Überlegungen und Hilfen birgt das Konzeptionieren auch andere, „menschliche" Schwierigkeiten. Wer die Probleme kennt, die es mit der unterschiedlichen Denkweise von Kunden und Agenturen geben kann, ist sensibilisiert für ein nicht zu unterschätzendes Konfliktpotential. Die zweite große Schwierigkeit ist das Beherrschen der Konzeptions-Sprache; ohne dieses Instrumentarium sind kaum professionelle Konzeptionen zu formulieren. Auch im „Verkaufen" von Konzepten kann es Schwierigkeiten geben, die mit Widerständen beim internen oder externen Kunden zusammenhängen. Ein professioneller Konzeptioner muß es verstehen, mit solchen Widerständen umzugehen und sie möglichst abzubauen, um seine Arbeit im Interesse der Klienten zum Erfolg zu führen.

3. In der internen Kommunikation spielen interne und externe Konzeptioner oft eine etwas andere Rolle als bei externen Kommunikationsprozessen. Besonders wenn es um die Konzeption von CI-Prozessen geht, ist die Sammlung der Fakten und Meinungen und die darauf aufbauende Verantwortliche Analyse mit viel Beziehungsarbeit und Aufbau von Vertrauen verbunden.

   Die Botschaften und Kommunikationsinhalte sind eng mit dem Leitbild eines Unternehmens verknüpft.

4. PR-Konzeptionen haben nicht überall den gleichen Stellenwert wie in Deutschland. Dies hängt in erster Linie mit unterschiedlichen Marktstrukturen und Mentalitäten zusammen. Es kann aber für die Entwicklung deutscher Public Relations nur hilfreich und bereichernd sein, auch die Arbeit der Nachbarn anzusehen, um im internationalen Vergleich die eigenen Stärken zu nutzen und Schwächen ggf. abzubauen.

13. Maßarbeit – Ein gutes Konzept ist das Gegenteil von Konfektion

Kaum hat ein Trainer im journalistischen Schreibseminar die erste oder zweite – noch ungelenke – Übung, eine Meldung zu schreiben, besprochen und zurückgegeben ... schon steht jemand auf und fordert eine Musterlösung. Kaum hat im Konzeptionerseminar die Präsentation der ersten – noch einfachen – Fallstudienergebnisse stattgefunden ... schon fordert die Seminarmannschaft die Ausgabe eines Idealkonzepts. Und in beiden Fällen ist erst einmal die Unzufriedenheit groß, wenn der Seminarleiter das lächelnd und begründend ablehnt.

Alle Trainer kennen das und viele Dozenten auch: den Schrei nach Rezepten, Checklisten und Musterlösungen. Dieser Schrei ist die Absage an Intellektualität, Problemlösungskompetenz und Kreativität. Es ist nun mal jedes Problem anders gelagert. Keine Ausgangssituation gleicht der anderen. Jeder Kommunikationsprozeß verläuft unterschiedlich. Nie gibt es die selbe oder auch nur die gleiche Standardlösung für Aufgaben, die sich auf den ersten Blick zu ähneln scheinen.

Das hat Folgen. Sicher mögen Checklisten für einfache Handwerkstätigkeiten hilfreich sein und mancher lebt ja ganz gut davon, diese zu publizieren. Konzeptionsentwicklung aber ist Maßarbeit – und nicht Konfektion! Also die individuelle und einzigartige, speziell für den Fall entwickelte Lösung eines oder mehrerer PR-Probleme.

Die maßgeschneiderte Lösung

Standardlösungen widersprechen den Erfordernissen moderner Public Relations. Auch wenn es früher einmal den liebenswerten Kollegen gegeben hat, der als schönes Hobby einen kleinen Zirkus besaß, der dann natürlich auch in der taktischen Umsetzung vieler Kampagnen einmal vorkam, wie die Fama versichert. So löst kein professioneller Konzeptioner in den 90er Jahren hochsensible und komplexe Kommunikationsprobleme. Hier sei auch noch einmal an jene, inzwischen geschlossene Agentur erinnert, in der es im Falle eines Auftrags üblich war, aus dem

Schrank mit den alten Konzeptionen eine herauszuholen und sie einfach ein wenig umzuschreiben.

Da sich Rolke in seinem Konzeptions-Papier zutreffend zum Thema Maßarbeit geäußert hat, zitieren wir ausnahmsweise ausführlicher aus der Dokumentation:[122]

„Ausgereifte PR-Konzeptionen scheinen – abstrakt betrachtet – alle einer gleichen Logik zu folgen. Und doch sind sie in der konkreten Ausgestaltung höchst unterschiedlich. Denn sie haben immer nur mit einem kleinen, außerordentlich differenzierten Anwenderkreis und höchst unterschiedlichen Situationen zu tun: Der Vorstand eines High-Tech-Unternehmens hat nun einmal völlig andere Erwartungen als der PR-Ausschuß eines Massenverbandes. Eine Krise gibt den konzeptionellen Überlegungen ein völlig anderes Gepräge als ein Jubiläum.

Wer deshalb an ein idealtypisches Muster für „richtige" Konzeptionen glaubt, das sich auf alle Anwendungsfälle übertragen läßt, scheitert bereits mental. Die Magie eines guten Konzepts entsteht niemals durch die mechanische Anwendung aller verfügbaren Hilfsmittel (Analyse, Befragung, Audit, Brainstorming, Checkliste, Medienauswertung etc.). Worauf es letztlich ankommt, ist die Grundidee konzeptionellen Denkens zu kapieren, statt formale Handlungslogiken zu kopieren."

Auch Andresen unterstützt diese Meinung. Bei Burson-Marsteller gebe es ein internes „Rezept-Buch" für die Konzeptionsentwicklung (das er den Autoren leider nicht zur Verfügung stellen konnte – Geschäftsgeheimnis). Andresen warnt aber davor, dies lediglich sklavisch zu befolgen. Seiner Ansicht nach müsse ein Konzept stark an der Ausgangslage orientiert sein, weniger an menüorientiertem Denken.

Zur Illustration notwendiger Modifikationen bei unterschiedlichen Situationen sei auf ein bereits erwähntes Beispiel zurückgegriffen: In der Fahrschule lernen wir, angefangen von der Straßenverkehrsordnung bis zum Verhalten im Verkehr, was notwendig ist, um einen Führerschein zu erlangen. Dies ist *Voraussetzung*, um ein sicherer Verkehrsteilnehmer zu werden, ersetzt aber nicht die Fahrpraxis. Jeder Autofahrer weiß, daß es allerdings höchst verschiedene Verkehrssituationen gibt, und jeder erfahrene Autofahrer wird sein Fahrverhalten (also die situationsbezogene

---

122 Siehe Kap. 19.7, S. 224.

spezielle Anwendung des in der Fahrschule Erlernten) „maßgeschneidert" der jeweiligen Situation anpassen. Dies ist auch der Zusammenhang zwischen *Konzeptionsmodellen* und der fallbezogenen *Anwendung*. Wer die Modelle als *Voraussetzung* zu konzeptionellem Handeln beherrscht, kann Konzepte situationsbezogen und „maßgeschneidert" entwickeln.

Eisele warnt davor, Konzeptionsmodelle starr und unflexibel zu kopieren: Unerfahrene und unprofessionelle Konzeptioner, die sich stur an das Ausfüllen von Konzeptionsschema-Formularen halten, haben meist inhaltlich das Kommunikations- und PR-Problem und dessen spezifische Lösung nicht verstanden.

Konzeptionslehre bietet die systematische Hilfe für Logik und Kreativität. Sie kann, darf und will eigenständiges Denken nicht ersetzen. Statt kopierbarer Rezepte bietet sie Wegweisungen für optimales Vorgehen im spezifischen Einzelfall.

Die „kleine" Konzeption

Grundsätzlich ist das schrittweise Vorgehen der Konzeptionstechnik auf alle PR-Arbeitsfelder und Aufgaben anwendbar. Sicherlich muß es aber nicht bei allen PR-Aufgaben notwendig sein, so stufenfolgend gründlich zu handeln, wie es in diesem Buch absichtsvoll für die „große" Konzeption geschildert ist. Bei kleineren Arbeiten, also z.B. bei einem Faltblatt, einer Redaktionsbesuchsreise, den künftigen Anschlägen am schwarzen Brett, Leserbriefaktionen usw. wird keiner auf die Idee kommen, ein umfangreiches Konzept zu erstellen. Trotzdem aber ist es hilfreich und angebracht, sich auch hier die wesentlichen Punkte zu überlegen und sie festzuhalten, also:

- Wie ist die Ausgangslage? Was muß ich für die Erledigung der Aufgabe oder die Lösung des Problems wissen?
- Was will ich erreichen? Wie ist das Ziel/sind die Ziele zu definieren?
- Wen will ich damit erreichen? Mit wem habe ich es zu tun?
- Was muß ich tun, um die Ziele zu erreichen?

- Welche Auswirkungen hat dies alles auf die einzelne Gestaltung, die Art der Kommunikation, die einzelnen Teil-Maßnahmen?

Auch hier mag man getrost Hannibal zitieren: „Erst Rom, dann Elefanten.“ Also: erst Ziele festlegen, dann einzelne Maßnahmen planen – erst strategische Überlegungen anstellen, dann taktisch vorgehen.

Diese Vorgehensweise unterstreicht Meyer. Seiner Meinung nach seien große Konzeptionen die Grundlage für längerfristiges PR-Handeln, die Basis für Drei- bis Fünf-Jahrespläne. Im Unterschied dazu gebe es kleine Konzepte, „abgespeckte Strategien“, wie Meyer das nennt. Dies sei auch immer dann der Fall, wenn der Kunde schon eine genaue Vorstellung davon habe, was passieren soll, also kleinere Aufträge mit Projektcharakter an die Agentur vergibt. Auch Quandt räumt ein, daß nicht alle Aufgaben, die er an Agenturen vergeben hat, grundsätzlichen Charakter hatten. Aber auch wenn keine umfangreichen Recherchen und Konzeptionsarbeiten von Seiten der Agentur nötig waren, so müßten die Agenturen doch zeigen, daß sie das Problem oder die Aufgabe (und sei sie noch so klein) verstanden haben und kommunizieren können.

Bei IPR&O gibt es eine „Ideenskizze“ [123], die mit vermindertem Budget und ohne grundsätzliche Recherchen die „Konzept-Essentials“ der Konzeption kurz und prägnant enthält und die Basis für detailliertere Abstimmungsgespräche mit dem Kunden ist.

Bei Ahrens & Behrent unterscheidet man nach Detail-, Projekt- und Basiskonzept.[124]

In all diesen Fällen kommt es schließlich genauso auf geplante Kommunikationsprozesse an, wie bei großen Konzepten. Der Umfang der Planung muß sich zweckmäßigerweise aber am Umfang der Aufgabe oder des Problems orientieren. Auch das ist Maßarbeit.

Evtl. wird man bei einer kleinen Konzeption nicht alle Prüffragen[125] benötigen, die für eine umfangreiche Konzeption unerläßlich sind. Trotzdem sollte sie aber folgenden Kriterien genügen:[126]

---

123 Siehe Kap. 19.12, S. 297.

124 Siehe Kap. 19.1, S. 188 f.

125 Siehe Kap. 10., S. 92 f.

126 AFK-Arbeitspapier (Seminarunterlage) Nr. PR/1459, S. 2.

1. Zur Situation

    - Die relevanten Fakten sind vollständig recherchiert.
    - Die Analyse ist tiefgreifend und stimmig.

2. Zur Strategie

    - Die Strategie ist korrekt nach dem Konzeptioner-Schema entwickelt.
    - Die Strategie ist in sich schlüssig.
    - Die Strategie ist wirkungsvoll durch ihren kommunikationspolitischen Ansatz.
    - Die Strategie ist realistisch.
    - Die Strategie ist motivierend; es macht Spaß, sich mit ihr zu identifizieren.

3. Zur Taktik

    - Die Mittel und Maßnahmen passen sämtlich nahtgenau zur Strategie.
    - Die Mittel und Maßnahmen genügen voll dem Anspruch (aus Zielsetzung wie aus Dialoggruppen und Botschaft/Positionierung) der Strategie.
    - Die Mittel und Maßnahmen sind – abgeleitet aus dem strategischen Kräfteeinsatz – kreativ genug, um den gewünschten Kommunikationsprozeß auch in Gang zu setzen ... also auf wirksames Geschehen zielend.
    - Die Mittel und Maßnahmen bauen in der Zeitfolge sinnvoll aufeinander auf.
    - Die Mittel und Maßnahmen erscheinen nach Zeitablauf und Umfang realistisch.
    - Die Mittel und Maßnahmen unterstützen sich in ihrer Wirkung gegenseitig.

Bei kleineren PR-Aufgaben wird Konzeptionstechnik nicht in der Breite und Tiefe benötigt, wie dies bei großen Kommunikationskonzepten der Fall sein muß. Jedoch sind die wesentlichen Punkte strategischen Denkens und taktischen Handelns aus der Konzeptionslehre zu berücksichtigen, um auch kleine Kommunikationsprozesse planbar, steuerbar und erfolgreich zu machen.

Stimmigkeit

Ein wichtiges Kriterium für Maßarbeit ist die Stimmigkeit eines jeden Konzepts. Sprich: die folgerichtige Ableitung der Analyse aus den Fakten, die folgerichtige Ableitung der Strategie aus der Analyse, die Stimmigkeit der vier Strategiepositionen untereinander und die folgerichtige Ableitung der Taktik aus der Strategie. Daß davon auch die Glaubwürdigkeit des Konzepts abhängt, erläutert Togotzes. Er sagt, daß bei Research, Analyse, Entwicklung und Umsetzung immer die Frage gestellt werden müsse, was glaubwürdig sei, und wo die Punkte untereinander noch nicht stimmig sind und ggf. abgestimmt werden müssen. Dieser, wie es die AFK nennt, „Crosscheck" ist notwendig, um im Endeffekt die Risiken der Kampagne zu minimieren – ein erster Schritt zum konzeptionellen Qualitätsmanagement.

Zur Stimmigkeit als Folge von Maßarbeit gehört nach Ahrens Meinung auch folgender Aspekt: Kommunikation sei ein Prozeß und nichts Statisches. Somit sei die Lösung eines PR-Problems das dynamische Beeinflussen der Kommunikation. Der Konzeptioner müsse diesem Prozeßcharakter von Kommunikation in Strategie und Operationalisierung gerecht werden.

In sich stimmige und auf den jeweiligen Kommunikationsprozeß abgestimmte Konzeptionen sind Maßarbeit und helfen, die Qualität der einzelnen Konzeption abzusichern.

Dies kann nicht durch „Musterkonzeptionen" geschehen, sondern nur durch individuelle und schlüssige Lösungen.

Für solche individuellen Lösungen gibt es nicht nur den einen Weg der Zusammenarbeit von Kunde und Agentur, nämlich Auftragsvergabe, Briefings, Re-Briefings und schließlich Präsentation. Oft sind die Konzeptionsprozesse ein enges Zusammenspiel zwischen Kunde und Agentur. Wenn beide Partner ihr Knowhow – also einerseits Fachwissen, intime Kenntnis des eigenen Unternehmens und des Marktes und andererseits konzeptionstechnische Kompetenz und analytisches Denken – in einem von Offenheit und Vertrauen geprägten Prozess miteinander verknüpfen, dann steht am Ende zwangsläufig ein maßgeschneidertes Konzept.

Zusammenfassung:

Konzeptionstechnik ist ein hochflexibles Instrument, um in der PR-Arbeit sicher auf Erfolgskurs zu gehen und Risiken nach Möglichkeit zu minimieren. Dies gilt für kleine Aufgaben gleichermaßen wie für große, langfristig angelegte Kommunikationskonzepte. Dieses Instrumentarium ermöglicht und fordert für jede einzelne Aufgabe maßgeschneiderte Lösungen. Folgerichtig ist festzustellen: Es kann keine Musterkonzeptionen geben.

14. Konzeptions- und Präsentationshonorar – Warum diese schrecklichen Agenturleute immer Geld sehen wollen

Agenturchef Freddy Clausewitz erläutert seinem Neukunden aus der Computer-Branche die Vorgehensweise einer möglichen künftigen Zusammenarbeit und kommt zu folgendem Schluß: „Für die Entwicklung dieser Konzeption und die Präsentation berechnen wir Ihnen netto DM 15.000!" Die Kinnlade des Kunden klappt sichtbar nach unten: „Wieso wollen Sie dafür denn Geld haben?" Clausewitz, im Umgang mit PR-unerfahrenen Klienten geübt, erwidert: „Sie erwerben mit diesem Konzept zehn Jahre Erfahrung unserer Agentur mit sechs ganz unterschiedlichen Klienten Ihrer Branche. Und Sie erwerben unsere Problemlösungsvorschläge. Ich kann mir nicht vorstellen, daß Sie das High-Tech-Knowhow Ihres Unternehmens an andere verschenken würden."

Also: warum sind Konzeption und Präsentation honorarpflichtig? Dafür gibt es gute Gründe.

Begründung für Konzeptionshonorare

Mit jeder vorgelegten Konzeption kauft der Kunde das Knowhow einer seriösen Agentur. Wenn ein Kunde das Konzept gratis verlangt, fordert er, daß die Agentur die im eigenen Haus entstandenen Kosten dafür auf die bestehenden Kunden umlegt, statt den Etat voll für deren Interessen einzusetzen. Woher sonst sollte sie die Beträge nehmen? Und wer möchte schon, daß nach Abschluß eines Agenturvertrages sein Etat zum Teil in den Knowhow-Transfer an Dritte fließt, also von seinem Geld das Neugeschäft der Agentur bezahlt wird?

Natürlich gibt es auch ganz gräßliche Kunden, vor denen das Branchengeflüster naive Agenturen warnt. Da läßt ein Unternehmen fünf oder gar sieben Agenturen (kostenlos, versteht sich!) im Wettbewerb präsentieren, und anschließend setzt sich der Direktionsassistent oder (wenn man hat) der PR-Sachbearbeiter hin und klaut wahllos aus den verschiedenen Konzeptionen, die ihm interessant erscheinenden Maßnahmen heraus.

Ohne strategischen Sinn und Verstand. Und ohne einen Auftrag an eine der Agenturen zu vergeben. Auch wegen solcher krimineller Vorgehensweisen, die leider das deutsche Urheberrecht nicht verhindern kann, ist eine einheitliche vernünftige Regelung in Bezug auf Präsentationshonorare sinnvoll.

Professionell gründlich ausgearbeitete Konzeptionen und deren Präsentation sind das Kapital und Knowhow jeder guten PR-Agentur. Wer nicht bereit ist, dies zu bezahlen, zwingt die Agentur, die Kosten dafür aus den Etats bestehender Kunden zu finanzieren. Und wird später selbst mit seinem Budget fremde Akquisition bezuschussen.

Regelung der Konzeptions- und Präsentationskosten

Zum Thema Konzeptionshonorar haben sich auch die beiden berufsbezogenen Verbände der deutschen Public Relations geäußert.

Die berufsständische Vereinigung Deutsche Public Relations Gesellschaft e.V. (DPRG) gibt in ihrem jährlich erscheinenden Beraterindex folgende Empfehlung zu Präsentationen: „Ein Angebot ist für den Auftraggeber kostenfrei. Zum Angebot zählen Kontaktgespräche und die allgemeine Formulierung des möglichen Leistungs- und Aufwandsumfangs.

Präsentationen erfolgen nur gegen Entgelt. Sie enthalten u.a. Vorschläge für Problemlösungen, Umsetzungsideen, Zeit- und Kostenplanungsansätze.

In den Fällen, in denen der der Präsentation folgende Auftrag ein Konzeptionshonorar vorsieht, kann dieses Präsentationshonorar ganz oder teilweise auf das Honorar des Auftrags angerechnet werden." In welchen Größenordnungen sich Präsentationshonorare bewegen, kann ebenfalls im Beraterindex im Rahmen der DPRG-Honorarumfrage nachgelesen werden.[127]

127 DPRG-Beraterindex 1996/97, Bonn 1996, S. 368 und 369 bzw. Folgeausgaben.

Der letzte Satz des Zitats im vorigen Absatz könnte irritieren. Denn eine solche Regelung zieht die Erhöhung der Durchführungshonorare nach sich. Dies dient nicht der Transparenz der Kosten. Bezahlt werden muß die Konzeptionsleistung in jedem Fall; da nützt kein „Verschiebebahnhof".

Der Wirtschaftsverband der Branche, die Gesellschaft Public Relations Agenturen e.V. (GPRA) *verpflichtet* seine Mitgliedsagenturen im Zusammenhang mit Konzeptionsentwicklung und Präsentation zu folgender Regelung: „GPRA-Agenturen beteiligen sich an Ausschreibungen oder Wettbewerbspräsentationen nur dann, wenn die erforderlichen Leistungen im Rahmen der Präsentation angemessen honoriert werden. Hierzu zählen Recherche, strategische Überlegungen und Empfehlungen, Planung und Entwicklung von Ideen sowie Ausarbeitung von Vorschlägen zur Durchführung als wesentlicher Bestandteil der Arbeit einer PR-Agentur. Kostenlose Leistungen mit dem Ziel einer späteren Auftragserteilung oder Vergütung werden nicht erbracht.

Die Entwicklung einer PR-Konzeption und ihre Präsentation wird deshalb grundsätzlich in Rechnung gestellt."[128]

Andresen und Rolke ergänzen allerdings, daß gerade große Agenturen die Kosten für die Konzeptionsentwicklung, die durch den hohen Personalkostenanteil oft sehr hoch seien, nicht komplett dem Kunden berechnen können. Diese honorarüberschreitenden Kosten müsse man als Investition ins Neugeschäft, bzw. den Kunden ansehen.

So weit, so gut und teuer. Aber immer wieder gibt es Leute, die aus den wohlbegründeten Regeln ausbrechen und damit den fairen Wettbewerb verzerren. Sei es aus betriebswirtschaftlicher Ahnungslosigkeit, sei es aus Vorsatz, um Konkurrenten auszustechen, oder mit Gewalt ins Geschäft zu kommen. Hartnäckig hält sich das Gerücht, daß es sogar im GPRA-Vorstand schon einschlägigen Ärger gegeben habe ...

DPRG und GPRA empfehlen bzw. verpflichten gar ihre Mitglieder, keine kostenfreien Konzeptionen zu erstellen und zu präsentieren. Angebote sind dagegen kostenfrei. Gratis zu konzipieren und zu präsentieren ist unseriös.

---

128 GPRA-Manual, Bonn, April 1994, S. 18.

Was die Regelung von Konzeptionshonoraren im Ausland angeht, so referieren Andresen und Meyer gegensätzliche Beobachtungen. Während Andresen sagt, daß in den meisten anderen Ländern fast generell Konzeptionen bezahlt würden, übermittelt Meyer die Erfahrung, daß gerade in Großbritannien und den USA die Strategieentwicklung kostenfrei sei. Nach seiner Meinung führe eine solche kostenlose Entwicklung von Konzeptionen zu Standardisierung und damit auch zu Qualitätsverlust von Konzeptionen.

Auch deutsche Agenturen, die internationale Kunden bedienen, können da in Konflikt geraten. Das Argument, international zu arbeiten, kann jedoch keine Entschuldigung für wettbewerbsverzerrende kostenlose Präsentationen sein.

Zusammenfassung

Die konzeptionelle Arbeit der Agenturen ist eine wichtige Dienstleistung für den Auftraggeber. Die seriöse geschäftliche Zusammenarbeit zwischen Agenturen und bestehenden oder möglichen Kunden zeichnet sich deshalb dadurch aus, daß erarbeitete Konzepte und deren Präsentationen entsprechend honoriert werden. Empfehlungen, was dabei angemessen ist, können im DPRG-Beraterindex nachgelesen werden.

Wer eine solche Honorarregelung umgeht, riskiert dabei dreierlei:

1. **Die der Agentur entstandenen Kosten müssen indirekt anderweitig (wohl meist auf bestehende Kunden) belastet werden.**
2. **Der Wettbewerb der Agenturen untereinander wird verzerrt.**
3. **Auf Dauer führt kostenloses Konzeptionieren aus Ersparnisgründen zur Standardisierung von Konzepten (zu Ungunsten der Maßarbeit) und damit zu Qualitätsverlust.**

15. Die Präsentation – Wie wir überzeugt und überzeugend das Konzept vortragen

Es gibt einen Agenturchef, der dafür bekannt ist, daß er ein begnadet brillanter Präsentator ist. Dies weiß man quer durch die gesamte PR-Branche, und man erzählt sich, in seiner Agentur geistere folgender fromme Spruch unter den Mitarbeitern: „Wenn wir ein gutes Konzept erarbeitet haben, präsentieren wir selbst. Ist das Konzept schwach, muß es der Chef präsentieren – der verkauft alles!" – Pure Lästerei natürlich ...

Gerüchte hin – Gerüchte her – nicht jeder hat einen Chef, der die Konzeptionskastanien aus dem Feuer holen kann. Und aus diesem Grund muß man zum heißen Thema Präsentation eine ganze Menge mehr wissen, lernen, sagen und schreiben.

Die Funktion der Präsentation

Die Präsentation eines jeden fertigen Konzeptes gehört zu den Überzeugungstechniken im Instrumentarium von PR-Profis. Sie muß das, was die Konzeptioner in einem oft wochenlangen Prozeß erarbeitet haben, überzeugend vermitteln. Ihr zentrales Hauptziel ist es, Zustimmung/ Genehmigung des Konzepts zu erreichen. Zusatzziel bei Agenturen: den Auftrag für die Umsetzung der Konzeption zu erhalten.

Dabei zeichnen sich, wie Ahrens meint, gute Präsentationen durch zwei wesentliche Merkmale aus, nämlich Brillanz der Logik sowie die Visualisierung des Gesagten. Auf jeden Fall sollte der Auftraggeber anhand der Präsentation verstehen können, was der Berater oder die Agentur ihm an Lösungen vorschlägt und warum. Das hört sich erst einmal recht simpel an, beinhaltet jedoch eine Fülle von Problemen.

Ziele der Präsentation sind die Zustimmung des Kunden und die Auftragsvergabe.

Sehr spezifische Veranstaltungsvariationen

Wenn viele, wie IPR&O, sagen, daß sie unter der Präsentation im eigentlichen Sinne die verbale Vorstellung des eigenen Konzeptes verstehen[129], so deutet dies an, daß Präsentationen höchst unterschiedlich aussehen können. Viele Spielarten sind denkbar – je nach Situation und Teilnehmerzahl:

Wenn Kunde und Agentur schon vorher, spätestens jedoch beim Konzeptionerprozeß eng zusammengearbeitet haben (wie auch Eisele es für wünschenswert hält und wofür auch die Autoren Beispiele kennen), kann die Präsentation eher Workshopcharakter haben. Gleiches mag für Präsentationen im eigenen Haus gelten; es kann sehr überzeugend sein, wenn der Auftraggeber in der „Werkstatt" der Konzeptioner zwischen Flipcharts und Pinwänden die Entstehung des Konzepts in der letzten Phase miterlebt.

Ganz anders beim klassischen Fall vor einer Gruppe von fünf bis zwölf Kundenvertretern. Wenn bei großen Etats mehrere Agenturen hintereinander in Konkurrenz präsentieren müssen, wird es für die einzelne Agentur sicher mehr auf hochprofessionelle Überzeugungsarbeit und Perfektion der verbalen und visuellen Darstellung ankommen. Hier gerät nach aller Erfahrung die Präsentation am ehesten Richtung „Show"; die Präsentatoren ziehen alle Register (und der Kunde tut gut daran, nach den Präsentationen nüchtern die Booklets zu vergleichen; aber dazu mehr im Kapitel 16).

Kein vernünftiger Mensch wird jedoch so präsentieren, wenn er nur vor einem oder maximal drei Entscheidern spricht. Der AFK-Rat: Setzen Sie sich mit dem Klienten an den runden Konferenztisch und erläutern Sie – frei sprechend in der Tonalität des Beratungsgesprächs – die Grundsatzüberlegungen (Strategie). Holen Sie dann die Schriftfassung (Booklet) für jeden der Teilnehmer heraus und gehen Sie sorgfältig ausgesuchte, wichtige Abschnitte des Papiers gemeinsam durch. Wichtige Passagen – z.B. die sorgsam formulierte Analyse, die Hauptziele, die strategisch relevanten Maßnahmen – lesen Sie laut vor und lassen die Entscheider mitlesen ...

---

129 Siehe Kap. 19.12, S. 298.

Wieder anders die Situation, in der Sie z.B. das Konzept der künftigen Imagepolitik vor den zwei oder gar drei obersten Führungsebenen eines Unternehmens präsentieren. Da mögen vor dreißig oder fünfzig Managern sogar das Rednerpult (und die große Leinwand) die richtigen Hilfsmittel für den oder die Präsentatoren sein. Und das verändert natürlich die Tonalität.

Sicher sollte man auch wissen, ob der interne oder externe Kunde den strategischen Überlegungen mehr Wert beimißt, oder in erster Linie eine bunte Palette wirksamer Maßnahmen hören und sehen möchte.

Bei Wettbewerbspräsentationen ist es außerdem empfehlenswert, sich vorher über die Konkurrenz zu informieren. Faire Auftraggeber sagen jeder Agentur, wer noch im Wettbewerb sein wird. Wer abzuschätzen vermag, wie die anderen Agenturen wahrscheinlich präsentieren werden, kann daraus Schlüsse für die eigene „Präsentationsmasche" ziehen, kann sich auf die vermuteten Stärken und Schwächen der Mitbewerber einstellen und sich mit einem wohlüberlegten Kontrastprogramm hervorheben.

Eine sehr wichtige Ergänzung kann man bei Motamedi nachlesen. Die Autorin betont, daß sich der Konzeptioner und/oder Präsentator natürlich auch ein Präsentations*ziel* setzen müsse. Nur wer weiß, was er erreichen will, kann erfolgreich vorgehen. Hier gilt das Gleiche, wie für den Konzeptionsprozeß insgesamt. Motamedi erläutert anschaulich, wie unterschiedlich solche Ziele sein können; je nach Situation. Zusammenfassend schreibt sie: „Das Präsentationsziel
- bestimmt die Auswahl der Argumente,
- wird vor der Argumentationssammlung formuliert,
- muß realistisch sein,
- wird auf die Ziele und Wünsche des Publikums abgestimmt."[130]

Wer Präsentationen professionell vorbereitet, wird alle diese möglichen Faktoren dabei berücksichtigen. Nur so entsteht stimmige Maßarbeit.

Wer maßgeschneidert präsentieren will, sollte sich zuerst ein Präsentationsziel setzen und sich dann mit der Art der Präsentation auf die Situation einstellen und seine möglichen Wettbewerber kennen.

---

130 Susanne Motamedi: Präsentation: Ziele, Konzeption, Durchführung; Heidelberg 1993, S. 19.

Psychologie der Präsentation

Bevor sich das Konzeptionerteam die Frage nach den für die Präsentation notwendigen technischen Hilfsmitteln stellt, ist erst einmal zu klären, welche psychologischen Überlegungen für die Überzeugungsarbeit wichtig sind.

An erster Stelle steht hier die Frage, vor wem eigentlich präsentiert wird. Ist es wirklich vor dem Entscheider, wenn ja, wer ist dies? Wenn man vor „Mittlerpersonen" (ÖA-Referent, Product Manager o.ä.) präsentiert, muß man sich darauf einstellen, daß sie andere Prioritäten setzen als der verantwortliche Entscheider. Kennen wir die Namen und Funktionen der Anwesenden? Gibt es jemanden im Präsentationspublikum, der problematisch für die Auftragsvergabe sein könnte? Wer sind unsere möglichen Verbündeten? Welche Interessen müssen wir berücksichtigen? Wird mehr Wert auf die Strategie oder die Taktik gelegt?

Wer all diese Fragen vorher möglichst gründlich klärt, kann so verhindern, daß die Präsentation an den Erwartungen, Haltungen oder Entscheidungsmöglichkeiten des (internen oder externen) Kunden scheitert. Im Gegenteil: Schwerpunkte und Reihenfolge der Präsentationsteile, aber auch Pointen können im Vorfeld umso besser herausgearbeitet werden. Ein erfahrener Kollege berichtete, daß es auch einem alten PR-Hasen passieren kann, daß er selbst bei schlüssigem Konzept mit der Präsentation scheitert, weil er sich nicht optimal auf sein Publikum vorbereitet und eingestellt hatte.

A propos Reihenfolge der Präsentationsteile:

Der „Normalfall", von dem fast alle unserer Gesprächspartner ausgingen – Reihenfolge der Präsentation entsprechend der Schrittfolge der Konzeptionsentwicklung – muß nicht immer „richtig" sein.

Beispiele:

1. Dem „Macher-Typ" als Auftraggeber, den die notwendigen strategischen Daten wenig interessieren und der dazu noch nur ein knappes Zeitbudget für die Präsentation zur Verfügung stellt, mag man so begegnen: „Ich präsentiere Ihnen jetzt als Ergebnis unserer Arbeit die entscheidenden Maßnahmen, die Ihrem Auftrag gerecht werden und ihn voll erfüllen. In der anschließenden Diskussion bin ich gerne be-

reit, die strategischen Überlegungen zu erläutern, die diesen Maßnahmen zugrunde liegen ..."

2. Anders bei jenem (seltenen!) Auftraggeber, dem das zu lösende Problem so wichtig ist, daß er sich viel Zeit nimmt, daß er gar sagt: „Ich will nachvollziehen, wie Sie gedacht haben." Da mag es sinnvoll sein, selbst die Nöte des Konzeptionsprozesses mit allen durchgespielten und zum Teil wieder (begründet!) verworfenen Alternativen darzulegen.

3. Dem Marketingmanager, den vor allem interessiert, ob die PR-Kampagne *seine* Intentionen unterstützt, sollte man quantifizierbare Ziele des PR-Konzepts nennen. Er wird dann den Schwerpunkt auf die Wirkung der PR-Maßnahmen in den Absatzmärkten legen.

4. Ein letztes Beispiel: wer, wie Quandt, als Auftraggeber immer wieder betonte: „Ich will vor allem erfahren, welche Agentur unser Problem am besten verstanden hat; danach werde ich entscheiden!", der wird den Präsentationsschwerpunkt Analyse erwarten.

Soviel zu den Vorbereitungen.

Wie bereits gesagt, gehört die Präsentation zu den Überzeugungstechniken des PR-Instrumentariums. Das heißt, wie die beiden Unternehmensberater Willing und Maubach es ausdrücken, „Entscheidungen werden mit dem Gefühl getroffen und mit dem Verstand begründet."[131] Diese emotionale Komponente der Präsentation spiegelt sich auch in den Empfehlungen der befragten PR-Profis zu Rhetorik und Verhaltens „tricks" wider. Daß hier der persönliche Stil jedes Beraters und jeder Agentur unterschiedliche Ratschläge nach sich zieht, versteht sich. Ahrens läßt z.B. während der Präsentation keine Zwischenfragen zu, während Togotzes Fragen und Antworten durchaus ermöglicht. Während Essing meint, das Unternehmen erwarte bei der Präsentation keine Show, sagt Ahrens, daß ein bißchen Show auch zum Geschäft gehöre.

Widerspruchsfrei bleiben hingegen folgende Ratschläge: Freie Rede wirkt überzeugender als das Ablesen von Charts, wobei schriftlich fixierte Stichpunkte auf der Overheadprojektor-Folie selbstverständlich erlaubt und sogar sehr hilfreich sind (Ahrens, Togotzes, Meyer). Die AFK

131 Siegfried A. Willing/Ulrich Maubach: Erfolgreich präsentieren in Werbung und Public Relations; Wirtschaftswoche Buchreihe Werbung, Band 3, Düsseldorf 1992, S. 24.

rät, *kategorisch* zu präsentieren, also keine Zweifel am Konzept und an den Konzeptionern durch Konjunktivformulierungen aufkommen zu lassen, sondern aktiv zu sprechen. Lehrsatz: Nur wer überzeugt ist, kann überzeugend präsentieren.

Togotzes gibt darüber hinaus eine ganze Reihe von Ratschlägen zum Redeverhalten. Der Präsentator sollte seine Redeposition und sein Redetempo selbst bestimmen, verständlich reden und – soweit möglich – alle Anwesenden mit Namen ansprechen. Denkpausen könne sich der Redner z.B. durch das Auflegen von Charts schaffen. Meyer spricht sich für eine gut vorbereitete Präsentation aus, wobei Versprecher und Wiederholungen nicht so schlimm sein können, wie eine aalglatte, technokratische Glanzleistung ohne Menschlichkeit. Die AFK empfiehlt jedem Präsentator, seine individuell stärksten Überzeugungsinstrumente, wie Stimme, Augen, Mimik oder Gestik gezielt einzusetzen – die Stärken der eigenen Persönlichkeit.

Zur „menschlichen" Präsentation gehört der Kontakt zum Publikum. Togotzes baut den Kontakt zum Publikum bereits kurz vor der Präsentation im Foyer oder vor dem Konferenzraum auf, um die Stimmung etwas aufzulockern. Bei „unangenehmen" Kunden könne man sich seiner Meinung nach den sympathischsten Menschen als Verbündeten suchen und ihn einfach anlächeln. Sein genereller Ratschlag ist, das Publikum nie aus den Augen zu lassen. Um Kontakt zum Publikum aufzubauen, müsse der Präsentator allerdings auch immer verständlich bleiben, das heißt, kein Fachchinesisch reden und nicht „abheben" (Kohrs, AFK).

Ein wirkungsvoller Einstieg (z.B. ein passendes Zitat oder eine humorvolle Formulierung oder eine These) ist wichtig, um anfangs gleich den Kontakt zum Publikum aufzunehmen, die Distanz zwischen Redner und Publikum zu verringern und von Anfang an die volle Aufmerksamkeit zu bekommen. Ein starker Schluß (z.B. Zusammenfassung, Appell) zieht das Publikum auf die Seite des Präsentators (AFK).

Die Präsentation und deren Diskussion sind gleichrangig zu behandeln (Ahrens).

In der Vorbereitungsphase ist es ratsam, sich auch auf Fragen vorzubereiten. Weiterhin empfehlen die AFK und Togotzes, sich – wenn möglich – vorher die Räumlichkeiten der Präsentation anzuschauen. Auch die

Kleiderfrage muß vorher geklärt werden. Der Probelauf vor der eigenen Mannschaft ist Pflicht. Diese Generalprobe ist die beste Vorbereitung![132]

Zur psychologischen Vorbereitung auf die Präsentation gehört die Auseinandersetzung mit dem Publikum und seinen Erwartungen, die Vorbereitung des eigenen Redeverhaltens, die Frage, wie man Kontakt zu seinen Zuhörern aufbaut und hält und ein Check der Räumlichkeiten. Ein Probelauf der Präsentation vor kritischem Publikum aus dem eigenen Team sollte als „Generalprobe" eine erfolgreiche „Premiere" absichern.

Die Wahl des Präsentators oder der Präsentatoren

Die Frage, wer präsentiert, ist genauso in diese Überlegungen einzubeziehen. In einigen Agenturen, die ja doch öfters präsentieren als hauseigene PR-Abteilungen, gibt es dafür Faustregeln. Bei Reporter PR sind immer ein Geschäftsführer oder ein Büroleiter bei der Präsentation anwesend. Meyer sagt, daß der Kunde den oder die Mitarbeiter sehen sollte, die für die Umsetzung verantwortlich sein werden. Jaenecke präzisiert dies noch und meint, daß alle Mitarbeiter, die für den Kunden arbeiten werden, nicht nur anwesend, sondern auf bestimmte vorher abgesprochene Themenbereiche vorbereitet sein müssen, zu denen sie im Verlauf der Präsentation oder anschließend Fragen beantworten können. Bei Leipziger & Partner werden ebenfalls alle für den operationalen Teil Verantwortlichen in die Präsentation einbezogen. Das Team werde als solches vorgestellt und wirke auch als Team. Daß auch die PR-Leute auf Kundenseite gerne wissen möchten, mit wem sie es zu tun haben, bestätigt Kocks. Er will alle am Konzept und seiner Implementierung beteiligten Mitarbeiter kennenlernen, denn er sagt zu Recht: „Dies ist ein persönliches Geschäft."

Nicht nur die Beantwortung der Frage, *vor wem* wird präsentiert, sondern auch die Beantwortung der Frage, *wer* präsentiert, benötigt noch einiges psychologisches Fingerspitzengefühl. Zu dieser letzten Frage haben Willing und Maubach wichtige Erfahrungen systematisiert.

---

132 Siehe auch IPR&O, Kap. 19.12, S. 300.

Sie sagen, daß ein Präsenter (sie benutzen diesen Begriff synonym mit Präsentator) für seinen Präsentationserfolg eine Überzeugungskraft brauche, die stärker ist als die Sache. Diese Kraft des Präsenters nennen Willing und Maubach seine „Psychopower". Die Psychopower schöpfe der Präsenter ausschließlich aus seiner eigenen Persönlichkeit, sie könne nur von innen heraus entwickelt, niemals von außen aufgesetzt werden.

Jeder Mensch habe seine individuelle Psychopower, mit der er zu anderen Menschen in Verbindung tritt, mit der er kommuniziert. Um die eigene Psychopower entwickeln, optimieren oder gar perfektionieren zu können, müsse jeder Präsenter erst herausfinden, welche Art von Psychopower er besitzt. Willing und Maubach stellen zu diesem Zweck eine auf einer empirischen Untersuchung basierende Präsentertypologie auf. Sie unterscheidet sechs Präsenter-Typen mit ganz spezifischer Präsentercharakteristik. So witzig auf den ersten Blick die „tierische" Typologie erscheint, so nachdenkenswert sind die Erfahrungen, die dahinter stehen. Hier nur eine Kurzfassung der lesenswerten Kapitel aus dem Buch dieser beiden Autoren:[133]

- Der *Adler* überzeugt durch eine strategisch klare Präsentationsführung, in der er zielstrebig auch in Diskussionen nie den Überblick verliert und immer wieder auf das Wesentliche zurückführt.
- Die *Katze* präsentiert mit einfühlsamer Geschmeidigkeit. Sie reagiert sehr sensibel auf Einwände und Stimmungen ihres Auditoriums, ohne jedoch ihr Ziel jemals aus den Augen zu verlieren.
- Die *Gazelle* besitzt eine stille Faszinationskraft. Sie hat einen sehr hohen ästhetischen Anspruch an ihre Arbeit. Ihre Sprache ist eher bildhaft als logisch, sie überzeugt durch Design und Gestaltung.
- Der *Wolf* ist ein aggressiver Rudelkämpfer. Er verbreitet eine Atmosphäre von Kampf und Wachsamkeit. Er präsentiert innerhalb einer Mannschaft mit gut eingearbeiteter Rollenverteilung und zielstrebig nach einem deutlich erkennbaren Konzept. Er ist auf mögliche Einwände bestens vorbereitet, sie werden scharf pariert.
- Der *Bär* imponiert durch Kraft und Souveränität. Er kämpft ohne Aggression für seine Sache. Seine Sicherheit und Seelenruhe vermitteln hohe Glaubwürdigkeit.

133 Siehe Willing/Maubach, 1992, S. 85 – 117.

- Die *Brieftaube* beeindruckt weniger durch Faszination als durch Fleiß und perfekten Service. Sie erzeugt eine aggressionsfreie Atmosphäre und kann damit die Aufmerksamkeit unmittelbar auf die Sache lenken. Sie vermittelt den Eindruck von Vertrauenswürdigkeit und Zuverlässigkeit.

Diese Präsentationstypologie biete eine Orientierungshilfe für eine Selbsteinstufung; auch dazu geben Willing und Maubach gute Hilfen. Da fast niemand ganz ausschließlich mit einem einzigen Typ identisch sei, könne man anhand einer Liste von Typen-Merkmalen sowohl seinen „Haupttyp" als auch relevante Eigenschaften anderer Typen für sich herausfinden.

Diese „Viecherei" zeigt auch, daß selbst ein guter Präsentator nicht für jeden Auftraggeber und für jede Sache geeignet ist. Es ist Sache des Team-Verantwortlichen zu ermitteln, wer im Dienste des Auftrags am ehesten in der Lage ist, den Kunden zu überzeugen.

Unterschiede gibt es bei den Angaben unserer Gesprächspartner zur Anzahl der Präsentatoren. Während Meyer für KOMMUNIKATION von drei Präsentatoren (zwei Geschäftsführer und der zuständige Gruppenleiter) spricht, empfiehlt Rolke zwei Präsentatoren. Diese könnten mit Rollenaufteilung präsentieren, was sich besonders bei Krisensituationen in Form von „good boy" und „bad boy" anbiete, um das Verständnisprinzip und die harte Realität gegenüber zu stellen.

Die Wahl des Präsentators muß unter psychologischen Gesichtspunkten stattfinden. Die Präsentatoren-Typologie von Willing und Maubach kann hier bei der Findung des für den jeweiligen Fall passenden Mix von Präsentatoren hilfreich sein.
Präsentieren sollten, von Ausnahmen abgesehen, nicht mehr als drei Personen.

Die Ausführlichkeit der Präsentation

Jaenecke („Das hab ich bei McCann gelernt!") spricht sich für eine Präsentation mit exakt getimtem Diavortrag aus, um „Gelabere" zu vermeiden, und um so zu verhindern, daß nichts gesagt wird, was unüberlegt ist.

Die AFK rät, die Präsentation maximal 40 Minuten dauern zu lassen. Motamedi hält sogar 20 Minuten für ausreichend, um die Konzentrationsfähigkeit des Publikums nicht überzustrapazieren.[134] Dies ist im Falle mehrerer Wettbewerber in der Konkurrenzpräsentation gut nachvollziehbar. Meyer gibt die Faustregel: 45 Minuten für die Präsentation, davon 15 Minuten Analyse, 5 Minuten Strategie und 25 Minuten Maßnahmen. Im Anschluß sollte man, seiner Meinung nach, noch 15 Minuten für Fragen und Antworten einplanen.

Für eine relativ kurze Abhandlung der Strategie in der Präsentation spricht sich auch Rolke aus. Er sagt, man müsse den Kunden nicht am komplexen Gedankengang der Strategie teilnehmen lassen, sondern kurz die wichtigsten Gedanken darstellen. Die Strategie sollte allerdings vollständig erarbeitet sein. Die AFK bestätigt: der nicht PR-kundige Klient sei vor allem an den (selbstverständlich strategiegerechten!) Maßnahmen interessiert.

Wie ausführlich präsentiert wird, hängt von der jeweiligen Situation ab. Die AFK rät, keine langen Einleitungen zu präsentieren – erst recht nicht bei Zeitdruck.

Präsentationen brauchen Struktur, gerade bei dem umfangreichen Teil, der Taktik. Die AFK systematisiert drei Möglichkeiten, wie die Maßnahmenplanung präsentiert werden kann:

1. **Lexikalische Präsentation:** Hierbei erläutert der Präsentator sämtliche geplanten Maßnahmen. Der Vorteil: alle Überlegungen werden dargestellt und nichts geht verloren. Das ist aber oft so viel, daß es der Zuhörer weder nachvollziehen noch behalten kann – erst recht, wenn mehrere Wettbewerber präsentieren.

2. **Punktuelle Präsentation:** Der Präsentator greift eine oder zwei strategisch wichtige Maßnahmen heraus und erläutert sie. Dies wirkt meist sehr überzeugend, weil der Präsentator seine Kompetenz und das Detailgeschehen durch genaue Erläuterungen beweisen kann. Das Risiko dieser Methode: wenn das Präsentierte in den Augen des Kunden der „falsche" Schwerpunkt ist.

134 Siehe Motamedi, 1993, S. 13.

3. **Exemplarische Präsentation:** Mit dieser Methode wählt der Präsentator jene Maßnahmenbeispiele aus, die den Prozeß der Veränderung auf den Meinungsmärkten deutlich markieren. Vorteilhaft ist dabei, daß alles Wichtige erläutert wird, weniger Wichtiges kann mit einem mündlichen Verweis auf das Booklet entfallen. Nachteile hat dieses Verfahren nicht ... vorausgesetzt, die Auswahl der mündlich erläuterten Maßnahmen zeigt deutlich den Erfolgsweg.

Je nach eigenem Stil, Kundenwünschen und Situation wird der Präsentator oder werden die Präsentatoren sich für eine dieser drei Möglichkeiten der Maßnahmenpräsentation entscheiden.

Eine gute Präsentation sollte selbst bei einem „großen" Konzept nicht länger als 40 bis 45 Minuten dauern – bei Präsentationswettbewerben auch deutlich kürzer. Der Schwerpunkt wird meistens, entsprechend den Kundenerwartungen, auf der Maßnahmenplanung liegen. Für die Präsentation der Taktik gibt es drei Möglichkeiten:

1. lexikalisch, wobei alle Maßnahmen präsentiert werden;
2. punktuell, wobei eine oder zwei zentrale Maßnahmen, z.B. Events, herauszugreifen und detailliert zu schildern sind;
3. exemplarisch, wobei jene Maßnahmen beispielhaft darzustellen sind, die den geplanten Veränderungsprozeß auf den Meinungsmärkten markieren.

Präsentationstechnik

Auf die Frage, mit welcher Technik präsentiert werden sollte, haben die Autoren unterschiedliche Antworten bekommen. Es entscheiden persönlicher Stil, Gewohnheiten und vorhandene Instrumente über den Weg der Präsentation. Trotzdem darf der Präsentator nicht vergessen, daß die Visualisierung der Präsentation dem Publikum als Orientierungshilfe dient.

Mögliche technische Hilfsmittel zur Visualisierung sind:

1. **Overhead-Projektor:** Der Text der Folien muß mit dem Gesprochenen übereinstimmen, das heißt auch, daß die Folien parallel zum Sprecher gewechselt werden müssen. Der Overhead-Projektor bietet Visualisie-

rungsmöglichkeiten mit eigenen DTP-Umsetzungen (Meyer). Der „OHP" scheint die meistgenutzte Technik bei den PR-Profis zu sein.

2. **Dia-Projektion:** Optimal werden Dias genutzt, wenn zwei Projektoren (einer mit Bild, einer mit Text) parallel geschaltet sind (Ahrens, Jaenecke). Die Gefahr bei der Nutzung von Dias ist jedoch, daß sie die Aufmerksamkeit des Publikums vom Präsentator ablenken. Außerdem verlockt die notwendige Verdunkelung zum Abschalten oder gar zum Einschlafen.

3. **Pinwand:** Mit der Pinwandtechnik hat der Präsentator die Möglichkeit, Schrittfolgen und Zusammenhänge aufzuzeigen. Der Nachteil besteht darin, daß der Präsentator zwangsläufig zu oft dem Publikum den Rücken zuwenden muß. Die Pinwand ist weit eher ein Arbeits- als ein Präsentationsinstrument.

4. **Flipchart:** Das Flipchart hat die gleichen Vorzüge und Nachteile wie die Pinwand. Zusätzlicher Nachteil ist, daß es weniger Platz bietet als die Pinwand.

5. **Computer:** Mittlerweile ermöglicht es die Computertechnik auch, mittels Display vom PC oder Laptop aus auf die Leinwand zu präsentieren. Nachteile sind der relativ hohe technische und finanzielle Aufwand für dieses Präsentationsmedium. Vorteil ist die hohe Flexibilität, um auch in letzter Minute noch Änderungen oder Korrekturen einzufügen und in bewegten Bildern präsentieren zu können. Vor allem bedarf diese Form der Präsentation aber der Übung. Nichts ist peinlicher, als mit High-Tech ausgerüstet im Dateien- und Foliendschungel stecken zu bleiben – oder gar abzustürzen.

6. **Hilfsmittel**, wie z.B. der Zeigestab: Der Zeigestab, richtig angewendet, ermöglicht es, sich auf Charts zu orientieren oder wichtige Dinge hervorzuheben. Aber Vorsicht: Der Zeigestab überträgt und verstärkt Nervosität und zitternde Hände des lampenfiebrigen Präsentators. Außerdem birgt er die Gefahr, ihn so unkontrolliert zu nutzen, daß er als „Waffe" gegen sich oder das Publikum wirkt.

Für die technischen Hilfsmittel gilt das gleiche wie für alle Elemente der Präsentation. Gut abgewogen und abgestimmt auf den Fall, den Kunden und die Situation helfen sie, eine stimmige, maßgerechte und erfolgreiche Präsentation durchzuführen.

Wer mehr über die Präsentationstechnik wissen will (bis hin zu den richtigen Filzstiften und zu vielem mehr), der möge außer bei Willing/Maubach und bei Motamedi bitte bei Emil Hierhold[135] nachlesen ...

Beurteilung von Präsentationsergebnissen

Wer das Thema Konzeptionstechnik ernst nimmt, weil ihm die optimale Lösung seiner Kommunikationsprobleme wichtig ist, und weil er sein gutes Geld nicht in falsche Kanäle lenken will, der ist darauf angewiesen, nach den Wettbewerbspräsentationen, die „richtige" Entscheidung zu treffen. Den Rat, auch die Booklets sorgfältig zu vergleichen und auf Schlüssigkeit zu prüfen, haben die Autoren schon niedergeschrieben.

Aber gehört nicht mehr dazu?

Sicher. Dies ist dann kein Problem, wenn ein sehr erfahrener PR-Profi auf der Auftraggeberseite sitzt, der Strategie- und Maßnahmenwirkungen der Konzepte zu beurteilen vermag. Aber manches Unternehmen – und nicht nur Mittelständler, die ihre ersten PR-Schritte tun – verfügen über niemanden, der das entsprechende Knowhow in zureichendem Maße hat. Wie in solchen Fällen verfahren?

Es gibt Fälle, aber nach Wissen der Autoren nicht sehr viele, wo solche Unternehmen sich einen gestandenen PR-Berater (männlich oder weiblich), der selbst *nicht* am Wettbewerb beteiligt ist, als Unterstützung dazuholen. Der wird dann nach den Präsentationen die nötigen Fachfragen stellen, der wird die Analyse der Booklets vornehmen und bei der Agenturentscheidung hilfreichen Rat geben können. Eine gute Lösung.

Das kann übrigens noch deutlich weitergehen, wie das Beispiel der AIDS-Kampagne der Bundesregierung zeigt. Der Auftraggeber, die Bundeszentrale für gesundheitliche Aufklärung, erarbeitete mit einem externen PR-Profi das Basiskonzept, das dann Grundlage der Agenturausschreibung wurde. Selten haben Agenturen von einem Auftraggeber ohne komplettes PR-Knowhow ein so detailliertes Briefing bekommen wie die vier Agenturen, die bei dieser Wettbewerbspräsentation beteiligt waren.

135 Emil Hierhold: Sicher präsentieren – wirksamer vortragen, 2. Aufl., Wien 1992.

In diesem Fall hat der externe Berater die Agenturen vorgeschlagen, die zur Teilnahme am Wettbewerb eingeladen werden sollten. Der Externe saß bei den Präsentationen auf der Klientenseite. Seine Ratschläge über die Bewertung der Konzeptionen flossen in die Agenturentscheidung ein und in die Weiterentwicklung des Konzepts. Alle Beteiligten wissen, daß ohne diesen Profi-Rat die tragende Maßnahme der Kampagne, die dialogintensiven „Gesprächspartner", nicht stattgefunden hätte.

Man sieht: es gibt Wege, um Agenturauswahl zu professionalisieren. Zusätzliche Überlegungen schildert der nächste Abschnitt.

Wenn auf Kundenseite PR-Leute mit entsprechendem fachlichen Urteilsvermögen und Erfahrung sitzen, ist die Beurteilung von Präsentationen meist keine große Hürde. Wenn aber weder ausreichendes PR-Knowhow noch -Erfahrung beim Auftraggeber vorliegen, kann es sehr hilfreich sein, einen externen PR- und Konzeptioner-Profi für die Beurteilung der Konzeptionen und deren Präsentation heranzuziehen. Und warum nicht auch zur Agentur-Vorauswahl und zum Profi-Briefing durch ein Basiskonzept dieser externen Fachkraft?

Sind Wettbewerbspräsentationen der beste Weg?

Wir haben absichtsvoll, wenn auch zurückhaltend, geschrieben, daß manche Präsentationsveranstaltungen leicht Richtung Show tendieren. Das ist für jeden, der lesen kann, ein Warnzeichen und wir haben auch darauf hingewiesen, wie nützlich es ist, die schriftliche Dokumentation der Konzepte nach den Wettbewerbspräsentationen sorgfältig zu vergleichen.

Auftraggeber wie Agenturen stöhnen zu Recht gelegentlich über das Präsentationsgeschehen. Aber wie soll man sonst unterschiedliche Agenturen und Berater auf ihr konzeptionelles Vermögen hin testen? Anders gefragt, wie es hier im Zwischentitel steht: „Sind Wettbewerbspräsentationen der beste Weg?"

Wir denken, es gibt andere Wege, die vernünftig sind und sogar zu besseren Ergebnissen führen. Klaus Dörrbecker hat – mit deutlich positivem

Echo von mehreren PR-Profis – dazu einmal einen Kommentar im Informationsdienst *PR Report* geschrieben.[136] Wir übernehmen ihn im Auszug:

Wider den Präsentationszirkus

Jahr für Jahr das gleiche Lied. Da gibt es mehr oder weniger professionelle Briefings und drei, vier oder gar fünf Agenturen tanzen an und präsentieren im Wettbewerb. Wettbewerb ist gut, aber – man sehe es mir nach – Wettbewerbspräsentationen sind schlecht.

Warum?

Ich bin auf Widerspruch gefaßt, aber ich schreibe es trotzdem: Entscheidend bei Präsentationswettbewerben ist oft nicht die sachlich-fachliche Brillanz des Konzeptes, sondern die „Verkaufe". Sprich: Zwar sind Konzeptionsentwicklungen ein höchst denkintensives professionelles Geschäft; Präsentationen gehören jedoch in die Schublade „Überzeugungstechniken". Wer am brillantesten präsentiert, ist dann oft der Sieger ... es muß nicht derselbe sein, der die fachkundigste konzeptionelle Planungsleistung erbracht hat.

Je weniger PR-professionell der potentielle Auftraggeber ist, um so eher ist er in der Gefahr, vom Glaubwürdigkeitseindruck des Präsentierers und von dessen Überzeugungskraft in seinen Wettbewerbsentscheidungen beeinflußt zu sein – nicht unbedingt von der Qualität des Konzepts. Und schon gar nicht von der zu diesem Zeitpunkt noch nicht zu ahnenden Umsetzungsqualität.

Was aber soll ein Auftraggeber tun?
.....

- Erster Schritt: Vorauswahl unter einer größeren Agenturenzahl nach Auswertung eines profispezifischen Fragebogens.
- Zweiter Schritt: Selbstdarstellung der in die engere Wahl gekommenen Agenturen ohne Wettbewerbspräsentation; einschließlich ver-

136 PR Report, Der wöchentliche Informationsdienst für Führungskräfte, Ausgabe 1298 vom 1.8.1991, S. 1 – 2.

bindlicher Festlegung und Vorstellung der für das PR-Projekt zuständigen Agenturberater.

- Dritter Schritt: zwei oder drei so ausgewählte Agenturen erhalten einen realen Probeauftrag, anhand dessen sich – von der persönlichen „Chemie" über die Konzeption bis zur Umsetzung – die Agenturen testen lassen.
- Letzter Schritt: die so ausgewählte Agentur erhält den Auftrag ... ganz ohne Präsentationszirkus.

Wohl wahr: das kostet Zeit und damit auch Geld, aber so kann man sicherer sein, erfolgreich mit seiner Agentur zusammenzuarbeiten.

Und noch ein Vorschlag, der wie alle eben genannten erprobt ist: Entwickeln Sie das Konzept gemeinsam mit Ihrer ausgewählten Agentur in einem Projektteam, in dem sowohl die Agenturmitarbeiter, als auch Delegierte des Auftraggebers zusammenarbeiten. Gute Unternehmensberatungen verfahren so seit Jahr und Tag. Dies kann der Konzeptionsqualität nur nutzen ...

Ende jenes Kommentarauszugs.

Zusammenfassung:

Die beste Konzeption nützt nicht, wenn man sie nicht wirkungsvoll und überzeugend präsentiert. Folgende zehn Schritte gehören dazu:

1. sorgfältig vorbereiten auf die Personen, vor denen man präsentiert;
2. frühzeitig klare Präsentationsziele formulieren;
3. den psychologisch „richtigen" Präsentator auswählen, der überzeugt hinter dem Konzept stehen muß und deshalb auch überzeugend zu wirken vermag;
4. rechtzeitig erkennen, welche Schwerpunkte nach Erwartungen und Psychogramm des Auftraggebers gesetzt werden müssen;
5. darauf aufbauend Reihenfolge der Präsentationsteile festlegen;
6. nicht durch unzumutbare Präsentationslänge den Auftraggeber überfordern;
7. sich technisch sauber vorbereiten;
8. im Probelauf den stimmigen Ablauf sichern;
9. mit allen Stärken der eigenen Person überzeugend seiner Aufgabe gerecht werden;
10. stringent auf die vorformulierten Präsentationsziele hinarbeiten und sie nie aus dem Auge verlieren.

Präsentationen sind notwendig, um die Ergebnisse der eigenen Konzeptionerarbeit den internen oder externen Klienten und oft auch direkt den Entscheidern nahezubringen und sie von der Richtigkeit der empfohlenen Vorgehensweise zu überzeugen. Wettbewerbspräsentationen sind allerdings nicht immer erforderlich und empfehlenswert. Mancher Auftraggeber wäre in seinem eigenen Interesse gut beraten, mehrere Agenturen in projektbezogener Zusammenarbeit zu erproben, um nach diesen Erfahrungen kompetenter und sachbezogener die für ihn „richtige" Agentur auszuwählen.

16. Das Booklet – Wie wir schriftlich unser Konzept dokumentieren

Der Kunde hatte zum ersten Mal zu einer Agenturpräsentation geladen. Linda Clausewitz hatte als erste präsentiert – wie stets kompetent, überzeugend und charmant. Wie bei Clausewitzens üblich, hatte sie die Maßnahmen exemplarisch vorgestellt, „... das waren die wichtigsten Maßnahmen; mit ihnen haben wir gezeigt, wie wir die entscheidenden Veränderungen auf Ihren Meinungsmärkten bewirken werden!" Und dann die beiden Schlußsätze: „Diese Vorschläge führen Sie sicher auf den Erfolgsweg. Für Ihre Fragen stehe ich jetzt gerne zu Ihrer Verfügung. Dankeschön!"

Kaum hatte sie geendet, gab es vom Marketingchef und vom Finanzdirektor des Kunden zwei rasche Fragen. Der eine: „Sie sprachen von den ‚wichtigsten' Maßnahmen. Wann erfahren wir die übrigen?" – Der andere: „Und was soll das alles kosten?" Dann, noch ehe Linda antworten konnte, leicht seufzend der Personalchef des Klienten: „Und das war erst die erste von drei Präsentationen. Wie soll ich mir das alles merken, bis wir entscheiden können ... ?"

Lindas Assi, Martin Schultz, klappte den Aktenkoffer auf. Linda: „Dazu haben wir Ihnen ein ausführliches Booklet mitgebracht. Es enthält nicht nur das, was ich Ihnen präsentiert habe, einschließlich der ausführlichen Schilderung der wichtigsten Maßnahmen, sondern auch alle flankierenden Instrumente." Lächelnd nach kurzer Pause: „Und selbstverständlich finden Sie eine detaillierte genau kalkulierte Aufgliederung des Etats – übrigens innerhalb des vorgegebenen Rahmens. Stimmen Sie unserem Konzept zu, so halten wir uns drei Monate lang an die dort genannten Zahlen gebunden!" Schmunzelnd verteilte Assistent Martin Schultz die Booklets ...

Wir klären, wozu ein Booklet taugt, was es enthalten soll, was zur Gestaltung zu sagen ist und, zuerst, warum es nicht nur die Schriftfassung der mündlichen Präsentation darstellt. Und: wir behandeln die wichtige Etatfrage:

Zur Funktion des Booklets

Die Konzeptionslehre vermittelt die notwendige *Arbeitsmethodik* zur Konzeptionsentwicklung. Die Präsentation des Konzepts gehört zu den *Überzeugungstechniken*. Wir haben beides besprochen. Das Booklet jedoch, das Handout, die Konzeptionsschrift, das Exposé (wie das Papier auch immer genannt wird) dient der *Dokumentation* der Konzeptionerarbeit, ihrer Vorgaben und ihrer Ergebnisse.

Nach der Wettbewerbspräsentation ist die Entscheidung für eine Agentur und damit für ein bestimmtes Konzept nicht immer einfach. Kluge Klienten vergleichen deshalb die Konzepte sehr sorgfältig. Unabhängig vom unmittelbaren Eindruck der Präsentation dient dazu auch das Booklet. Es dokumentiert noch einmal Gedankengänge und Problemlösungen mit allen Details. Eine wichtige Entscheidungshilfe.

Darüber hinaus hat das Booklet eine weitere Funktion. Es muß auch für einen bei der Präsentation nicht anwesenden End-Entscheider nachvollziehbar und anschaulich die konzeptionelle Arbeit und den vorgeschlagenen Lösungsweg erläutern. In diesem Fall ist es neben der Präsentation ein weiteres „Verkaufsinstrument" auf anderer Ebene.

Kocks nennt das Booklet sogar eine „Verkaufsbroschüre", die ihm als unternehmensinternem PR-Mann die Überzeugungsarbeit im eigenen Haus erleichtern soll. Bei einer Agenturkooperation ist die Agentur dann Bündnispartner beim „Verkauf" des Konzepts.

Das Booklet dokumentiert die konzeptionelle Arbeit und ihre Ergebnisse; es bietet zusätzliche Entscheidungshilfe für den Auftraggeber.

Wie sieht eine gute Gliederung aus und was steht im Booklet?

Die Bezeichnung der schriftlichen Dokumentation richtet sich nach der Gewohnheit des Konzeptioners oder nach dem Kundenwunsch. Ob man sie also Booklet oder anders nennt, ist keine ideologische, sondern eine Frage der jeweiligen Umgangssprache.

In den meisten Fällen – so unsere Gesprächspartner – deckt sich die Gliederung des Booklets mit der schrittweisen Vorgehensweise des Konzeptionsprozesses. Diese Gliederung bestätigen das Ausbildungsinstitut DIPR sowie die Agenturleute Ahrens, Andresen, Kohrs, Meyer, Richter und Togotzes. Der Vorteil einer solchen Gliederung sei die Offenlegung aller Schritte (Richter). Außerdem lasse sie den deduktiven Weg der Konzeptionsentwicklung für den Kunden erkennbar werden (Ahrens).

Abgesehen von der inhaltlichen Gliederung empfiehlt Togotzes einen Vorspann, in dem sich die Agentur kurz vorstellt und die Ansprechpartner für den Kunden mit Namen und Funktion schriftlich festhält.

Die AFK nennt für das Booklet einer großen Konzeption in einem ihrer Seminarpapiere folgende Gliederung:[137]

a) Titelblatt

b) Dank aussprechen und ggf. Informationsquellen nennen (ausführliches Material folgt bei der Pos. Anlagen!)

c) Konzeptioner-Team nennen: wer an der Ausarbeitung beteiligt war, wer Ansprechpartner ist und wer für die Umsetzung verantwortlich sein wird

d) Verantwortliche Analyse

e) Wichtigste Ziele

f) Zielgruppen/Dialoggruppen

g) Wichtigste Maßnahmenbündel (Strategische Umsetzung/Kräfteeinsatz)

h) Kommunikationsinhalte/Botschaften, Positionierung

i) Maßnahmen (pro Seite eine wichtige Maßnahme ausführlich schildern: Bezeichnung, Zweck, Ablauf, Zuständigkeit, Kosten)

j) Zeitachse zum Ausklappen

k) Kosten/Etataufgliederung

l) Anlagen (z.B. Meinungs- und Marktforschungs-Untersuchungen, Textbeispiele, Gestaltungsvorschläge)

m) Copyright-Vermerk.

137 AFK-Arbeitspapier (Seminarunterlage) Nr. PR/0070.

Die Gliederung eines Booklets entspricht den Entwicklungsschritten des Konzeptionsprozesses – ggf. ohne die für die Erarbeitung notwendigen Zwischenstufen.
Darüber hinaus enthält das Booklet drei Ergänzungen:

1. Vorspann mit Angabe der beteiligten Mitarbeiter und Partner für die Realisation sowie ggf. Kurzvorstellung der Agentur.

2. Kalkulation der veranschlagten Kosten für die Umsetzung der Konzeption (siehe auch ab S. 166).

3. Anlagen oder Ergänzungsband u.a. mit jenen Daten, die für das Verständnis der Analyse wichtig sind usw.

Gestaltung

Für die Gestaltung eines Booklets gibt es keine allgemeingültigen Regeln, jedoch Empfehlungen von Praktikern, die natürlich aus ihrer speziellen Erfahrung mit Kunden resultieren. Deshalb gab es für dieses Kapitel durchaus unterschiedliche Anregungen aus unseren Profi-Gesprächen, die wir hier zusammentragen wollen.

Abgesehen von Togotzes' Vorschlag, die Agentur kurz im Vorspann des Booklets darzustellen, sollte das Deckblatt Agentur und Kunde nennen.

Für den Umfang des Booklets empfiehlt Ahrens 60 Seiten, Meyer 50 bis 70 Seiten. Richter hingegen richtet sich im Umfang des Booklets nach Kundenwünschen. Die AFK zeigt an realen Beispielen, daß je nach Schwierigkeit der Aufgabe, nach Zielgruppen- wie Maßnahmenzahl und nach Dauer der Kampagne und damit nach Umfang der Konzeption das Booklet durchaus zwischen dreißig und deutlich über einhundert Seiten variieren kann.

Auf jeden Fall aber gibt das Booklet meist einen wichtigen optischen Eindruck, den ein potentieller Kunde von der Agentur gewinnt. Deshalb sei seine einwandfreie Qualität in Bezug auf Rechtschreibung, ordentliche Bindung und Sauberkeit besonders wichtig (Meyer).

Das Booklet sollte lesefreundlich und bildhaft gestaltet sein (Ahrens). Auch IPR&O spricht sich für die Belebung des Textes durch grafische Darstellungen und Illustrationselemente aus.[138] Meyer fordert hier speziell eine gute visuelle Umsetzung der Zahlen aus der Analyse.

Unter Umständen mag es sinnvoll sein, die Charts der Präsentation in das entsprechende Kapitel des Booklets einzubauen.

Zur Formulierung – speziell der Analyse – gibt es unterschiedliche Auffassungen. Während Richter vorschlägt, hier teilweise stichwortartig mit Ergänzungen zum „market environment“, sowie Außen- und Innensicht der jeweiligen Organisation zu formulieren, empfiehlt IPR&O, das Booklet grundsätzlich in ausformulierter Form zu verfassen. Die Formulierungen im Booklet, so IPR&O, sollten prägnant und präzise sein. Konjunktive oder Passivkonstruktionen ziehen umständliche Satzkonstruktionen nach sich und wirken nicht überzeugend.

Schriftliche Ergänzungen zum Booklet

Wenn für eine Konzeption umfangreiche Recherchen oder zusätzliche Marktanalysen notwendig geworden sind, werden die wesentlichen Erkenntnisse in die Analyse einfließen. Um dem Kunden aber alle Ergebnisse zugänglich zu machen, ohne den Lesefluß des Booklets damit zu belasten, werden diese in einem gesonderten Berichtsband dokumentiert und dem Kunden ausgehändigt (Togotzes).

Ausführliche Daten, die z.B. zur Beurteilung der Analyse wichtig sind oder Auszüge aus z.B. telefonischen Journalistenfragen, die aber keinen gesonderten Band rechtfertigen, werden bei der AFK im Teil „Anlagen“ dokumentiert. Eventuell gibt es dort auch Textbeispiele, die exemplarisch zeigen sollen, wie bestimmte Dialogpartner anzusprechen sind.

Eine besondere Ergänzung zum üblichen Booklet hat sich infoplan einfallen lassen.[139] Bei der Präsentation eines Konzeptes für Verbände mit verschiedenen Mitgliedsunternehmen stellte sich das Problem, daß unterschiedliche Entscheider des Verbandes – nämlich die Delegierten verschiedener Unternehmen in einem zuständigen Ausschuß – nur an

138 Siehe Kap. 19.12, S. 296.

139 Siehe Kap. 19.14, S. 305.

einem bestimmten Termin zur Präsentation zusammenkommen und an diesem Tag die Entscheidung für ein Konzept fallen muß. Da die gründliche zusätzliche Lektüre eines umfangreichen Booklets an diesem Tag kaum möglich ist, erhalten die Anwesenden ein zweiseitiges gestaltetes und gedrucktes Handout mit einer Kurzfassung der Maßnahmenplanung als Entscheidungshilfe. Ein Musterbeispiel dafür finden Sie im Kapitel 19.11. Das gründliche Booklet mit allen Einzelschritten von Analyse, Strategie und Taktik bekommt der Kunde später als Hintergrundinformation.

So individuell die Gestaltungslinie eines jeden Booklets aussehen mag, so gilt es jedoch, folgende allgemeingültige Regeln zu berücksichtigen:

1. Vollständigkeit: die Konzeption muß für alle Entscheider nachvollziehbar dokumentiert sein.

2. Lesefreundlichkeit: wer verstanden werden will, muß verständlich sein.

3. Sauberkeit: das Booklet steht für den optischen Eindruck der Agentur.

Die Kostenkalkulation der Kampagne

Last but not least ist das Budget oder der Kostenplan wichtiger Teil des Booklets. *Spätestens jetzt* muß über Geld geredet werden. Hier werden die Kosten der gesamten Kampagne, nachvollziehbar für den Kunden, veranschlagt. Dies ist die Planungsbasis für die Kooperation zwischen Kunde und Agentur (Leipziger & Partner).

Für die Kostenermittlung einer PR-Kampagne oder auch nur einer Aktion, eines Events, einer Veranstaltung gibt es unterschiedliche Voraussetzungen:

Es gibt Fälle, in denen die Etathöhe von Anfang an feststeht und verbindlicher Teil des Briefings ist. Sie gibt die Handlungsbreite vor und begrenzt sie gleichzeitig. Der Konzeptioner ist gehalten, sie als unverrückbare Vorgabe anzusehen. Diese Regelung gilt auch meistens für Auftraggeber der öffentlichen Hand. In der Zusammenarbeit mit diesen haushalts- und damit rechnungshofgebundenen Kunden gibt es zwei „Grenzsteine", was die Kostenregelung angeht:

- Die Kosten einer Kampagne (und damit auch Konzeptionshonorare) müssen innerhalb des Haushalts-Ansatzes des jeweiligen Jahres bleiben.
- Festlegungen auf das Folgejahr (z.B. bei mittel- und langfristigen Kampagnen) sind nur in Ausnahmefällen möglich (durch eine Verpflichtungsermächtigung).

Im übrigen kann man die Ausschreibungsregelungen für öffentliche Haushalte in der Verdingungsordnung für Leistungen nachlesen. Deren Teil B ist mit all seinen Vorgaben oft verbindlicher Bestandteil des Auftrags. Aus diesen genannten Gründen ist es verständlich, wenn Quandt sagt, daß die Agentur erst einen *verbindlichen* Maßnahmen-, Kosten- und Zeitplan vorlegen muß, bevor es zur Auftragsvergabe kommen kann.

Das Gegenstück dazu sieht folgendermaßen aus: Ein Auftraggeber will ein bestimmtes Problempaket gelöst haben und erwartet von seiner Agentur oder PR-Abteilung, daß sie unter selbstverständlicher Berücksichtigung eines vernünftigen Preis-Leistungsverhältnisses exakt vorschlägt, wie diese Aufgabe zu bewältigen ist, und was diese Lösung kosten muß.

Dazwischen liegen die Fälle, in denen Agenturen bzw. PR-Abteilungen einen realistischen (aber nicht zu engen) finanziellen Rahmen aushandeln oder zu ermitteln versuchen, in dem sich die Etathöhe bewegen kann.

Auch hier ist Maßarbeit gefordert – unser Schlüsselbegriff für viele Schritte des Konzeptionierens. Man kann einem Mittelständler kein Zweimillionen-Paket verkaufen, und kein Profi kommt auf die Idee, langwierige Imageveränderungen mit drei oder fünf „billigen" Aktionen zu erreichen.

Auch der Präzisionsgrad des Zahlenwerkes wird unterschiedlich sein:

In einem Kurzkonzept oder Exposé mag eine grobe Kostenschätzung ausreichen. In anderen Fällen ist nur die detaillierte Aufschlüsselung aller präzise kalkulierten Posten der Gesamtkampagne richtig. In diesem Fall sind die Konzeptioner natürlich auch ihrer Kalkulation innerhalb bestimmter Fristen verpflichtet.

Im ersteren Fall ist der Etat-Kalkulator[140] eine angemessene Hilfe. Im Extremfall der zweiten Situation kann eine präzise Kostenermittlung bis zur Einholung von jeweils mehreren Wettbewerbsangeboten bei Druckereien, Catering-Services und sonstigen benötigten Dienstleistern gehen.

In jedem Fall ist es notwendig, sich mit dem Auftraggeber *vor* Beginn der Konzeptionsarbeit zu verständigen, welcher Weg bei der Kostenermittlung zu gehen sei. Die Budgetmöglichkeiten muß der Konzeptioner bei seiner gesamten Arbeit vor Augen haben und berücksichtigen.

Manchmal stellt sich erst *während* des Konzeptionsprozesses heraus, daß die vorgesehene Etathöhe zur Problemlösung nicht ausreicht. Wie ist dann zu verfahren?

Die Faustregel für diesen Fall heißt: Der Konzeptioner muß diese Situation so früh wie möglich mit dem Auftraggeber klären. Wann immer man bereits in der analytischen Phase vor oder bei dem Schritt, den die AFK „Spezifische Aufgabenstellung" nennt, dies feststellt, ist das offene Gespräch mit dem Auftraggeber zu suchen. Stellt sich erst in einer späteren Phase heraus, daß das Budget nicht ausreichen wird, hat der Konzeptioner immer noch mehrere Möglichkeiten:

Einmal: Er „hängt die Ziele tiefer" und formuliert nicht so anspruchsvoll, wie es eigentlich sinnvoll wäre; er kann auch deshalb mit einem reduzierten Maßnahmenpaket sparsamer agieren, ohne daß das Preis-Leistungsverhältnis aus dem Ruder läuft.

Oder: Der Konzeptioner plant entsprechend seiner Problemlösungsverantwortung, präsentiert sein Konzept auch im entsprechenden Umfang, und sagt erst dann, daß diese wünschenswerten Ziele – wie präsentiert – ein umfangreicheres Maßnahmenpaket erfordern werden, als die Etatmöglichkeiten es eigentlich erlauben. Dann muß der Auftraggeber (zweckmäßigerweise im Arbeitsgespräch mit seinen Konzeptionern) entscheiden, ob z.B.

- die Kampagne zeitlich zu strecken ist, um mit niedrigeren Jahresetats trotzdem die Ziele zu erreichen.

---

140 Etat-Kalkulator 19.., Aktuelle Daten, Fakten, Preise für die tägliche Marketing-, Kommunikations- und Werbepraxis, Freiburg/Breisgau: creativ collection Verlagsgesellschaft (wird zweimal jährlich aktualisiert).

- mehrere wünschbare Dialoggruppen vorerst aus dem Konzept auszuklammern sind, was die für diese Dialoggruppen vorgesehenen Maßnahmen erspart.
- die im Konzept genannten Ziele zu reduzieren sind.

Tödlich für ein stimmiges Profi-Konzept ist es, aus einem sorgfältig konzipierten Gesamtgebäude wichtige Steine (Maßnahmenpakete) herauszubrechen. Wenn es tragende Steine sind, bricht das Gesamtgebäude zusammen.

Hier sei noch einmal auf die Wirkungsmatrix von Hill and Knowlton hingewiesen, die in einem solchen Fall die Entscheidung für Kunde und Konzeptioner erleichtern kann, wenn Maßnahmen gestrichen werden müssen[141], ohne die Wirksamkeit des Konzepts zu gefährden.

Wie das Leben so spielt, menschelt es natürlich auch gelegentlich zwischen Auftraggeber und Konzeptioner. Es gibt nun einmal Leute auf der Auftraggeberseite, die erst dann glücklich sind, wenn sie aus einem Maßnahmenkatalog etwas streichen können. Einer unserer Gesprächspartner hat mit einem Lächeln für einen solchen Fall den Vorschlag gemacht, zwei oder drei schöne, teure (und eigentlich strategisch nicht notwendige) Maßnahmen einzuplanen, die man dann getrost streichen kann. Für solche kleinen Tricks bedarf es allerdings der Erfahrung im Umgang mit solchen Kunden ...

Die Größe der zu lösenden Probleme, Zielsetzungsanspruch, Kampagnenumfang und -dauer sowie Kostenhöhe bedingen einander. Deshalb ist auch bei der Kostenermittlung Maßarbeit gefragt.

Die Spannweite zwischen Etatvorgaben und Etatfindung, zwischen grober Kostenschätzung und detaillierter Kalkulation ermöglicht viele Varianten. Sie müssen gleichermaßen den Möglichkeiten des Auftraggebers wie der Problemlösung gerecht werden.

---

141 Siehe Kap. 9, S. 80 und Kap. 19.13, S. 303 f.

Abschließend noch eine Bemerkung zur Fertigstellung des Booklets. Wir haben bereits auf die sorgfältige Erarbeitung und die ordentliche äußere Form des Booklets hingewiesen. Dazu gehört natürlich auch, daß es abschließend noch einmal gründlich gelesen und ggf. korrigiert wird. Meyer empfiehlt für diese Schlußredaktion ein Teammitglied, den verantwortlichen Berater und – wenn vorhanden – das Qualitätsmanagement. Wer vor Versand oder Verteilung der Booklets persönlich davon überzeugt ist, daß alle Exemplare komplett und einwandfrei sind, ist vor unliebsamen Überraschungen sicher. Kontrolle gibt Sicherheit!

Zusammenfassung

Das Booklet dokumentiert die Arbeit des Konzeptioners und deren Ergebnisse. Mindestens bei der Taktik, der Maßnahmenplanung, muß es vollständig sein und *alle* Instrumente enthalten.

Die Booklets ermöglichen auch nach den Präsentationen und deren Show-Effekten den Vergleich mehrerer Konzeptionen im Agentur-Wettbewerb. Deshalb ist das Booklet wichtige Entscheidungshilfe – nutzbar auch dann, wenn der Letztentscheider bei der Präsentation nicht anwesend war.

Zentral wichtiger Bestandteil des Booklets ist die Auseinandersetzung mit Etathöhe und Kosten.

17. Konzeptionstechnik trainieren

Sie hatte es geschafft! Den berühmten Einstieg in das Berufsleben. Renate Redlich war schon ein bißchen stolz auf sich, denn es hatte unzählige Bewerbungsschreiben und viel Hartnäckigkeit gekostet, bis sie nach dem Studium und manchen Praktika in den Semesterferien endlich den ersehnten Trainee-Vertrag bei einer kleinen, noch recht jungen PR-Agentur bekommen hatte. Und vor allem stand da auch drin, daß Renate im ersten halben Jahr schon ein Seminar zum Basiswissen PR besuchen dürfte. Genau deshalb hatte sie nun eine Besprechung mit ihrem neuen Chef, einem richtig jungen dynamischen Selfmade-Mann, der, weil er selbst natürlich so ein Seminar nicht gebraucht hatte, nur zögerlich auf diese Bedingung eingegangen war. „Ja, Renate, dann kümmern Sie sich am besten selbst mal drum. Es sollte aber nicht so teuer sein und ja nicht mehr als zwei, drei Tage dauern, am besten ein Wochenende oder so." Nein, so hatte Renate Redlich sich das nicht vorgestellt. Wie sollte sie denn in zwei Tagen auch nur annähernd einen Einblick in das Handwerkszeug der PR gewinnen, geschweige denn erlernen und einüben? In der Agentur hatte man sie bisher schließlich nur als „Mädchen für alles" eingesetzt. Da kam wohl noch einiges an zähen Verhandlungen mit dem Chef auf sie zu ...

Lassen Sie uns – um beim Thema dieses Buches zu bleiben und alle anderen PR-Lernstoffe einmal auszublenden – klären, wie und wo Konzeptionstechnik am besten zu erlernen ist.

Trainingsmöglichkeiten

Wer außerhalb der Universitäten und Fachhochschulen ein PR-Seminar besuchen will, um mit dem Basishandwerkszeug auch Konzeptionerwissen zu erwerben, sollte sich erst darüber klar werden: Wer meint, mit einem theoretischen Überblick sei er ausreichend versorgt, dem genügt sicher ein kluger Vortrag oder gar eine Lektüre. Falls jedoch der angehende PR-Profi begriffen hat, daß er es *können* muß, Konzeptionen zu entwickeln, dann geht es um übungsstarkes Training. Bei der Recherche, welcher Veranstalter und welches Seminar denn zu buchen sei, sind folgende Fragen zu stellen:

- Werden Konzeptionslehre, also die Methodik, und Konzeptionspraxis gründlich und anschaulich vermittelt?
- Wieviel Zeit wird dem Thema Konzeption insgesamt eingeräumt?
- Wieviel Zeit steht im Seminar für das *Einüben* von Konzeptionstechnik, also für die Praxis, zur Verfügung?

Das heißt im einzelnen:

- Wird Konzeptionspraxis in Fallstudien eingeübt, und wenn ja, wieviele Fallstudien werden erarbeitet?
- Werden auch Präsentationen geübt und besprochen?
- Wie wird der Lernprozeß methodisch von der Seminarleitung begleitet?

Kein Zweifel: es wäre nützlich, würde sich die PR-Wissenschaft gründlich und praxisrelevant mit Konzeptionslehre befassen und könnte uns PR-Leuten fundierte Hilfen geben. Aber das wichtigste Handwerkszeug der PR-Leute läßt sich nicht in theoretischen Referaten oder gar wissenschaftlichen Vorträgen verinnerlichen. Es muß eingeübt werden, damit man sicher damit umgehen kann. Der effektivste Weg des Übens ist das Training – also das Lernen im professionell gesteuerten und moderierten Prozeß.

Unter den Seminarveranstaltern haben die berufsbildenden Institute DIPR und AFK das Erlernen der Konzeptionstechnik für PR-Einsteiger systematisiert und im Laufe der Jahre modifiziert und weiter verbessert. Außerdem legen beide Institute Wert auf die Vermittlung der methodischen Grundlagen der Konzeptionslehre und deren Einübung an praxisnahen Fallstudien.

Beim DIPR heißen die zwei aufeinander aufbauenden Einsteigerseminare Grundseminare „Methodische Öffentlichkeitsarbeit G 1 und G 2", die Entsprechung heißt bei der AFK Basisseminare „B 1 – PR-Arbeitsmethodik, 1. Teil" und „B 2 – PR-Arbeitsmethodik, 2. Teil". Bei beiden Instituten bilden das Erlernen der Konzeptionstechnik vom Rang und vom zeitlichen Aufwand her einen deutlichen Schwerpunkt der PR-Ausbildung. Dabei gehört das Erarbeiten von Konzeptionen in Gruppen zum festen Bestandteil des Trainings. In Kapitel 11 haben wir bereits auf den hohen Stellenwert der Teamarbeit hingewiesen. Aber auch das muß geübt werden.

Übrigens: Schon im ersten Muster-Volontärvertrag der GPRA stand, daß die Teilnahme an den Seminaren G 1 und G 2 (DIPR) oder B 1 und B 2 (AFK) verbindlicher Bestandteil des Volontariates sein sollte.

Kriterien für gutes Fallstudientraining

Noch einmal: Konzeptionstechnik ist kein abstrakter und rein theoretischer Lernstoff. Sie muß angewendet werden, um in „Fleisch und Blut" überzugehen. Wegen der hohen Übungsintensität dauern die genannten vier Seminartypen zwischen sieben und neun Tagen.

Die Juristen verstehen unter einer Fallstudie den abstrakten und auf den juristischen Kern reduzierten Fall. Spöttische Formulierung eines Nichtjuristen: „A beißt B – was sagt der Richter und wo steht es?"

Für die Zwecke von Public Relations reicht diese Form der Fallstudie nicht aus. Komplexe gesellschaftliche Strukturen mit Besonderheiten, wie sie in der Praxis immer vorkommen, müssen sich auch in einer konstruierten Fallstudie zu Trainingszwecken wiederfinden.

Die Autoren meinen, eine Fallstudie muß folgende Elemente enthalten:

- versteckte Kerninformationen und aufgeblasene Nebensächlichkeiten,
- Wichtiges und Unwichtiges zum Umfeld des Falles,
- Faktisches und Emotionales,
- absichtliche Unvollständigkeiten,
- evaluierte Untersuchungsergebnisse und nackte unbearbeitete Tatsachen und Meinungen.

All dieses entspricht der Realität des Recherchierens in der Berufspraxis. Mit einer solchen erst einmal ungeordneten Stoffmenge zurechtzukommen, trainiert, auch im realen Fall, in den vielen Informationen, Gesprächsprotokollen, Umfrageergebnissen, Marktdaten, Chronikauszügen, Produkteigenheiten, Wettbewerberaktivitäten usw.

- sich zurechtzufinden und rasch zu lernen, Wichtiges und Unwichtiges zu unterscheiden,

- zu erkennen, wo Informationsfetzen noch gebündelt und ausgewertet, bearbeitet werden müssen,
- zu merken, wo Einzelvorgaben dafür sorgen, daß die „Rechnung nicht aufgeht“,
- zu spüren, wo zusätzlicher Nachfrage- und Informationsbedarf besteht
- und sich nicht in der Materialfülle zu verheddern.

Dies schon im Seminar zu trainieren, erspart später in der Praxis ungeheure Zeitverluste, falsche Faktengewichtung und nicht erkannte Notwendigkeiten für Zusatzrecherchen.

In einer AFK-Fallstudie z.B. sind viel zu niedrige Etathöhen angegeben, mit denen das Konzeptionerteam die Aufgabe gar nicht lösen kann. Der „Konzeptionslehrling“ muß lernen und überlegen, in welcher Phase er mit dem Auftraggeber über niedriger gehängte Ziele oder Etaterhöhungen reden muß. In der gleichen Fallstudie sind bestimmte Produktgruppen mit Namen belegt, deren Formulierung dem angestrebten Produktimage widerspricht. Hier müssen infolgedessen neue Namensvorschläge von der Gruppe unterbreitet werden. Oder: für eine Produkt-Publicity-Kampagne sind im Briefing die Marketingziele nicht genannt. Die Fallstudiengruppe muß erkennen, daß stets dann, wenn PR-Instrumente das Marketing-Konzept flankieren und unterstützen sollen, dieses Marketing-Konzept notwendigerweise beim Briefing auf den Tisch gehört. Rebriefing ist auch im Seminar angesagt.

Beim gleichen Ausbildungsinstitut sind die handelnden Personen eines Unternehmens in den Fallstudien so plastisch geschildert, daß für die übenden Gruppen klar wird, wie mit ihnen auf menschlicher Ebene umzugehen ist und wo die Schwerpunkte der Präsentationen zu liegen haben. Eine gute Fallstudie ist so realitätsnah und lebendig wie möglich.

Fallstudientraining ist das effektivste Instrument, um Konzeptionstechnik einzuüben. Eine gute Fallstudie zeichnet sich durch Realitätsnähe, Beschreibung der Situation, des Umfeldes und der handelnden Personen und durch absichtlich fehlende Informationen aus, die auch in der Praxis an der Tagesordnung sind.

Unterstützung der Gruppen im Lern- und Einübungsprozeß

Das DIPR unterstützt die Seminarteilnehmer im G 2 durch speziell erarbeitete Computerprogramme. Die jeweiligen zu erarbeitenden Konzeptionsschritte werden durch vorbereiteten Text eingeleitet und durch abrufbare Tutorentexte kommentiert. Ein gesamter Fallstudienausdruck umfaßt etwa 40 Seiten, wovon etwa drei Seiten vorgegebene Tutorentexte die Eingabe der von den Teilnehmern erarbeiteten Lösungsschritte begleiten.

Die AFK setzt in ihren Seminaren auf die ständige persönliche Betreuung der Konzeptionergruppen durch zwei Tutoren – sowohl in der Trainerrolle als auch in der Rolle des Auftraggebers, dem man Zusatzfragen zum Briefing stellen kann. Die Teilnehmer können also zu jeder Zeit sowohl Rebriefingfragen zur Fallstudie als auch Wissens- und Lernfragen zur konzeptionellen Vorgehensweise mit den Tutoren klären. Gerade in den ersten Fallstudien „knirscht" es oft in der Methodik, deshalb ist die Hilfe von außen unerläßlich.

Damit die betreuenden Kräfte oder die Computerhilfen den Lernprozeß nicht dominieren, oder durch allzu starke Intervention die Führung übernehmen, bedarf es bei den Trainern hohe Sensibilität für Gruppenprozesse. Eine Konzeptionergruppe muß auch das Recht haben, auf (nicht zu lange) Zeit in die Irre und in Sackgassen zu gehen. „Trial and Error" gehören zum Lernprozeß.

Das Vermitteln von Konzeptionstechnik und das Einüben in Fallstudiengruppen erfordert von den Trainern viel Gespür für den Lernprozeß und die Bedürfnisse der jeweiligen Gruppe. Gezielte und richtige Hilfe unterstützt das Training und steigert den Lernerfolg.

Erfahrungen aus Sicht der Trainer

Schulze-Fürstenow berichtet, daß es seiner Meinung nach vor zehn/zwölf Jahren noch eine andere Generation von jungen PR-Leuten gegeben habe, die genauer und zuverlässiger arbeitete. Heute sei dagegen eine Neigung zu Oberflächlichkeit oder auch Bequemlichkeit spürbar.

Möglicher Grund dafür könne ein jüngeres Einstiegsalter in verantwortungsvolle Positionen sein. Die Schwierigkeiten, die PR-Einsteiger mit der Konzeptionstechnik hätten, so Schulze-Fürstenow, seien auch sprachliche Differenzierungen, z.B. zwischen den Begriffen „Aufgabenstellung" (im Sinne von Problembeschreibung) und daraus abzuleitenden (meßbaren) Zielen. In der herkömmlichen „Macher-Denkweise" würden Ziele festgesetzt und daraus konkrete Aufgaben abgeleitet, was jedoch einer PR-Haltung widerspreche, die mit „Zuhören" beginne, daraus Erwartungshaltungen oder Probleme ableite und diese zur Basis von kommunikativen Zielen mache. Auch mangele es z.T. an Kreativität in der taktischen Umsetzung von PR-Strategien.

Dörrbecker kann den o.g. Qualitätsverlust bei jungen PR-Leuten so nicht bestätigen. Allerdings konstatiert auch er Veränderungen im Verlaufe seiner Trainertätigkeit, die mehr an inhaltlichen Aspekten festzumachen seien. So machten sich natürlich auch Moden und gesellschaftliche Veränderungen in der Lösung von Fallstudien bemerkbar. Vor einem Dutzend Jahren spielten z.B. bei Fallstudienpräsentationen kaum ökologische Aspekte eine Rolle. Durch ein verändertes Bewußtsein flössen in den letzten Jahren aber vermehrt Umweltüberlegungen (ob sie nun paßten oder nicht) in die vorgeschlagenen Problemlösungen mit ein.

Zusammenfassung:

Training ist der wirksamste Weg, um Konzeptionstechnik zu lernen. Dabei erarbeiten sich die Teilnehmer eines solchen übungsintensiven Trainings im Seminar die Sicherheit im Konzeptionieren anhand von ausgefeilten und realitätsnahen Fallstudien. Die PR-Ausbildungsinstitute DIPR und AFK setzen dabei auf didaktisch und methodisch erprobte Trainingserfahrung und räumen deshalb der Konzeptionslehre auch den größten zeitlichen Rahmen in ihren PR-Einsteigerseminaren ein.

18. Nachwort als Ausblick

Verlag und Autoren hatten sich – nach der Materialsammlung aus Interviews wie Literatur und nachdem die Gliederung stand – auf einen Umfang von rund 300 Seiten für dieses Buch geeinigt. Dabei soll es auch bleiben.

Was nicht heißt, daß zum Thema nicht mehr zu sagen wäre. Wir haben es uns verkniffen, aber wir wollen doch wenigstens Beispiele nennen, wo für PR-Vollprofis in künftigen Publikationen noch Ergänzungsbedarf besteht. Keine *Zehn Gebote* dazu – aber zehn Wünsche an erfahrene, denkende und publizierende Kollegen:

1. Wir haben die Themen Recherche durch sozialwissenschaftliche Untersuchungen kaum und das der Erfolgskontrolle von PR-Kampagnen und -Maßnahmen nicht so gründlich behandelt, wie es für die Spezialisten, für die Untersuchungen auf den Meinungsmärkten, für die Imageforschung und auch für die Evaluation von Ergebnissen der PR-Kampagnen nötig wäre. Das hätte den Rahmen des Buches gesprengt. Da sind aber manche neuen Entwicklungen auf gutem Wege.[142] Fragen Sie zusätzlich die Spezialisten und lassen Sie sich von deren Instituten helfen.

2. Näher am Thema dieses Buches und deshalb aus Sicht der Autoren für Konzeptioner dringlicher: noch fehlt ein zureichendes Instrumentarium zur Qualitätskontrolle von Konzeptionen. Da reichen weder die mehrfach im gleichen Kapitel genannten „Kontrollen" durch erfahrene Kollegen noch die AFK-Prüffragen auf Dauer aus, wenngleich letztere ein Schritt in die richtige Richtung sind. Die konzeptionstechnische Checkliste von Kohtes & Klewes, bereits erstaunlich vollständig, ist hier wegweisend. Gesucht wird eine noch ausgefeiltere Methode, Konzeptionsqualität *zu planen* und *vor* der Umsetzung zu prüfen – von der validen Beurteilung des Planungspapiers Konzeption bis zur PR-Testmarkttechnik. Wer entwickelt sie operationalisierbar?

---

142 Siehe vor allem auch Baerns, 1995.

3. Im Taktikkapitel steht auf den Seiten 86 und 87 eine Gliederung der *handwerklichen* Instrumente. Wir haben dort schon im Lauftext durch die kursive Schrift darauf hingewiesen, daß es sich dabei nur um eine Gliederung der fast ausschließlich *einfachen* Standardinstrumente handelt. Sie finden in dieser Gliederung kaum etwas von den anspruchsvolleren und nichts von den ganz ungewöhnlichen PR-Maßnahmen. Sie halbwegs vollständig aufzuführen und zu systematisieren, hätte viele Seiten gekostet ..., aber es war ja nicht Aufgabe dieses Buches, die Kreativität professioneller Konzeptioner zu ersetzen. Die DPRG hatte vor Jahren einmal in einer Broschüre eine lange Liste von PR-Maßnahmen gedruckt – ein heilloses Durcheinander. Rasch verschwand diese Aufstellung bei einer Neuauflage jener Broschüre. Wer also, bitte, entwickelt einmal eine *vollständige Systematik aller* PR-Instrumente, in die *alle* Kreativität und *alle* Anwendungsfelder professioneller Kommunikationspolitik einzugliedern sind? Bitte bis hin zur Unternehmensberatung Kommunikation!

Wir haben im Kapitel 12, ab Seite 121 bis 123 eine spezielle Variante der Konzeptionstechnik für die Entwicklung von Periodika geschildert und sie auch im Abschnitt 19.10 ausführlich dokumentiert. Für manche andere Anwendungsfelder könnte man weitere Varianten entwickeln. Beispiele:

4. Wie sieht es in Krisenfällen aus? Dann also, wenn niemand Zeit hat, in der Gründlichkeit, die dieses Buch beschreibt, Konzeptionen zu entwickeln, wo rasches entschlossenes Handeln notwendig ist. Auch hier ist selbstverständlich konzeptionell (und nicht kopf- und ziellos!) zu handeln. Die Vorbereitung fängt weit im Vorfeld an und muß sich im Augenblick der Krise konzeptionell bewähren.

5. Wie steht es mit Imagepolitik? Welche Grundüberlegungen und Forschungsergebnisse sind hier konzeptionell zu berücksichtigen? Wie wirkt sich die notwendige Langfristigkeit strategisch angelegter Imagepolitik auf die Konzeptionsplanung aus? Die Autoren haben noch nirgendwo konzeptionell zu Ende gedachtes, nachvollziehbar formuliertes und praktikables Handwerkszeug für solche Konzepte gefunden.

6. Was ist anders bei Konzepten integrierter Kommunikation, wenn – ggf. unter anderen Zuständigkeiten – auch Instrumentarien der

Nachbardisziplinen in die Kommunikationspolitik eines Unternehmens einzubeziehen sind? Wer entwickelt wann was? Wie ist das abzustimmen? Wie will man die optimale Gesamtwirkung konzeptionell planen? Wer – Marketing, Werbung, Verkaufsförderung, Direktwerbung, Public Relations oder gar Personalpolitik – bekommt die Systemführerschaft solcher Konzepte und wie ist sie zu sichern, ohne die Gleichwertigkeit (?) der Disziplinen zu tangieren? Hier gibt es trotz aller Versuche, sich mit dem Thema auseinanderzusetzen, ganz sicher noch planerischen Nachdenk-Bedarf.[143]

7. Was müssen Konzeptioner beachten, wenn die Konzernzentrale (z.B. einer Holding) und die dezentralen Unternehmen mit Dachkonzeption und Säulenkonzepten gemeinsame Wege beschreiten sollen? Wie sind da die optimalen Interdependenzen konzeptionell zu planen? Wer hier Näheres wissen will, der möge den Fall ABB studieren und zur Einführung im ersten PR-Jahrbuch den Beitrag von Friedmar Nusch und Norbert Essing lesen.[144] Andere Beiträge im gleichen Jahrbuch zeigen, daß auch für ein solch schwieriges Konzeptionssystem noch methodischer Entwicklungsbedarf besteht, obwohl dieses Zusammenspiel kein Einzelfall sein sollte und hohe Aktualität aufweist.

Soweit einige Hinweise auf weitere Entwicklungsmöglichkeiten, die noch zu erarbeiten und zu publizieren sind.

8. Warum die Autoren – durchaus einig mit vielen kompetenten Trainern – von Musterkonzeptionen nichts halten, ist in Kapitel 13 begründet dargelegt. Unabhängig von diesem Standpunkt wäre es aber reizvoll gewesen, anhand einer realen großen Kampagne das angewandte konzeptionstechnische Handwerkszeug darzulegen und kritisch zu untersuchen. Hier böte sich z.B. die AIDS-Kampagne der Bundesregierung an. Sie war ein Musterbeispiel komplizierter Konzeptionsentwicklung und -umsetzung heterogener Teams für ein gesellschaftlich wichtiges Thema – und Millionen standen damals für

143 Zum Thema integrierte Kommunikation ist das Buch von Ahrens u.a., 1995, eine gute aktuelle Quelle – insbesondere auch die beiden Beiträge von Ahrens/Behrent und von Hofmann/Landmann und mehrere der Fallschilderungen – z.T. schon zitiert.

144 Nusch/Essing, 1994, S. 35 – 41. Ausführlicher für unser Thema Friedmar Nusch: Innovative Organisationsstrukturen als Voraussetzung erfolgreicher Unternehmenskommunikation – Das Beispiel ABB Asea Brown Boveri AG, in Ahrens u.a. (Hrsg.), 1995, S. 169 – 188.

die Realisierung zur Verfügung. Aber die vom Auftraggeber gebotene Vertraulichkeit macht es unmöglich, eine tatsächliche Analyse dieser Konzeptionsentwicklung *und* ihrer Umsetzung *einschließlich* der strategischen wie taktischen Fehler der Beteiligten offen zu diskutieren.

Das bezieht sich natürlich nicht nur auf diese Kampagne. Wenn Dr. Klewes[145] im Editorial des ersten PR-Jahrbuchs nüchtern referiert, daß es noch nicht selbstverständlich sei, offen über PR (-Kampagnen) zu sprechen und vermerkt, das lasse „das Beispiel von immerhin zwei PR-Chefs ahnen, die ihre Beiträge über die PR-Realität ihrer Unternehmen auf Weisung ihrer Vorgesetzten nicht publizieren durften ...", dann zeigt das, wie sehr gerade wichtige PR-Kampagnen naturgemäß mit der Intimsphäre eines Unternehmens zu tun haben. Darüber offen zu publizieren ist weiß Gott keine Selbstverständlichkeit.

9. Und international?: Es fehlt noch die große Untersuchung, welche Konzeptionslehren und Konzeptionstechniken es in anderen Ländern gibt, und was aus der Synopse für uns deutschsprachige PR-Leute zu lernen sei. Mindestens in den „großen" PR-Ländern sollte das noch untersucht werden ... finden die Autoren.

10. Ein letzter Punkt: Wir haben zwar im Kapitel zum Thema Präsentation (Kapitel 15) über Methoden der Agenturauswahl geschrieben, um Wettbewerbspräsentationen zu umgehen. Aber das ersetzt natürlich nicht die gründlichere Handreichung, wie man die Agenturauswahl unter konzeptionellen Gesichtspunkten optimal bewältigt – sprich: wie man konzeptionelles Vermögen für den *konkreten* Fall am besten bei seinem Agenturpartner testen kann. Der Hinweis, daß die Agentur X in der gleichen Branche schon gearbeitet habe, sagt dazu gar nichts – er kann sogar in die Irre führen ...

145 Joachim Klewes: Editorial, in Joachim Klewes (Hrsg.), 1994, S. 7 – 10, hier insbesondere S. 10.

Sie, verehrte Leserinnen, liebe Leser, die Sie uns bis hierher gefolgt sind, merken an den Beispielen dieses Nachworts, wie breit das Thema Konzeptionstechnik ist und wie viel dazu noch zu denken, zu systematisieren und zu publizieren ist.

Vielleicht können wir PR-Leute zu solchen Teilthemen noch einige Diplomarbeiten und Dissertationen erwarten; Stoff genug gibt es.

Gerne stehen wir Ihnen hier mit Anregungen oder zur kritischen Auseinandersetzung zur Verfügung. Sie erreichen uns postalisch unter: Klaus Dörrbecker, Marbachweg 365, 60320 Frankfurt, Tel. 0 69 / 56 20 68, Fax 0 69 / 56 88 73 oder per eMail Renée Fissenewert, R.Fissenewert@a-b.de.

Vielen Dank!

Klaus Dörrbecker Renée Fissenewert-Goßmann

19. Dokumentation

Die folgenden Texte dokumentieren Unterlagen und Beiträge zur Konzeptionstechnik aus Agenturen und den beiden führenden Ausbildungsinstituten. Zum Teil handelt es sich um erprobte interne Arbeitspapiere, zum Teil sind die Beiträge eigens für dieses Buch geschrieben, in zwei Fällen auch bereits teilweise anderweitig veröffentlicht. Das erklärt die unterschiedliche Struktur. Die Verantwortung und alle Rechte liegen bei den Institutionen bzw. Autoren/Urhebern.

Inhalt

Sieben Modelle der Konzeptionsentwicklung aus Agenturen

19.1 Das Ahrens & Behrent-Modell

Die Frankfurter Agentur Ahrens & Behrent Agentur für Kommunikation GmbH (GPRA) hat für die dritte Auflage dieses Buches den folgenden Text zur Verfügung gestellt. Ausgehend von grundsätzlichen Überlegungen der Konzeptionsphilosophie zeigt er, welche Entwicklungsschritte beim Konzeptionieren in dieser Agentur gegangen werden. Interessant auch die zeitlichen Vorgaben für die Konzeptionsentwicklung ... im Idealfall.

Eine Konzeption beinhaltet die Idee und den Plan, der der Kommunikation zugrunde liegt. Insofern ist das Konzept die Grundlage unserer Arbeit mit unseren Kunden. Letztlich hängt damit von der Qualität der Ideen und Planungen alles ab. Natürlich ist eine gute Idee nicht allein durch konzeptionelle Systematik zu finden. Aber systematisches Arbeiten schafft den Raum, in dem eine gute Idee entstehen kann. Und Systematik hilft einer guten Idee zum Durchbruch, weil ihre Stärken optimal zur Geltung gebracht werden.

Konzeptionsentwicklung ist eine permanente Anforderung an die Agentur. Ob es um ein Basiskonzept, die Entwicklung eines Projektes oder einer einzelnen Maßnahme geht: konzeptionelle Arbeit steht am Anfang und ist Grundlage des Auftrages unserer Kunden. Nachfolgender Orientierungsrahmen soll die Konzeptentwicklung erleichtern und überschaubar machen.

Gewünschter Effekt: Konzeptionsentwicklung soll planbar, von allen Beratern als nachvollziehbarer Vorgang begriffen und damit arbeitsteilig realisierbar werden.

Konzeptionsphilosophie

Jedes A&B Konzept vermittelt die Kommunikationsphilosophie unserer Agentur. Auf zwei Begriffe gebracht lautet sie:
- Wir begreifen Kommunikation als permanenten Prozeß.
- Kommunikation ist eingebettet in einen ganzheitlich begriffenen Lebenszusammenhang.

Das bedeutet für die Konzeption:

- In der Analyse untersuchen wir immer auch die Genese einer kommunikativen Ausgangslage, nicht nur die aktuelle Situation.
- Wir begreifen unsere Vorschläge immer als einen Schritt in einer Reihe vorhergehender und nachfolgender Schritte.
- Wir begreifen Kommunikation als integrierte Kommunikation.

Struktur der Konzeption

Grundsätzlich legen wir unseren Konzepten die bewährte gedankliche Struktur der Dörrbeckerschen „Rakete" zugrunde:

- Aufgabe
- Ausgangslage
- Ziele
- Zielgruppen
- Positionierung
- Strategie
- Umsetzung
- Maßnahmen
- Aktivitäten und Kostenübersicht.

Diese Struktur beschreibt in etwa sowohl den Gang der Konzeptentwicklung als auch die Struktur der Darstellung. Wer sich allerdings in beidem sklavisch daran hält, wird kein gutes Ergebnis erzielen: Bei der Suche nach der richtigen Lösung laufen die Gedanken und Gespräche zirkulär zwischen einzelnen Fakten, ersten Ideen etc. hin und her. Und in der Darstellung kann es je nach Aufgabenstellung sinnvoll sein, von dieser Struktur abzuweichen, um die Vorschläge verständlich, nachvollziehbar und überzeugend vorzustellen.

Erfahrungswerte zur Konzeptionsentwicklung

Wenn eine Konzeption die systematische Darstellung eines Planes zur Bewältigung einer kommunikativen Aufgabenstellung ist, dann ist die Qualität der Konzeption unmittelbar von der Klarheit der Aufgabenstellung abhängig.

Die Aufgabenstellung sollte in einem Satz formuliert werden. Die Erfahrung zeigt, daß die präzise und adäquate Formulierung der Aufgabenstellung erst erfolgen kann, wenn man sich intensiv mit Briefing und Analyse der Ausgangssituation befaßt hat. Denn meist ist das Briefing der Auftraggeber nicht so klar, daß die vom Kunden formulierte Aufgabe exakt übernommen werden kann. Häufig einigt man sich mit dem Kunden im Rebriefing auf die definitive Aufgabenstellung.

Steht die Aufgabenstellung fest, haben wir ein eindeutiges Kriterium für die Qualität unser konzeptionellen Vorschläge. Wenn wir eindeutig der Auffassung sind, daß unsere Vorschläge geeignet sind, die Aufgabe effektiv und effizient zu lösen, dann ist das Konzept fertig. Wenn wir dieser Auffassung sind, werden wir auch unseren Kunden überzeugen können.

Schritte zur Konzeptentwicklung

Vorbehaltlich der obigen Einschränkungen sollen jetzt doch ein paar Rahmendaten zur Konzeptentwicklung genannt werden. Grundsätzlich besteht jede Konzeptionsentwicklung aus sechs Schritten:

- Festlegung der Aufgabe und Zielsetzung
- Formulierung der Arbeitshypothese
- Recherchen und Analyse
- Plausibilitätsprüfung und Formulierung der Lösung
- Ausarbeitung der Lösung
- Präsentation der Lösung.

Nachfolgend werden die Schritte zur Entwicklung eines Basiskonzeptes detailliert dargestellt und zeitlich eingegrenzt. Mit der Zeitplanung soll erreicht werden, daß im Eifer der Analyse und Kreation der Aspekt der Präsentationsvorbereitung zeitlich nicht an den Rand gedrängt wird.

1. Mündliches oder / und schriftliches Briefing inklusive Formulierung der Aufgabe und Zielsetzung.

2. Einengung der Aufgabenstellung. Formulierung eines hypothetischen Lösungsweges.

3. Recherchen zu Genese des Themas und seines Umfeldes, zum Markt, zum Wettbewerb, zur Produktleistung, etc.

Abschluß der Punkte 1 – 3 innerhalb von drei Wochen

4. Auswertung der Recherchen, abschließende Formulierung der Aufgabenstellung, Formulierung der Analyse, vorläufiges Fazit der Analyse.

5. Überprüfung der Ausgangshypothese. Plausibilitätsprüfung der Analyse. Formulierung Positionierung, Botschaften und Strategie, Skizzierung Umsetzung. Ggf. Entwicklung kreativer Strategien.

6. Erneute Plausibilitätsprüfung. Ggf. gezielte Nachrecherche. Recherchen zur Umsetzung und zu Maßnahmen.

4, 5 und 6 innerhalb einer Woche

7. Kreative Ausarbeitung der Umsetzung und der Maßnahmen. Recherche Kosten.

8. Erarbeitung Rohmanuskript und Skizzen ggf. Weiterführung Recherchen

Abschluß 7 und 8 innerhalb 2 Wochen

9. Abschließende Plausibilitätsprüfung und Qualitätskontrolle, Feinjustierung, abschließende Ausarbeitung Maßnahmen, kreativer Vorschläge und Kostenplan.

Abschluß innerhalb von 5 bis 8 Tagen

10. Entwicklung Präsentation, Entwicklung Textcharts und Grafikcharts.

1 Woche vor Präsentation

11. Endredaktion Booklet, Fertigstellung Präsentationsmaterialien.

Unmittelbar vor Präsentation

Basiskonzept, Projektkonzept, Detailkonzept

Basiskonzept

Ein Basiskonzept beinhaltet eine eigenständige und umfassende kommunikative Problemlösung. Inhalt der Konzeption ist eine langfristige Kampagne oder eine langfristige Kommunikationsplanung.

Ein Basiskonzept baut auf einem Briefing des Auftraggebers auf. Da das Basiskonzept als schriftlicher Ausdruck einer Beratung zu verstehen ist, sind eine eigenständige Analyse, Strategieentwicklung und Umsetzung essentieller Kern eines Basiskonzeptes. Ein Basiskonzept überprüft und berücksichtigt den Einsatz aller denkbaren kommunikativen Instrumente. Es beinhaltet eine Empfehlung, welche Instrumente eingesetzt werden sollen, um ein kommunikatives Problem zu lösen.

Das Basiskonzept spiegelt umfassend die Kommunikationsphilosophie von A&B wider. Daher ist es möglich, daß das Basiskonzept im Ergebnis vom Briefing des Auftraggebers abweicht.

Die Darstellung erfolgt im Rahmen eines umfassenden Booklets und durch eine hochwertig aufbereitete Präsentation.

Projektkonzept

Ein Projektkonzept beinhaltet ein Bündel von Maßnahmen, die in einem Zusammenhang stehen, aber nicht langfristig angelegt sind.

Der Auftrag zu einem Projektkonzept erfolgt durch einen Projektkunden oder jenseits einer vertraglich vereinbarten Leistungsbreite.

Ein Projektkonzept beruht auf einer eindeutigen Aufgabenstellung, die strategische Dimension ist im Briefing geklärt, die Agentur ist im wesentlichen als operativer Dienstleister gefragt.

Die Darstellung erfolgt nach Bedarf in einem Booklet und in einer Präsentation.

Detailkonzept

Im Detailkonzept wird eine Einzelmaßnahme konzipiert.

Der Auftrag zu einem Detailkonzept beruht auf einem Basiskonzept und einer Vertragsbeziehung mit einem Kunden. Er wird in der Regel durch das Basishonorar gedeckt.

Das Detailkonzept bezieht sich auf einen klaren und abgestimmten Orientierungsrahmen: das Basiskonzept. Ausgangslage und Zielsetzung sind vorab definiert und werden im Konzept auf den zur Frage stehenden Handlungsrahmen hin modifiziert.

Ein Detailkonzept ruht damit auch immer auf einem vorhandenen detaillierten und spezifischen Wissen zum Gegenstand, das im Rahmen des Konzeptes nicht exemplifiziert werden muß.

Die Darstellung erfolgt je nach Bedarf.

Verantwortlichkeit

Die Verantwortung für eine Konzeptentwicklung übernimmt immer ein Berater der Agentur. Bei der Konzeptionsentwicklung sollte er sich die Unterstützung von einem oder mehreren Mitarbeitern oder auch externen Partnern suchen.

Die abschließende Qualitätskontrolle liegt bei der Geschäftsführung.

Zum Schluß

Grundsätzlich soll jede Konzeption eine einzigartige Lösung eines spezifischen Problems darstellen. Daher muß es auch für jeden Verlauf einer Konzeptionsentwicklung Möglichkeiten der Abweichung geben. Denn letztlich kommt es auf die Qualität der Lösung an, nicht auf die Einhaltung von Abläufen.

Allerdings beruht die Abfolge der obigen Schritte auf der Erfahrung bei der Entwicklung unterschiedlichster Konzepte und Aufgabenstellungen und stellt einen Weg dar, mit dem man ganz sicher mindestens zu einem akzeptablen Erfolg kommt.

Deshalb gilt verbindlich: Am Anfang jeder Konzeptentwicklung steht ein Zeit- und Arbeitsplan.

19.2 Das Eisele & Partner-Modell

Hans Eisele, Inhaber der Agentur Eisele & Partner in Heidelberg und Trainer, lieferte für die dritte Ausgabe dieses Buches die leicht komprimierte Form eines bereits veröffentlichten Beitrags. Wir dokumentieren ihn:

Konzeptionelles Vorgehen: ein Muß[146]

Konzeptionelle Arbeitsweisen helfen dabei, Probleme, Schwachstellen oder Defizite im kommunikativen Bereich zu erkennen und zu lösen. Die PR hat sich von einem eher reagierenden hin zu einem agierenden und präventiven Instrument entwickelt. PR setzt auf Langzeitwirkung, weil sie den Markt der Meinungen und nicht primär den des Verkaufs im Blick hat. Der Aufbau eines geplanten Images, von Verständnis und Vertrauen zu Teilöffentlichkeiten, kann nicht in Form von Schnellschüssen erfolgen. Ohne eine systematisch geplante, auf Effektivität und Effizienz angelegte PR bleiben viele kreative Maßnahmen auf der Strecke. Ohne eine kommunikative Strategie können schwerlich klar und zielorientierte Entscheidungshilfen erarbeitet werden.

Konzeptionen sind „umfassender gedanklicher Entwurf"[147], der sich an Leitideen bzw. Zielen ausrichtet und dabei zwei Ebenen schlüssig zusammenführt: die Strategie als allgemeiner Rahmen und die operativen Handlungen, die den Einsatz geeigneter Instrumente beinhalten. Knapp zusammengefaßt sind vier Phasen konstitutiv für eine PR-Konzeption:

- die Situationsanalyse
- die Planung
- die Durchführung
- die Ergebniskontrolle

---

146 Komprimierte Form des Beitrages „Public Relations – Methodik, Planung und Instrumente der Öffentlichkeitsarbeit", in Lutz Weidner (Hrsg.) Landsberg 1993.

147 Jochen Becker: Marketing-Konzeption, München 1992.

Die Analyse der Ist-Situation

In dieser Phase werden sämtliche für ein geplantes PR-Projekt relevanten Daten erhoben. Eine breite Informationsbasis ist deswegen unerläßlich, weil nur über sie Ziele formuliert und Teilöffentlichkeiten festgelegt werden können. Keinen Platz dürfen geschönte Analysen oder auf Vermutungen beruhende „Tatsachen" finden. Zwangsläufig wären unpräzise, an dem Kernproblem vorbeizielende oder gar kontraproduktive PR-Programme die Folgen.

Welche Fakten machen sich PR-Konzeptioner zu eigen? Sie recherchieren auf drei Ebenen: im gesellschaftlichen Raum, auf der Ebene des Marktes und auf der der Organisation.

Themen können unter anderem sein:

Gesellschaftspolitische Daten und Trends

* Analyse und Bewertung von Wertewandel-Tendenzen
* politische Entwicklungen
* wirtschaftliche Entwicklungen
* Entwicklungen in der Gesetzgebung
* Ergebnisse von Früherkennungsverfahren

Organisationsspezifische Themen

* Analyse der Organisationskultur
* Definieren und eventuelles Korrigieren der Organisationsphilosophie
* Bewerten der Unternehmensstrategie
* Innovationsfähigkeit
* Bedeutung von Forschung und Entwicklung
* Imageuntersuchungen
* Befragen von Mitarbeitern

Checkliste: Fragestellungen bei der Auswahl von Teilöffentlichkeiten

* Will ich informieren oder kommunizieren?
* Wer sind die beteiligten, wer die unbeteiligten Gruppen oder Individuen?
* Gehe ich direkt oder über Meinungsbildner an die ins Auge gefaßten Teilöffentlichkeiten heran?
* Wer ist Verbündeter, wer Gegner meiner Überzeugungsstrategien?
* Welche Priorität messe ich welcher Teilöffentlichkeit bei?
* Wie weit läßt mein Etat eine Segmentierung der Teilöffentlichkeiten zu?
* Welchen Nutzen hat welche Gruppe von meinen Aktivitäten?
* Kann ich bestimmte Teilöffentlichkeiten zusammenfassen?
* Kenne ich wirklich die Teilöffentlichkeiten, oder glaube ich nur, sie zu kennen?
* Wie teste ich in einem ersten Schritt, ob ich mit meiner Segmentierung richtig liege?
* Habe ich alle wichtigen Analysen bei der Bestimmung der Teilöffentlichkeiten berücksichtigt?

Botschaften: Der Weg zur Teilöffentlichkeit

Eng einher mit der Ortung von Teilöffentlichkeiten geht die inhaltliche Positionierung eines PR-Projekts. Denn jede Adressatengruppe denkt, spricht, liest und empfindet anders. Eine Einheitssprache für die Medien beispielsweise wäre der sichere Untergang von PR-Aktivitäten. Wer mit Teilöffentlichkeiten kommuniziert, kennt die Menschen genau. Er weiß, welche Themen sie bewegen, wie er Ziele vermittelt. Ein PR-Experte bewegt sich zwischen zwei Welten: der des Auftraggebers und der des Dialogpartners.

Nach O. W. Haseloff sind für die erfolgreiche Plazierung von Botschaften unter anderem folgende Bedingungen entscheidend:

- Die Kommunikationspartner müssen sich verständigen können.
- Das Wissen des Dialogpartners muß ausreichen, um die Botschaft einordnen und interpretieren zu können.
- In der Botschaft müssen sich Informationen finden, die zu den Erwartungen, Zielen oder Meinung des Gesprächspartners passen.
- Die Botschaft muß so verpackt sein, daß sie sich zumindest teilweise vom Kommunikationspartner lernen läßt.
- Die Botschaft sollte persönlich bedeutsame Erwartungen, Motivationen und Zielvorstellungen aktualisieren.

Insgesamt also muß die PR Sorge dafür tragen, daß eine enge Verbindung von Dialogpartner und Botschaft vorhanden ist.

Die Strategie als Konsequenz

Abgeleitet aus den Zielen und der Bestimmung von Teilöffentlichkeiten sowie Botschaften wird die PR-Strategie festgelegt. Sie umfaßt kommunikative Global- und Detailstrategien. Globalstrategien bestimmen den grundlegenden Inhalt und die allgemeine Form der Kommunikation wie regionale Orientierung, Art des Umgangs mit der Öffentlichkeit, Einsatz kreativer Instrumente, während die Detailstrategien bereits schon den Charakter einzelner Maßnahmen bestimmen. Strategien bilden die zentrale Klammer zwischen den Zielen und der operativen Ebene, der Taktik.

PR konkret: die Instrumente und Maßnahmen

Public Relations verfügen heute über zahlreiche Instrumente, mit denen Kommunikationsprozesse angestoßen und in Gang gehalten werden. Ihre Auswahl orientiert sich nicht nur an den Dialoggruppen, sondern auch an der vorgegebenen finanziellen wie personellen Ausstattung im Zuge einer PR-Aktion. Nicht zuletzt ist die Wahl der Instrumente entscheidend dafür, wie intensiv Dialoge mit den Zielgruppen gestaltet werden sollen: Ein persönliches Gespräch löst ungleich größere direkt kommunikative Effekte aus als die bloße Lektüre von Pressemitteilungen.

Dennoch kommt der Presse- und Medienarbeit eine wichtige Bedeutung zu: Medien spielen im System der Massenkommunikation eine zentrale Rolle. Und die Plazierung von PR-Botschaften im redaktionellen Teil von Massenmedien geht einher mit einer hohen Akzeptanz beim Leser. Die Bandbreite der Medienarbeit reicht von Presseinformationen und -diensten über Pressegespräche und -konferenzen bis hin zu Redaktionsbesuchen und Pressereisen. Voraussetzung für eine professionelle Medienarbeit ist die genaue Kenntnis der Medienlandschaft und ihrer Strukturen sowie der journalistischen Arbeitsweise.

Neben dem indirekten Weg über die Medien steht PR-Experten eine Reihe von direkten schriftlichen Kommunikationsmitteln zur Verfügung, die in Eigenregie herausgegeben werden. Beispiele dafür sind Kundenzeitschriften, Geschäftsberichte, Broschüren oder Folder. Sie sind dann angebracht, wenn Informationen ungefiltert an den Leser weitergegeben werden sollen. Streuverluste werden weitgehend dadurch vermieden, daß Vertriebswege und Endadressaten präzise bestimmt sind. Das Ghostwriting stellt ebenfalls ein wichtiges schriftliches Instrument dar: Bücher, Artikel oder Reden werden im Auftrag von PR-Fachleuten verfaßt.

Nicht zuletzt durch den Boom bei den Privaten Rundfunk- und Fernsehanbietern sind die audiovisuellen Medien zunehmend in den Blickwinkel der PR gerückt. Die Produktion von Rundfunk- und TV-Beiträgen als eine Form der redaktionellen Ansprache nimmt immer mehr Raum ein. Dies gilt auch für Dia-Shows, Videoclips oder Imagefilme. Über Bild und Ton lassen sich heute PR-Botschaften in vielen Fällen besser transportieren als über das Medium Print.

Ein klassisches Feld der PR ist die Veranstaltungskommunikation. Sie erlaubt eine unmittelbare Ansprache der Dialoggruppen. Seminare oder Symposien, Präsentationen oder Podiumsdiskussionen, Kongresse oder Tage der offenen Tür, aber auch aktionsorientierte Formen wie Wettbewerbe sind Beispiele für diese zeit- und organisationsintensiven Instrumente.

Veranstaltungen – seien es Betriebsversammlungen, Jubiläen, Feiern oder Abteilungskonferenzen – stellen auch im Rahmen der internen Kommunikation einen bedeutenden Faktor dar. Dagegen werden audiovisuelle Medien eher stiefmütterlich behandelt. Zu hohe Produktionskosten werden dafür verantwortlich gemacht. Den Mitarbeiterzeitschriften kommt eine herausragende Bedeutung zu. Sie sind ein akzeptiertes Medium der Information. Über 700 Titel erscheinen in der Bundesrepublik. Und nach wie vor ist das Schwarze Brett ein Mittel des schnellen Informationsflusses.

Trotz der Vielzahl und Professionalität der eingesetzten Medien ist die personale Kommunikation die am ehesten überzeugende und von den Mitarbeitern auch hoch geschätzte Art der Information. Sie ermöglicht einen unmittelbaren und auf direkten Meinungsaustausch angelegten Dialog. Deshalb wird sie immer mehr auch außerhalb von Unternehmen als ein wirksames Kommunikationsinstrument eingesetzt.

Um Kommunikationsziele zu realisieren, setzen PR-Experten mehr und mehr neuen Formen ein. Sponsoring ist ein Beispiel, die Schaltung von Imageanzeigen ein anderes. Insgesamt gilt, daß alle PR-Instrumente glaubwürdig Botschaften vermitteln und sie für die Dialoggruppen passend gestaltet sein müssen.

Übersicht: Arbeitsbereiche und Instrumente der PR

Arbeitsbereiche u. a.

- Mitarbeiterkommunikation
- Imagekampagnen
- Steuerung von Corporate Identity-Prozessen
- Standort-PR
- Lobbyismus
- Produkt-PR
- Business-to-Business-Kommunikation
- Messekommunikation

Instrumente u. a.

- Presse- und Medienarbeit
- Kommunikation mit Printmedien
- AV-Kommunikation
- Veranstaltungskommunikation
- Aktionskommunikation
- Sponsoring
- Events
- Multimedia
- Schaumedien

Mittel und Maßnahmen
(am Beispiel des Instruments Medienarbeit)

- Pressekonferenz
- Pressegespräch
- Redaktionsbesuch
- Pressemitteilung
- Pressemappe
- Pressefoto
- Journalistenreise
- Pressestammtisch
- Exklusivbericht
- Pressedienste
- Journalistenpreise und -wettbewerbe

19.3 Das infoplan-Modell

Die Bonner Agentur infoplan-Beratungsgruppe für Öffentlichkeitsarbeit Jürgen Jaenecke verfügt über eine agenturinterne Checklist zur Konzeptionserarbeitung. Jaenecke im Interview: „Natürlich haben wir das Rad nicht neu erfunden. Wir bauen auf dem auf, was andere, Klaus Dörrbecker zum Beispiel, bereits entwickelt hatten.“

Wir dokumentieren wie folgt:

Gliederung

A Strategischer Rahmen

(1) Kompakt-Analyse Ausgangssituation

(2) Die globale Aufgabenstellung

(3) Die Zielplanung

(4) Zielgruppen-Definition

(5) Die Copy-Plattform

B Taktisches Konzept

(1) Die Kommunikations-Instrumente

(2) Die Gestaltungsrichtlinien

(3) Operative Planung
Das Budget
Zeit- und Aktionsplanung

A Strategischer Rahmen

(1) Kompakt-Analyse – Ausgangssituation

Checkpoints

- Faktensammlung

  = Möglichst vollständige Sammlung aller für die Aufgabe möglicherweise relevanten Sachverhalte
  - Unsere Probleme innen / außen?
  - Unsere Stärken / Schwächen?
  - Unsere Position im Vergleich zum Wettbewerb?
  - Was müssen wir noch wissen?

- Fakten-Bewertung

  = Auswahl der übergeordneten, zentral bedeutsamen Fakten
  - Was steckt hinter den Fakten?
  - Wo sind wir besonders kompetent / glaubwürdig?
  - Welche Defizite gibt es in bezug auf unsere Positionierung = wo müssen wir dringend etwas verändern?

(2) Die globale Aufgabenstellung

Checkpoints

- Was wollen wir mit Methoden der Öffentlichkeitsarbeit erreichen?

  z.B.
  - Bekanntheitsgrad
  - Penetration Produktvorteil
  - Aktualisierung eines Angebots
  - Betonung eines Imagefaktors
  - Meinungsführerschaft des Absenders

  = Die zentrale Aufgabe der Öffentlichkeitsarbeit mit einem Satz definieren!

(3) Die Zielplanung

= Vor der Maßnahmenplanung ein Zielmodell entwickeln

Checkpoints

- Differenzierung Zielkategorien

  z.B.
  - intern / extern
  - Unternehmenskommunikation
  - Marktkommunikation
  - übergeordnete Ziele
  - Einzelziele

- Zielhierarchien

  - Präzise Formulierung von Haupt- und Unterzielen
  - Gliederung der Ziele nach Phasen
    (kurz-, mittel-, langfristig)

(4) Zielgruppendefinition

= Welche Merkmale sind für die Aufgabe von besonderem Interesse?

Checkpoints

- Segmentierung nach Teilöffentlichkeiten

- Differenzierungskriterien

  a) konkret /sachlogisch
     - z.B. Verwender eines bestimmten Produktes

  b) geografisch

  c) demografisch / sozioökonomisch
     - Alter
     - Geschlecht
     - Beruf
     - Schulabschluß
     etc.

d) psychologisch / sozialpsychologisch
   - Einstellungen
   - Verhalten
   - Erwartungen
   - Wünsche
   - Motive
   - Emotionen

e) soziologisch
   - Status
   - Rolle
   - Soziale Schicht
   - Mobilität
   - Deviation
   - Integration

f) mehrdimensional
   „Typen“ nach
   - Persönlichkeitsmerkmalen
   - Freizeitpräferenzen
   - Medianutzung

(5) Die Copy-Plattform

= Prägnante Zusammenfassung der Ziele als Basis für die verbale und visuelle Umsetzung der Maßnahmen

Checkpoints pro Zielgruppe

- Warum

  - Kurze Begründung, welche strategische Funktion die Zielgruppe hat.

- Kommunikationsziel

  - Welche bestehenden Haltungen und Meinungen wollen wir
    - verstärken?
    - modifizieren?
    - ändern?

- Hindernisse
  - Welche „Barrieren“ stellen sich der Kommunikation entgegen?

B Das taktische Konzept

= Ableitung der Maßnahmenplanung aus dem strategischen Rahmen

(1) Die PR-Instrumente im Kommunikations-Mix / Checkpoints:

- Welche Zielmittel
  - Pressearbeit
  - Publikationen
  - Persönliche Kontakte
  - Kooperationen
  - Veranstaltungen

  etc.
- wollen wir bei welchen Zielgruppen einsetzen?
- „Passen“ die den einzelnen Zielen/Zielgruppen zugeordneten Instrumente zum strategischen Rahmen?
- „Harmonisieren“ die Instrumente miteinander?

(2) Die Gestaltungs-Richtlinien

Checkpoints

- Tonalität
- Identität des Absenders
- Richtlinien für Ausrichtung der Gestaltung auf Verständnis / Akzeptanz / Persuasionswirkung
- Einarbeitung von Rückkopplungsanreizen

(3) Operative Planung

Das Budget

- Bestimmung der Höhe des PR-Etats

  - So haben wir es immer gemacht?
  - Nach dem Verhalten des Wettbewerbs?
  - Nach den Zielen der eigenen Öffentlichkeitsarbeit!

    = Die Ziele haben die Gewichtigkeit durch den Prozeß ihrer Festlegung bewiesen

    = PR-Programm ergibt sich aus Notwendigkeiten und bestimmt somit die Festlegung des Etats

  - Umsetzung der im Verlauf der PR-Planung aufgestellten Aktionspläne in Kostengrößen

- Gliederung des PR-Budgets

  Es ist zu entscheiden, welche Gliederung der Aufgabe am ehesten gerecht wird:

- Differenziert nach Instrumenten z.B.

  - Pressearbeit
  - Publikationen

  etc.

- Differenziert nach Zielgruppen z.B.

  - Meinungsmittler
  - Politischer Raum
  - Absatzmittler
  - Breite Öffentlichkeit

- Differenziert nach Themenfeldern z.B.

  - Interessenvertretung im politischen Raum
  - Wirtschaftliche Bedeutung der Branche
  - Der Verband als Branchensprecher

Zeit- und Aktionsplanung

Checkpoints:

- Erstellung von Aktionsplänen für jede einzelne Maßnahme u.a.
  - Termine
  - Manpower
  - Hilfsmittel
  - Abstimmungen mit anderen Abteilungen / Institutionen
  - Verantwortlichkeiten
  - Progress-Control
- Erstellung eines Gesamteinsatzplanes
- Welche Möglichkeiten der Kurskorrektur sind vorgesehen?

19.4 Das KOMMUNIKATION-Modell

Lutz Meyer, Geschäftsführer der Bonner Agentur KOMMUNIKATION Kommunikation & Marketing Volker Stoltz GmbH & Co. KG (GPRA), schrieb uns einen eigenen Beitrag, zu welchem Zweck und in welchen Schritten in dieser Agentur Konzeptionen entstehen. Wir dokumentieren im vollen Text:

<u>Gliederung</u>

(1) Public Relations Strategien: Definition, Inhalte und Aufgaben

(2) Zweck der PR-Strategie

(3) Problemanalyse

(4) Bilanz der Stärken und Schwächen

(5) Bilanz der Chancen und Risiken

(6) Strategisches Vorgehen, Optionen und Krisenbarometer

(7) PR-Zielgruppen, PR-Ziele und PR-Botschaften

(8) PR-Projekte und Budget

(1) Public Relations Strategien: Definition, Inhalte und Aufgaben

Public Relations sind geplante und dauerhafte Bemühungen, Meinungen, Einstellungen und Erwartungen für einen Auftragsgegenstand aktiv zu schaffen oder zu beeinflussen. Auftragsgegenstand können einzelne Unternehmen, Unternehmensgruppen, Verbände und Institutionen, Produkte, Produktgruppen oder auch Ideen sein, für die Meinungen zu schaffen oder bestehende Meinungen zu verändern sind.

Der Auftraggeber ist gut beraten, seine PR-Arbeit langfristig anzulegen und alle Maßnahmen zeitlich wie inhaltlich aufeinander abzustimmen. Voraussetzung dafür ist die PR-Strategie.

(2) Zweck der PR-Strategie

Am Anfang der Strategie wird der Zweck festgelegt, um dessen Willen man überhaupt Kommunikationsprozesse in Gang setzt. Es wird definiert, was wir gemeinsam mit dem Auftraggeber erreichen wollen und mit Mitteln der Public Relations erreichen können. Der Zweck einer PR-Strategie kann die Profilierung einer gesamten Branche bei Wirtschaftsjournalisten und Entscheidern aus der Wirtschaft sein. Genausogut kann der Zweck aber auch darin bestehen, eine Gesetzesnovelle im parlamentarischen und vorparlamentarischen Raum zu beeinflussen oder gar zu verhindern oder Käuferschichten für das neuartige Parfum eines traditionsreichen Markenartiklers zu erschließen. Auf jeden Fall sollte zu Beginn der Strategie deutlich werden, daß Verständnis der Agentur über den Zweck der PR-Strategie und Vorstellung des Auftraggebers deckungsgleich sind.

(3) Problemanalyse

Insbesondere die veröffentlichte Meinung wird durch Expertengruppen (Umwelt- und Verbraucherorganisationen, Parlamentarier, Banker, Unternehmensberater, etc.) beeinflußt. Ihre Meinung, und natürlich auch die Meinung von Journalisten, ist für die Strategieentwicklung von besonderer Bedeutung. Kennen wir die Einstellungen und (Vor-)urteile dieser Meinungsbildner, können wir das richtige strategische Vorgehen, die Ziele und letztlich die maßgeschneiderten Projekte entwickeln.

Alle Fakten zum Auftragsgegenstand und die vorherrschenden Meinungen bei Experten werden also thematisch analysiert und interpretiert. Dabei nutzen wir speziell angelegte, telefonische Expertenbefragungen sowie repräsentative Untersuchungen, die wir mit ausgewählten Meinungsforschungsinstituten anlegen und durchführen.

Bei Telefonbefragungen werden in der Regel bis zu 50 Experten (5 Gruppen zu je 10 Fachleuten) anonym und ohne Nennung des Auftraggebers anhand eines strukturierten Fragebogens mit bis zu 15 Fragen interviewt. Die Ergebnisse sind nicht repräsentativ, geben uns aber wichtige Hinweise über Meinungstrends in den ausgewählten, meinungsbildenden Gruppen.

Mit der Interpretation der Ergebnisse ziehen wir erste Rückschlüsse für das strategische Vorgehen, indem wir besondere Einstellungen in den Expertengruppen identifizieren und entsprechend bewerten.

(4) Bilanz der Stärken und Schwächen

In einer Gegenüberstellung bilanzieren wir alle Stärken und Schwächen, die wir im Zusammenhang mit dem Auftragsgegenstand herausgearbeitet haben. Die Stärken müssen in der PR-Arbeit eingesetzt werden. Auf die Schwächen und ihre Auswirkungen sollte die PR-Strategie insgesamt vorbereitet sein.

(5) Bilanz der Chancen und Risiken

Ein Tableau der Chancen und Risiken zeigt auf, in welchen Bereichen und unter welchen Umständen wir erfolgversprechend (Chancen) bzw. weniger erfolgversprechend (Risiken) operieren können. Basis unserer Überlegungen ist die Problemanalyse.

(6) Strategisches Vorgehen, Optionen und Krisenbarometer

Das strategische Vorgehen ist der zentrale Ansatz oder Hebel, mit dem wir die Meinungen und Einstellungen in den Zielgruppen entscheidend beeinflussen wollen. Dem strategischen Vorgehen ordnen sich später die Ziele, Zielgruppen sowie Botschaften unter.

Je nach Analyseergebnissen schlagen wir alternative Vorgehensoptionen vor und bewerten diese nach ihren Erfolgsaussichten und geben eine eigene Empfehlung ab.

Mit einem speziell entwickelten Krisenbarometer bewerten wir Potentiale für mögliche Krisen, wie sie sich aus der Sicht der Public Relations ergeben. Wir analysieren die Unternehmensstruktur, Produkte, ihre Herstellungsweise und die Inhaltsstoffe, Verpackungsmaterialien, Distributionswege, etc. Die gesammelten Informationen werden nach Krisenpotentialen systematisiert und nach Wahrscheinlichkeit und Gefährdungsgrad, bezogen auf die öffentliche Meinungsbildung, gewichtet.

Für die Skalierung innerhalb des Krisenbarometers ist es zunächst weniger wichtig, ob z.B. ein Inhaltsstoff tatsächlich gesundheitsgefährdend ist. Entscheidend ist, ob der Inhaltsstoff in der öffentlichen Diskussion war, noch ist oder Zielscheibe für Angriffe aus Interessengruppen sein könnte, und welche meinungsbildenden Gruppen sich des Themas angenommen haben oder annehmen werden. Wir bewerten nicht die Fakten, sondern die vorherrschenden bzw. zu erwartenden Meinungen über Fakten.

Das Krisenbarometer versetzt den Auftraggeber in die Lage, potentielle Krisen zu erkennen und – nach Priorität – Präventionsmaßnahmen einzuleiten und sich auf den Krisenfall einzustellen.

(7) PR-Zielgruppen, PR-Ziele und PR-Botschaften

Bei den Zielgruppen unterscheiden wir zwischen den Bevölkerungsgruppen, deren Meinungen wir beeinflussen wollen (Resonanzstufe) und jenen Gruppen, die den Meinungsbildungsprozeß mitgestalten. Die Zielgruppen variieren je nach Auftragsgegenstand.

Der international operierende Markenartikler möchte die Vorteile der neuen Reinigungsmittelgeneration, deren neuartige und biologisch abbaubare Wirkstoffe mit Hilfe von gentechnologischen Verfahren hergestellt wurden, an den Verbraucher weitergeben. Bevor das Unternehmen jedoch mit der verbesserten Reinigungskraft wirbt, sollte es mit den Mitteln der Public Relations (und mit Hilfe des Krisenbarometers) zunächst die Meinung und Konfliktbereitschaft der relativ kleinen Expertengruppe aus Wissenschaft und Verbraucherberatung untersuchen und vor der Einführung zielgruppengerecht kommunizieren. Mit welchen Inhalten die Kommunikation in Gang gesetzt und aufrechterhalten wird legen wir mit den PR-Botschaften fest.

Die PR-Ziele schreiben fest, was wir konkret in vorgegebenen Zeiträumen erreichen wollen. An den PR-Zielen und den später erlangten Ergebnissen können wir den Erfolg unserer Arbeit messen. Wir setzen uns nur erreichbare Ziele. Nur solche Maßnahmen, die realistische Ziele verfolgen, schaffen dem Auftraggeber Nutzen und Positionsvorteile.

(8) PR-Projekte und Budget

Der PR-Erfolg wird bestimmt durch die Wirklichkeitsnähe guter Ideen. Kreativität und Realismus liegen bei der Planung und Durchführung von Projekten nah beieinander. Ist das strategische Vorgehen vom Auftraggeber akzeptiert, entwickeln wir PR-Projekte, mit denen wir die definierten Botschaften zielgruppengerecht transportieren. Die Projekte bestehen aus einzelnen Maßnahmen.

Alle Maßnahmen werden kostenmäßig kalkuliert, es werden Frequenz- sowie Zeitvorschläge gegeben und eine konkrete Etatempfehlung für das erste Etatjahr vorgestellt.

19.5 Das Leipziger & Partner-Modell

Die Agentur Leipziger & Partner Public Relations (GPRA), Frankfurt am Main, stellte das folgende agenturinterne Papier zur Konzeptionstechnik zur Verfügung:

<u>Gliederung</u>

A Was ist ein Kommunikationskonzept?

B Wie entsteht ein Kommunikationskonzept?

(1) Briefing

(2) Rebriefing, Ausgangslage und Anforderungen an die Kommunikation

(3) Ziele

(4) Zielgruppen

(5) Positionierung

(6) Strategie

(7) Taktische Umsetzung

(8) Maßnahmenplan

(9) Kostenplan

C Konzeptionsentwicklung als Teamarbeit

A Was ist ein Kommunikationskonzept?

Ein Kommunikationskonzept ist die Verknüpfung von Analyse, Beratung und Kreation – es ist die strategische Planungsgrundlage für die Zusammenarbeit zwischen Agentur und Kunden.

Auf der Basis einer differenzierten Aufgabenbeschreibung und Analyse der Ausgangslage sowie jeweiliger Rahmenbedingungen beschreibt ein Kommunikationskonzept

- die Kommunikationsziele
- die Zielgruppen
- die Positionierung
- die Strategie
- die taktische Umsetzung
- die Maßnahmen
- die Kostenplanung

B Wie entsteht ein Kommunikationskonzept?

(1) Briefing

Elementare Grundlage für die Entwicklung eines Kommunikationskonzeptes ist das qualifizierte Briefing durch den Kunden. Manchmal sind Kunden nicht in der Lage, ein detailliertes, sachlich gewichtetes Briefing zu entwickeln. In diesem Fall gehört es bereits im Vorfeld der Konzeptionsentwicklung zu den Aufgaben der Agentur, anhand eines strukturierten Leitfadens die maßgeblichen Informationen aus Kundensicht zu recherchieren.

(2) Rebriefing, Ausgangslage und Anforderungen an die Kommunikation

In Ergänzung zu der Information durch den Kunden analysiert die Agentur das wirtschaftliche und kommunikative Umfeld des Kunden (bzw. seiner Produkte, Leistungen, Aufgaben etc.). Von besonderer Bedeutung ist die Ermittlung eines Meinungsbildes bei wichtigen, meinungsbildenden Persönlichkeiten, z.B. Fachjournalisten, Wissenschaftlern etc. Maßgebliche Grundlage hierfür sind Stichproben-Interviews, Publikationen in Presse, Medien, Archiven, Datenbanken und Fachzeitschriften.

Das Ergebnis dieser Analyse ist eine verdichtete Beschreibung der kommunikativen Rahmenbedingungen und der sie bestimmenden Faktoren (Produkte, Images etc.), aus welchen als Fazit die Anforderungen an die Kommunikation abzuleiten sind.

Das Ergebnis der Analyse kann ein zusätzlicher Bedarf an Detailinformationen sein, der durch ein *Rebriefing* von seiten des Kunden gedeckt wird. Die Analyse erlaubt schließlich auch eine Präzisierung der Kommunikationsaufgabe. Es kommt vor, daß die von dem Kunden gestellte Aufgabe nach detaillierter Analyse durchaus auch grundsätzlich zu revidieren ist.

(3) Ziele

Die einleitende Analyse und die daraus abgeleiteten Anforderungen an die Kommunikation sind die Grundlage für die Präzisierung der Kommunikationsziele. Hier unterscheiden wir zwischen

- generellen Zielen
- strategischen Zielen
- taktischen Zielen

Die **generellen Ziele** sind die unternehmerischen Ziele, zu denen die Kommunikation einen Beitrag leisten soll.

Die **strategischen Ziele** beschreiben die langfristig zu schaffenden Grundlagen der Beziehungen zwischen Auftraggeber und Öffentlichkeit.

Die **taktischen Ziele** beschreiben die unmittelbaren Veränderungen von Einstellungen und Verhalten bei den Zielgruppen zur Erreichung der strategischen Ziele.

Die Ziele sind zeitlich bzw. sachlich präzise – meßbar – zu definieren, damit eine Evaluation überprüfen kann, inwieweit sie ursächlich durch die ihnen entsprechenden Maßnahmen realisiert worden sind.

(4) Zielgruppen

In diesem Abschnitt gilt es zu präzisieren,

- an wen wir uns in der Kommunikation wenden
- wer als Multiplikator den Weg zu den Zielgruppen bahnen hilft
- welche Medien für die Ansprache der Zielgruppen und Multiplikatoren wichtig sind
- wer die Zielgruppen für die interne Kommunikation sind.

(5) Positionierung

Die Positionierung verdichtet die Kommunikationsinhalte und Leitbotschaften. Sie ist nicht zu verwechseln mit einem Slogan oder einem werblichen Claim. Sie fungiert als ein kommunikatives Dach, unter dem sämtliche Kommunikationsaktivitäten zusammengefaßt werden. Eine präzise Positionierung erlaubt es, Abweichungen von dem richtigen Weg zu identifizieren und zu unterbinden.

(6) Strategie

Die Strategie beschreibt den Weg, der zur Erreichung der Kommunikationsziele eingeschlagen werden muß und die dabei zurückzulegenden Phasen und Etappen. Sie präzisiert nicht im Detail das operative Vorgehen, sondern gibt eine verdichtete Antwort auf die Frage: Wie gehen wir vor?

(7) Taktische Umsetzung

Die taktische Umsetzung beschreibt das konkrete Vorgehen auf dem in der Strategie dargestellten Weg. Sie ist eine Handlungsanweisung für den Einsatz der strategischen Basisinstrumente in ihrem zeitlichen und sachlichen Zusammenhang sowie die Strukturierung der Zusammenarbeit zwischen Kunde und Agentur.

(8) Maßnahmenplan

Der Maßnahmenplan entwickelt detaillierte inhaltliche Vorschläge für kommunikative Aktivitäten. Die Qualität von Maßnahmenvorschlägen bemißt sich an der maximalen Integration der jeweilig spezifizierten Interessen unserer Zielgruppen auf der einen Seite und der Kommunikationsbotschaften des Kunden auf der anderen Seite. Er realisiert den grundlegenden Anspruch an die Kommunikation, ihre Zielgruppen dort aufzusuchen und abzuholen, wo sie sind.

(9) Kostenplan

Der Kostenplan ist die finanzielle Planungsbasis für die Kooperation zwischen Kunden und Agentur. Auf der Grundlage des vom Kunden definierten Budgets und der von der Agentur entwickelten Strategie ordnet der Kostenplan den einzelnen Maßnahmen die für ihre Realisierung erforderlichen Mittel zu und gibt so eine detaillierte und möglichst transparente Übersicht über die Gesamtkosten der Kampagne im vorgesehenen Zeitrahmen.

C Konzeptionsentwicklung als Teamarbeit

Die Entwicklung eines Kommunikationskonzeptes ist idealtypisch immer auch ein Teil einer Team- und Personalentwicklung. Das heißt allerdings nicht, daß die Schlußfassung eines Konzeptes die Summe der Beiträge mehrerer Autoren ist. Die Informationen und Beiträge der Mitglieder des Teams unter dem Aspekt größtmöglicher Stringenz und stilistischer Konsistenz des Konzepts zu ordnen, bleibt Aufgabe des Konzeptioners als Autor.

Die gemeinsame Arbeit an der jeweiligen Materie aber – Recherche, Diskussion und Brainstorming – und die frühzeitige Einbindung der später operativ verantwortlichen Mitarbeiter in die gedankliche und sachliche Erschließung der Materie gewährleisten im Falle einer Beauftragung durch den Kunden einen zeitigen *return on investment* – sowie die entsprechende Kundenzufriedenheit.

Schließlich gehört zu dem Prozeß der Konzeptionsentwicklung – last but not least – die enge Zusammenarbeit mit dem Kunden. Auch hier können wir idealtypisch festhalten, daß eine frühzeitige und kontinuierliche Zusammenarbeit zwischen Kunden und Agentur die Vermittlung der konzeptionellen Ergebnisse nachhaltig fördert. Hierdurch kann besonders in schwierigen Aufgabenfeldern schon frühzeitig Vertrauen in die beraterische Kompetenz der Agentur entwickelt werden. Gleichzeitig stärkt ein solcher Prozeß die Bereitschaft zur Identifikation mit seinen Ergebnissen.

19.6 Das PR Nord-Modell

Gernot Mantz, Geschäftsführender Gesellschafter der Braunschweiger Agentur PR Nord Corporate Communications Agentur für Öffentlichkeitsarbeit Mantz GmbH (GPRA), hat in seiner Agenturtätigkeit und als Lehrbeauftragter für PR die Entwicklungsschritte eines Konzeptes sehr kompakt in elf Punkten zusammengefaßt und uns für die dritte Auflage des Buches zur Verfügung gestellt. Diese Zusammenfassung liest sich wie folgt:

Das „11-Punkte Programm“ für eine gute PR-Konzeption

Vorbemerkung

Knapp 15 Prozent seiner Arbeitszeit beschäftigt sich ein PR-Mitarbeiter durchschnittlich mit der Entwicklung von Konzepten und Analysen, stellte Professor Klaus Merten (Uni Münster) 1996 in einer Untersuchung fest. Kein Wunder, denn das kleinste Problem wird üblicherweise im Unternehmen/Verband mit dem Ruf nach einer Konzeption beantwortet.

Die Bedeutung einer sorgfältig durchgeführten, strategisch konsequent vorbereiteten Konzeption für den späteren Erfolg einer Maßnahme wird in Agenturen und PR-Abteilungen häufig unterschätzt. Nicht ohne Grund erwarten die Auftraggeber (Geschäftsleitung/Agenturkunde) den Einsatz der erfahrensten Kräfte.

PR-Mitarbeiter lassen vielfach unberücksichtigt, daß konzeptionelles, strukturiertes Denken auch bei der Vorbereitung und Umsetzung kleinster (Teil-)Projekte erforderlich wird. Selbst die Erstellung eines Pressetextes wird durch das konsequente Abfragen der Konzeptionsschritte erleichtert.

Die PR-Lehre stellt ihre unterschiedlichen Modelle zur Konzeptionsfindung immer wieder als originäre Grundlage für PR-Verantwortliche heraus. Dabei wird vergessen, daß dieses konzeptionelle Denken auf das gesamte Leben unserer Gesellschaft – im Großen wie im Kleinen – übertragbar ist.

Alle PR-Verantwortlichen sind sich über die Stufen der Konzeption einig. Lediglich bei der Benennung einzelner Schritte, ihrer Gruppierung oder Reihenfolge gibt es marginale Unterschiede.

Das folgende „11-Punkte-Programm" basiert auf den in den 70er Jahren formulierten Ausbildungsplänen der AFK (Klaus Dörrbecker) bzw. des DIPR und wird seit 1980 bei PR Nord erfolgreich weiterentwickelt und umgesetzt.

1. Briefing

Am Beginn jeder Konzeption steht das Briefing. Je umfangreicher es ist, um so deutlicher ist hier bereits die Darstellung der relevanten Fakten, die subjektive Analyse und eine generelle Aufgabenstellung durch den Auftraggeber vorformuliert. Für den PR-Mitarbeiter ist die saubere Trennung und Gewichtung, aber auch eine skeptische und kritische Betrachtung der vorgelegten Informationen (des möglicherweise „betriebsblinden" Auftraggebers) erforderlich. Vor allem darf sich der Konzeptioner nicht zu sehr von den „starken Fakten" beeindrucken lassen.

2. Analyse der Stärken und Schwächen

Die Gewichtung der positiven und negativen Einflüsse erfolgt in den Bereichen Stärken (eigene/fremdbestimmte), Schwächen (kurzfristig/mittelfristig veränderbar) und neutrale (vorerst unbekannte Auswirkung). Bewußt sprechen wir nicht von einer „Soll/Ist-Analyse", da zu diesem Zeitpunkt der Konzeption eine derartige Gewichtung ausgeschlossen werden sollte.

Es muß auch darauf geachtet werden, daß sich nicht bereits hier in den Köpfen Maßnahmen-Ideen festsetzen, die die Ausrichtung der Folgeschritte vorbestimmen. Gerade dieser Aspekt ist Grund vieler schlechter bzw. zielungenauer Maßnahmen.

3. Generelle Aufgabenstellung

Sie faßt das Briefing zusammen und differenziert den Kundenauftrag.

4. Zielsetzung

Die gewünschte Veränderung durch PR-Maßnahmen wird in der Zielsetzung so konkret wie möglich in Ober- und Unterzielen benannt. Die

Meßbarkeit möglichst aller maximal zu erreichenden Erfolge muß überprüfbar beschrieben sein.

5. Zielgruppen

Auch die anzusprechenden Zielgruppen sind äußerst konkret und mit demographischen (ggf. psychologischen) Daten zu erfassen.

6. Botschaften

Jeder einzelnen Zielgruppe werden eine oder mehrere Aussagen zugeordnet, die (in Zitatform) ausdrücken sollen, daß die Botschaften „angekommen" sind.

7. Schwerpunkt-Medien (strategischer Kräfteeinsatz)

Erst an dieser Stelle, wo der strategische Teil einer Konzeption fließend in den taktischen Bereich übergeht, beginnt der gute Konzeptioner maßnahmenorientiert zu planen. Ob Event, klassische Werbung oder PR, Verkaufsförderung oder Direktmarketing – der Hebel zur Bewußtseinsveränderung bei den angesprochenen Zielgruppen wird hier bereits deutlich gewichtet. Dabei handelt es sich aber nicht um Einzelmaßnahmen, sondern um Maßnahmengruppen.

8. Maßnahmenplanung

Aus der Fülle der Maßnahmen werden die herausgefiltert, die am ehesten im Sinne der Zielsetzung auf die Zielgruppen wirken oder auf neuen Wegen (möglicherweise mit überraschendem Effekt) zur Problemlösung beitragen und die Aufmerksamkeit/den Bekanntheitsgrad bei den Zielgruppen stärken. Auch sind Synergieeffekte im Maßnahmenplan deutlich zu machen.

9. Zeitplanung

„Just in time" gilt nicht nur für Industriebetriebe. Auch Kommunikation ist zeitlichen Einflüssen ausgesetzt. Dabei ist die Vorlaufzeit der Maßnahmen zu berücksichtigen.

10. Kostenplanung

Obwohl im strategischen Abschnitt der Konzeption häufig die „Kostenschere" daran hindert, ungewöhnliche Ideen zu entwickeln, wird erst jetzt die Dimension der Maßnahmen mit dem zur Verfügung stehenden

Budget abgestimmt. Oft genug wird dadurch aus einem großen Event ein äußerst wirkungsvoller Workshop.

11. Controlling

Zu der früher üblichen Wirkungskontrolle der Maßnahmen (Feedback/Response) durch das Zählen von Clips oder Teilnehmerzahlen kommt verstärkt der Steuerungsaspekt des Controllings. Hierzu zählt zunächst die Prüfung der einzelnen Konzeptionsteile im Hinblick auf ihre Übereinstimmung mit Zielsetzung oder Botschaft sowie die ständige Beobachtung der Maßnahmen mit der Bereitschaft, diese im Zweifelsfall kurzfristig zu verändern. Je nach zeitlichem Ablauf und Budget können kleine oder große Resonanzanalysen das Ergebnis positiv korrigieren.

Nachbemerkung

Es ist ein Unterschied, ob eine PR-Maßnahme am „grünen Tisch", also theoretisch, geplant oder wie sie dem Auftraggeber präsentiert wird. Dabei kommt es auf die individuellen Umstände an, welchen Zeitrahmen oder welche Gesprächspartner der PR-Verantwortliche vor sich hat. Entsprechend sind die Arbeitsschritte zusammenzufassen oder einzelne Punkte der Strategie zu betonen. Der Präsentierende sollte vor allem darauf achten, daß sein Gegenüber nach der Darstellung des strategischen Teils sich auf gleichem Informationsstand befindet, um zu den Maßnahmen uneingeschränkt „ja" sagen zu können. Wenn die PR-Aktionen gleichzeitig im Sinne eines wohlverstandenen „Corporate Communications" in die Marketing-Kommunikation eingebettet sind, dürfte dem nichts entgegenstehen.

19.7 Das Reporter PR-Modell

Auch Dr. Lothar Rolke, Geschäftsführender Gesellschafter der Agentur Reporter Public Relations GmbH (GPRA) mit Sitz in Frankfurt am Main hat einen eigenen Beitrag geliefert. Er zeigt, wie, mit welchen Schwerpunkten und unter welchen Begründungen in dieser Agentur Konzeptionen entwickelt werden. Wir dokumentieren auch diesen Beitrag vollständig:

Gliederung

A Das Kommunikationskonzept – vier magische Schritte zum Erfolg

B Schrittfolge

(1) Situationsanalyse

(2) Strategieentwicklung

(3) Maßnahmenplanung

(4) Erfolgskontrolle

A Das Kommunikationskonzept – vier magische Schritte zum Erfolg

> „Besser durch vorausschauende Klugheit
> Schaden vermeiden, als erst aus dem
> eingetretenen Schaden klug werden."

Planung ist Zukunftsabschätzung und insofern unverzichtbarer Bestandteil allen zielgerichteten Handelns, das sich auf Intuition allein nicht verlassen will. Analyse und Bewertung, Kreativität und Kontrolle heißen die bewährten Instrumente rationalen Erfolgshandelns. Ob in der medizinischen Praxis, der Politikberatung oder eben der PR-Kommunikation, überall folgt das standardisierte Handeln einem Plan oder Konzept. Nur die Terminologie differiert: Anamnese, Diagnose, Therapie und Kontrolluntersuchung wird die Handlungsabfolge in der Medizin genannt; von Problemdefinition, Politikformulierung, Implementation und Evaluation spricht die Policy-Forschung. Wer zur Abstraktion bereit ist, erkennt in sinnfälliger Weise die logischen Ähnlichkeiten. Unterschiede lassen sich allenfalls noch in der Akzentuierung der einzelnen Bestandteile ausmachen.

Für den Bereich der Public Relations haben sich in Fragen der Konzeptionalisierung von öffentlichkeitsbezogenem Handeln die Begriffe

- Situationsanalyse
- Strategieentwicklung
- Maßnahmenplanung und
- Erfolgskontrolle

durchgesetzt, wobei sich auch hier die gleiche Basislogik wie bei allem systematischen Zukunftshandeln wiederfindet. Doch zugleich verweisen die vier genannten Grundbegriffe auf zwei weitere Aspekte, die für die Praxis relevant sind: auf den Umstand, daß in der Regel auf externe Handlungsfelder Bezug genommen wird, bei denen sich der Konzeptioner Fachwissen aneignen muß, und auf die ihm abverlangten Fähigkeiten, die er bereits mitbringen und bzw. oder trainiert haben muß, um Zukunft planvoll zu antizipieren. Wer beispielsweise im Verkehrs- oder Foodbereich ein Konzept entwickeln will, benötigt Branchenkenntnisse; die Kompetenz zum vorausschauenden Denken muß er bereits haben.

Am Ende aller Recherchen und Analysen, strategischen Über- und Festlegungen, der Klärung aller taktischen Fragen und der Operationalisierung von Erfolgskriterien sollte idealiter ein Plan vorliegen, der überprüfbar den Eintritt dessen verspricht, was er antizipiert: die Lösung eines Problems oder die Erreichung eines Ziels. Kurzum, bei Konzeptionen geht es um nicht mehr und nicht weniger als um die Planung von künftigem Erfolg.

Wenn im Zusammenhang von Konzept-Entwicklung immer wieder von Plänen die Rede ist, dann ist damit ausdrücklich nicht jener Typus gemeint, der sich im Fahrplan der Deutschen Bahn AG zeigt: uhrzeitlich höchst präzise, voller Zahlenkolonnen, aber trotz des riesigen Konvoluts nur eindimensional. Eher mag die Komplexität von Reiseplänen als Vorbild dienen: Sie geben nicht nur geografische Ziele an, die möglicherweise durch Nutzung höchst unterschiedlicher Verkehrsmittel erreicht werden, sondern auch Erlebnisziele. Sie sollen Variationen zulassen, über deren Auswahl der Reisende erst kurzfristig entscheidet und vor allem auf die Erlebnismöglichkeiten hinführen, ohne daß sie wie eine zwanghafte Vollstreckung wirken – allesamt augenfällige Parallelen zu den Kommunikationsplänen der Public Relations.

Präzision ist im Bereich der Öffentlichkeitsarbeit zwar auch ein wichtiges, aber eben nur *ein* Kriterium: Flexibilität, Komplexitätsbewältigung und vor allem Originalität heißen die weiteren Gütemerkmale erfolgversprechender Konzeptionen. Die Gründe sind fast selbstevident. Ohne Variationsmöglichkeiten kommt niemand in schwierigem Gelände voran, auch ohne den berühmten roten Faden, der durch die Vielfalt führt, lassen sich komplizierte Aufgaben nun mal nicht lösen. Wer schließlich auch noch konzeptionell immer nur die ausgelatschten Pfade geht, der darf sich nicht wundern, daß er vor lauter Mitläufern und Nachahmern kaum voran kommt. Und am Ende schon deshalb den Zielpunkt nicht erreichen kann, weil er bereits von anderen besetzt ist. Insofern kommt es in jeder Phase der Konzepterstellung auf die Suche nach dem Besonderen an, übrigens bereits schon bei der Situationsanalyse.

B Schrittfolge

(1) Situationsanalyse

Dort besteht erfahrungsgemäß die größte Gefahr, sich mit Bekanntem zufriedenzugeben – sei es, daß das situative Umfeld viel zu wenig berücksichtigt wird, sei es, daß unübersichtliche Datenmengen den Blick auf das Wesentliche verstellen. Dringend zu vermeiden ist in jedem Fall die blanke Dokumentation des Ist-Zustandes und die Reproduktion des Bekannten. Die eigentliche Kunst besteht in der erkenntnisfördernden Reduktion von Komplexität.

Die Recherche muß für die gestellte Aufgabe flächendeckend sein, aber nichts geht ohne Selektion. Die Auswertungsregeln müssen zur Aufgabenstellung und zum Ziel passen. Wer ein Unternehmen zu beraten hat, das in eine kritische Situation gerät, darf nicht nur alle Pro- und Contra-Argumente brav sammeln, sondern muß sie – sinnvollerweise getestet – gewichten können. Ein Konzept für mittelfristige Medienarbeit muß die bisherige Positionierung der Kommunikation in der veröffentlichten Meinung kennen – möglicherweise, indem es mit einer Medienresonanzanalyse beginnt (siehe weiter unten auch Erfolgskontrolle).

Situationsanalysen im Rahmen von Kommunikationskonzepten sind nicht auf Vollständigkeit, sondern auf Lösungsrelevanz hin angelegt. Insofern wird in der Regel jede Untersuchung der Ausgangslage in einer Art Stärke-/Schwächeprofil enden.

Komplexität reduzieren, heißt der Leitgedanke auch im zweiten großen Schritt, in der

(2) Strategieentwicklung

Mittelfristige Kommunikationskonzepte verfolgen in der Regel nicht nur eines, sondern eine Reihe von Zielen und wollen zugleich höchst unterschiedliche Zielgruppen ansprechen. Sie müssen eine zeitliche und sachliche Logik entwickeln, nach der das Maßnahmenprogramm umgesetzt wird. Meistens wird sich der Konzeptioner entweder für einen Leitgedanken entscheiden, dem er alle Handlungen unterordnet oder für ein Handlungs- bzw. Ablaufmuster, dessen Gedankenbasis er dann erst noch entwickeln muß.

Ziele sind zu differenzieren und zu operationalisieren, um sie überprüfbar zu machen. Zielgruppen sind nicht unbestimmt aufzulisten, sondern im Hinblick auf die Eigenschaften, die für ihre Ansprache, Aktivierung oder Beruhigung von taktischem Interesse sind, zu erfassen.

Für Produkt-PR-Kampagnen hat es sich zudem eingebürgert, in Anlehnung an Marketingkategorien die jeweilige Marke zu positionieren und damit das Wettbewerbsumfeld systematisch zu berücksichtigen.

Ohne strategische Verknüpfung degenerieren die multiplikatorischen Zielgruppen zu unkoordinierten „Einzelkämpfern" und die Maßnahmen zu planlosen Einzelaktionen – bekanntlich die Vorstufe zum endgültigen Kommunikationsflop, der mitunter nur deshalb nicht gleich auffällt, weil sich trotz der Defizite überhaupt irgendwelche Effekte eingestellt haben.

Kommunikationskonzepte sind letztendlich Handlungspläne – analytisch gestützt zwar, aber immer auf konkretes Handeln hin angelegt. Insofern bildet das

(3) Maßnahmenprogramm

den Mittelpunkt einer jeden Konzeption. In der Praxis jedoch ist dabei nicht selten das Problem der „doppelten Herzen" zu beobachten. Da liegt ein hochentwickelter Analyse- und Strategieteil vor, und daneben wurde ein großes Maßnahmenpaket geschnürt.

Beide Teile sind in sich stimmig, vielleicht auch noch ganz originell, aber passen nicht zusammen. Wenn auf diese Weise Strategie und taktische Umsetzung auseinanderfallen, dann führen die Maßnahmen zwar zu irgendeinem Ergebnis, aber eben nie zum Ziel.

Das vielleicht wichtigste Kriterium für ein gutes Konzept – sauberes Handwerk immer vorausgesetzt – ist wohl die Kreativität. Im Hinblick auf die einzelnen Maßnahmen ebenso wie auf die Abstimmung der Maßnahmen untereinander. Erfolgreiche Kommunikation ist sicher nicht ohne Kriterien wie Präsenzstärke, Frequenz und Zielgruppengenauigkeit möglich. Denn wenn all das entsprechend der Erfahrungswerte erfüllt ist, kann davon ausgegangen werden, daß der Kommunikator in der Öffentlichkeit auch wahrgenommen wird. Aber ob er im vielstimmigen Chor der Informationsproduzenten auch noch verstanden und eben nicht nur gehört wird, hängt nun mal entscheidend von der Originalität, der Einmaligkeit und der Profiliertheit seiner Kommunikationswege ab.

Dabei ist Kreativität kein freischwebender Wert. Sie ist nur so gut, wie ihre Materialisierung in konkreten Maßnahmen realitätswirksam ist. Vor diesem Hintergrund wird deutlich, daß sich der Schöpfergeist des Konzeptioners und seines Teams mit praktischen Erfahrungen paaren muß, damit Zukunftsgestaltung nicht blanke Idee bleibt, sondern vorausschauendes Handeln ist, das sich von der tatsächlichen Ausführung nur durch ein trägheitsbedingtes „time-lag" unterscheidet – Trägheit im physikalischen Sinne als Verzögerung verstanden.

Ob sich die Antizipation bei der Realisierung der Maßnahmen auch tatsächlich erfüllt, muß sich messen und bewerten lassen. Dazu dient die

(4) Erfolgskontrolle

Sie kann an sehr unterschiedlichen Stellen des Kommunikationsprozesses ansetzen: bei den Rückwirkungen auf den Kommunikator selbst (Zufriedenheits- und Akzeptanzwerte), bei der Annahme von Handlungsangeboten seitens der Zielgruppe (Besucherzahlen, Leserkontakte, etc.), beim Niederschlag der Aktivitäten in den Medien (Auswertung mittels einer Medienresonanzanalyse), bei den Meinungsbildern in der Öffentlichkeit (Repräsentativbefragungen) oder beim angestrebten Verhalten der Zielgruppe (Marktdaten, Wählerverhalten, etc.).

Noch führt die Erfolgskontrolle in der Praxis eher ein Schattendasein, weil Unternehmen, Behörden und soziale Organisationen die Folgekosten der Kontrolluntersuchungen scheuen. Aber künftig – bei steigenden PR-Budgets und zunehmender Marktrelevanz der PR-Kommunikation – werden die Fragen der Wirkungskontrolle sprunghaft an Bedeutung gewinnen.

Zum Schluß sei noch eine Warnung erlaubt: Ausgereifte PR-Konzeptionen scheinen – abstrakt betrachtet – alle einer gleichen Logik zu folgen. Und doch sind sie in der konkreten Ausgestaltung höchst unterschiedlich. Denn sie haben immer nur mit einem kleinen, außerordentlich differenzierten Anwenderkreis und höchst unterschiedlichen Situationen zu tun: Der Vorstand eines High-Tech-Unternehmens hat nun mal völlig andere Erwartungen als der PR-Ausschuß eines Massenverbandes. Eine Krise gibt den konzeptionellen Überlegungen ein völlig anderes Gepräge als ein Jubiläum.

Wer deshalb an ein idealtypisches Muster für „richtige" Konzeptionen glaubt, das sich auf alle Anwendungsfälle übertragen läßt, scheitert bereits mental. Die Magie eines guten Konzepts entsteht niemals durch die mechanische Anwendung aller verfügbaren Hilfsmittel (Analyse, Befragung, Audit, Brainstorming, Checkliste, Medienauswertung, etc.). Worauf es letztendlich ankommt, ist die Grundidee konzeptionellen Denkens zu kapieren, statt formale Handlungslogiken zu kopieren.

19.8 Burson-Marsteller: Schaubild des Konzeptionsprozesses

Das internationale Agentur-Network Burson-Marsteller hat ein umfangreiches internes Arbeitspapier zum Konzeptionsprozeß entwickelt, das den Autoren leider nicht zur Verfügung stand. Trond Andresen konnte allerdings folgendes Schaubild zum Abdruck freigeben, das sehr verdichtet die einzelnen Schritte der Konzeptionsentwicklung bei Burson-Marsteller (B-M) markiert. Siehe folgende Seite.

Die auf Bitte der Autoren von B-M vorgenommene Übersetzung ins Deutsche (übernächste Seite) zeigt an einigen Stellen die Schwierigkeit, network-interne (und dort geläufige) Fachbegriffe sinnvoll in deutsche Stichworte zu übertragen.

Strategy and Proposal Development: Process Detail

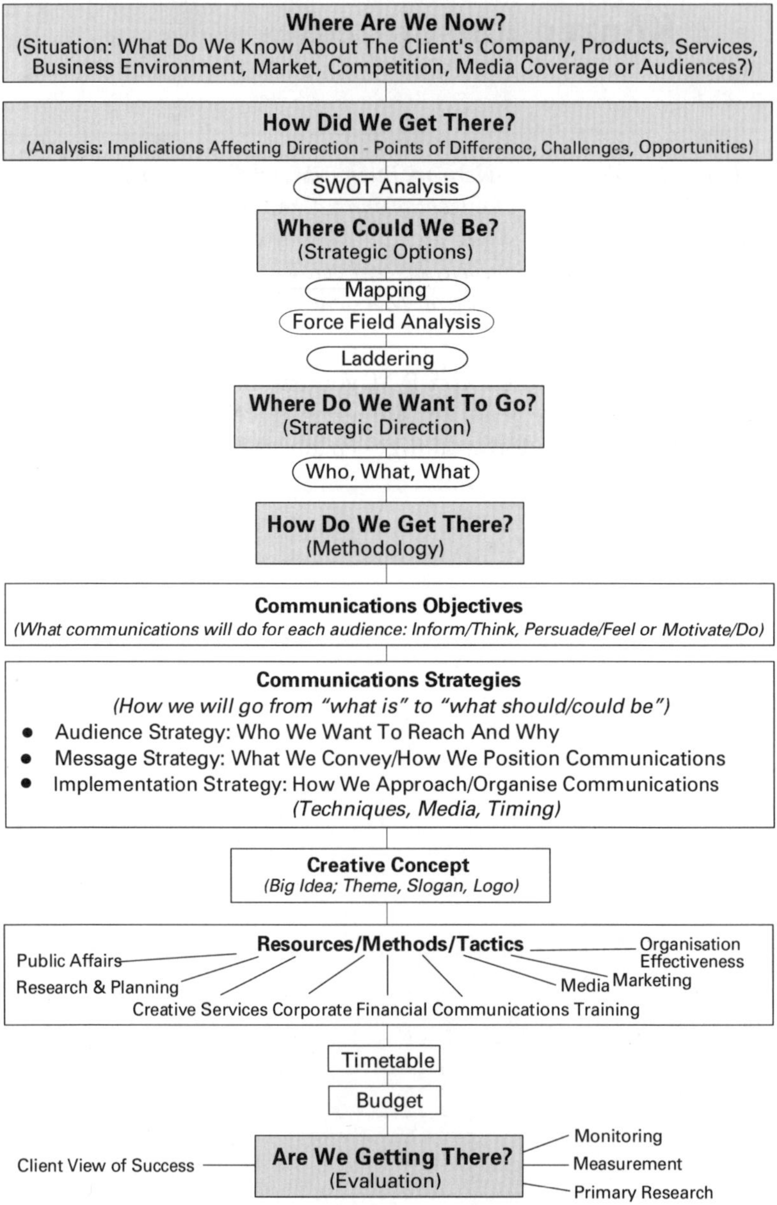

Deutsche Übersetzung des Burson-Marsteller-Schaubildes

Strategieentwicklung

Wo stehen wir jetzt?
(Ist-Situation: Was wissen wir über das Unternehmen des Kunden, dessen Produkte und Dienstleistungen, das wirtschaftliche Umfeld, dessen Märkte und Konkurrenten, Berichterstattung oder Zielgruppen)

Wie sind wir an diesen Punkt gelangt?
(Analyse: Besonderheiten, Herausforderungen, Möglichkeiten)

SWOT – Analyse
Stärken, Schwächen, Chancen und Gefahren – Analyse

Wo könnten wir stehen?
(Strategische Optionen)

Mapping
(= etwa: Visualisierung bestimmter Abläufe)
Umfeldanalyse
Laddering
(= etwa: Antriebsfedern des Handelns/Motivsuche)

Wohin wollen wir?
(Strategische Ausrichtung)

Wer, Was, Wann

Wie erreichen wir dieses Ziel?
(Methodik)

Zielsetzung für die Kommunikation
(Mit welchem Kommunikationsmittel erreichen wir welche Zuhörerschaft/Zielgruppe?)

Kommunikationsstrategie
(Wie erreichen wir die Veränderung von „Was ist?“ zu „Was sollte/könnte sein“)
– Zielgruppen: Wen wollen wir erreichen und warum?
– Kernaussagen: Was übermitteln wir und wie positionieren wir diese Kommunikation?
– Implementierung: Wie setzen wir diese Kommunikation um?

(Techniken, Medien, Timing)

Kreative Konzeption
(Kernidee; Thema, Slogan, Logo)

Ressourcen/Methoden/Taktiken

Public Affairs, Research&Planning, Kreation, Unternehmenskommunikation, Finanzkommunikation, Kommunikationstraining, Marketing, Organisationsplanung

Zeitplan, Budget

Gelangen wir ans Ziel? (Evaluation)
Erfolg aus Kundensicht// Monitoring, Medienanalysen, Forschung

Die Modelle der beiden führenden deutschen PR-Ausbildungsinstitute

Es leuchtet ein, daß die professionellen PR-Ausbildungsinstitute über die detailliertesten und ausgefeiltesten Modelle zur Konzeptionsentwicklung verfügen: Sie müssen ja nicht wie Profis für Profis allein im Überblick die Sache darstellen, sondern müssen darüber hinaus ihre Seminarteilnehmer in sorgfältiger Stufung in die Konzeptionslehre und die Konzeptionspraxis schrittweise einführen.

Das DIPR spricht von „gesellschaftsorientierter" Public Relations und lehnt allein „zweckorientierte" und „im Eigeninteresse" wahrgenommene Kommunikationsaufgaben ab. Die AFK schließt solche Möglichkeiten bewußt nicht aus, weil es in der pluralistischen Gesellschaft legitim sei, Interessen zu haben und zu vertreten. Vor allem die betriebswirtschaftliche, also unternehmenspolitische, Einordnung unterscheidet das AFK-Modell von jenem des DIPR.

Wir dokumentieren hier aus entsprechenden Beiträgen und Unterlagen der Urheber von Konzeptionsmodellen aus den beiden ältesten deutschen PR-Ausbildungsinstituten:

19.9 Das DIPR-Modell

Günther Schulze-Fürstenow, seinerzeit Deutsches Institut für Public Relations e.V. in Hamburg, ältestes deutsches PR-Ausbildungsinstitut, hat uns zum Thema sowohl einen grundlegenden Aufsatz im Auszug als auch einige seiner Seminarpapiere zur Verfügung gestellt. Wir übernehmen aus seinem Aufsatz[148] *gerne auch die einleitenden Kernaussagen und den Schlußteil zum aktuellen Selbstverständnis von PR, die über das eigentliche Konzeptions-Modell hinausgehen, aber zum Verständnis dessen, was der Autor meint, von Bedeutung sind. Wir dokumentieren – lediglich der Gliederung dieser Dokumentation angepaßt – wie folgt:*

Konzeptions-Modell für gesellschaftsorientierte Public Relations

Gliederung:

A Einführung und Überblick

(1) Fragestellung zum Thema
(2) Drei Kernaussagen zum Thema
(3) Die Ablaufphasen methodischer PR-Arbeit im Überblick

B Die konzeptionellen Arbeitsschritte

(1) Die Phasen und ihre Erläuterungen
(2) Nachdenklicher Nachtrag
(3) Ergänzung zum Zeit- und Maßnahmenplan
(4) Das PR-Team bzw. HR-Team

C DIPR-Modell und aktuelles Selbstverständnis von PR

148 Aus „Handbuch für Öffentlichkeitsarbeit (PR)", (Auszug aus Kapitel X, Seite 11 ff, Lieferung Nr. 128, 1987), Verlag Luchterhand, Neuwied.

A Einführung und Überblick

(1) Fragestellung zum Thema

Wer ein Konzeptionsmodell für methodische Public Relations-Arbeit vorstellt, steht vor der Frage: Welches Selbstverständnis von Public Relations muß ich voraussetzen? – Kaum ein Begriff wurde so oft und so verschiedenartig definiert. Nach wie vor sind Public Relations (PR) Anlaß für Mißverständnisse in Theorie und Praxis, – vor allem in den auch von PR tangierten Arbeitsfeldern der Manager in Marketing oder Personalwesen, bei Journalisten und in allen anderen „Kommunikations-Berufen", von Werbung, Verkaufsförderung bis zu Grafik-Design oder Product Placement.

Und deshalb muß der Versuch einer Klärung des aktuellen Selbstverständnisses von PR diesem Angebot einer Arbeitshilfe für PR-Fachleute vorangestellt werden. Denn eine Antwort auf die Frage:

Welches prinzipielle Selbstverständnis von PR als Funktion und Profession in einer pluralistischen Gesellschaft muß heute vorausgesetzt werden?

Ist doch zugleich eine Antwort auf die hier nicht ganz unwichtige Frage:

An welchen zeitgerechten Forderungen oder Kernaussagen über PR orientiert sich der konzeptionelle Ansatz für die Entwicklung und Planung wirksamer PR-Maßnahmen?

(2) Drei Kernaussagen zum Selbstverständnis von PR

Auch wenn in diesem Zusammenhang keine alle Aspekte abdeckende Antwort erwartet werden kann, liefern aktuelle Definitionen internationaler und nationaler PR-Berufsverbände und die Arbeiten anerkannter Autoritäten der PR-Fachwelt ausreichende Grundlagen für die wesentlichen Gesichtspunkte. Danach läßt sich aus meiner Sicht die Frage nach dem heute erforderlichen Selbstverständnis von PR in folgenden drei wichtigen Kernaussagen knapp zusammenfassen:

1. PR-relevante Kommunikations-Aufgaben können heute nicht allein zweckorientiert verstanden und nur im Eigeninteresse wahrgenommen werden, ihre soziale und institutionelle Vernetzung mit öffentlichen Interessen erfordert in jedem Fall Ausgleich und Konsens anstrebende, also gesellschaftsorientierte PR-Arbeit.

2. Eine wesentliche Voraussetzung für die wirksame Lösung von Kommunikations-Problemen oder Konfliktsituationen zwischen allen denkbaren Beziehungsfeldern ist dialogorientierte Zweiweg-Kommunikation. Anhörung und Analyse von Erwartungshaltungen beteiligter Zielgruppen sind deshalb notwendige Voraussetzungen für die Planung und Wirkungskontrolle von PR-Maßnahmen.

3. Da nicht nur externe, sondern gleichermaßen interne Beziehungsfelder den Wirkungsbereich von PR bestimmen, müssen beide als integrierte Handlungsebenen wirksamer Öffentlichkeitsarbeit angesehen werden. Mitglieder oder Mitarbeiter eines Beziehungsträgers sind auch Teil der Öffentlichkeit und müssen als wichtige (weil besonders glaubwürdige) Multiplikatoren konzeptionell integriert werden.

(3) Die Ablaufphasen methodischer PR-Arbeit im Überblick

Die Ablaufphasen methodischer PR-Arbeit sind bekannt und werden so oder ähnlich in der Fachliteratur beschrieben:

1. Bestandsaufnahme und Bewertung der IST-Situation, auch Situationsanalyse.

2. Erarbeitung einer Kommunikations-Strategie (Ziele, Zielgruppen, SOLL-Vorgabe/Botschaft/PR-Thema und Hauptinstrumente für deren Verbreitung).

3. Umsetzung der Strategie in geeignete Maßnahmen, einschließlich Zeit- und Kostenplanung.

4. Realisation der Maßnahmen und Wirkungskontrolle

Entspricht dieser – heute noch vorwiegend auf externe Zielgruppen ausgerichtete – konzeptionelle Ansatz den aktuellen Erfordernissen gesellschaftsorientierter PR-Arbeit? Falls die am Anfang genannten drei Kernaussagen zum Selbstverständnis von PR dabei berücksichtigt werden, kann diese Frage bejaht werden.

Bevor ich jedoch näher erläutere, in welcher Weise das hier vorgestellte Ablaufschema den Forderungen der drei Kernaussagen entspricht, möchte ich sagen, wie es heißt. Nach den Anfangsbuchstaben seiner vier Arbeitsphasen nenne ich es DIPR-Modell: **D**atenerfassung und -Bewertung/Situationsanalyse (Phase 1), **I**ntegrierte PR-Strategie (Phase 2), **PR**-

Programm (Phase 3) und Realisation (Phase 4). *(s.a. Schemazeichnungen der Phasen 1 bis 4 in Abbildung 1 und 2)*

B Die konzeptionellen Arbeitsschritte

(1) Die Phasen und ihre Erläuterungen

Wer dem Ablauf der Konzeptionsphasen 1 und 2 (Abb. 1) in der Schemazeichnung folgt, wird sehen, daß die einzelnen Arbeitsschritte brauchbare Antworten auf folgende Fragen geben müssen:

1. Wie ist die *Ausgangssituation*?

2. Wo liegen die *Stärken* und *Schwächen*?

3. Welche *Aufgabenstellung* (Problemlage) ergibt sich daraus?

4. Welche meßbaren *PR-Ziele* müssen gesetzt werden?

5. Welche *Aussagen* (d.h. Informations-Vorleistungen) müssen gegenüber welchen *Zielgruppen* gemacht werden/können den Dialog in Gang setzen?

6. Über welche Wege, mit welchen *Mitteln und Medien* sind diese Aussagen an die Zielgruppen heranzutragen/können die angestrebten Ziele und Wirkungen erreicht werden?

Dabei werden die internen Beziehungen zu Mitarbeitern/Mitgliedern und der externe Meinungsmarkt als integrierte Handlungsebenen nebeneinandergestellt. Dieser parallel verlaufende Denkansatz ermöglicht eine in sich geschlossene Kommunikationsstrategie. Er mindert das Risiko möglicher Fehlplanungen mangels Koordination inhaltlicher oder formaler Prioritäten.

Diese Vorgehensweise ist für ein gesellschaftsorientiertes PR-Konzept notwendig, weil in vielen Fällen bereits in Phase 1 Konfliktsituationen beachtet werden müssen, die nicht einfach verdrängt werden dürfen. Das wird im Schema signalisiert durch den Hinweis auf das Spannungsfeld zwischen „*Eigeninteressen*" des Beziehungsträgers und seiner Mitarbeiter/Mitglieder einerseits und den „*öffentlichen Interessen*" im externen Meinungsmarkt andererseits.

DIPR Konzeptions-Modell	**Abbildung 1: Ablaufschema der Phasen 1 (Datenerfassung u. Bewertung) und 2 (integrierte PR-Strategie)**

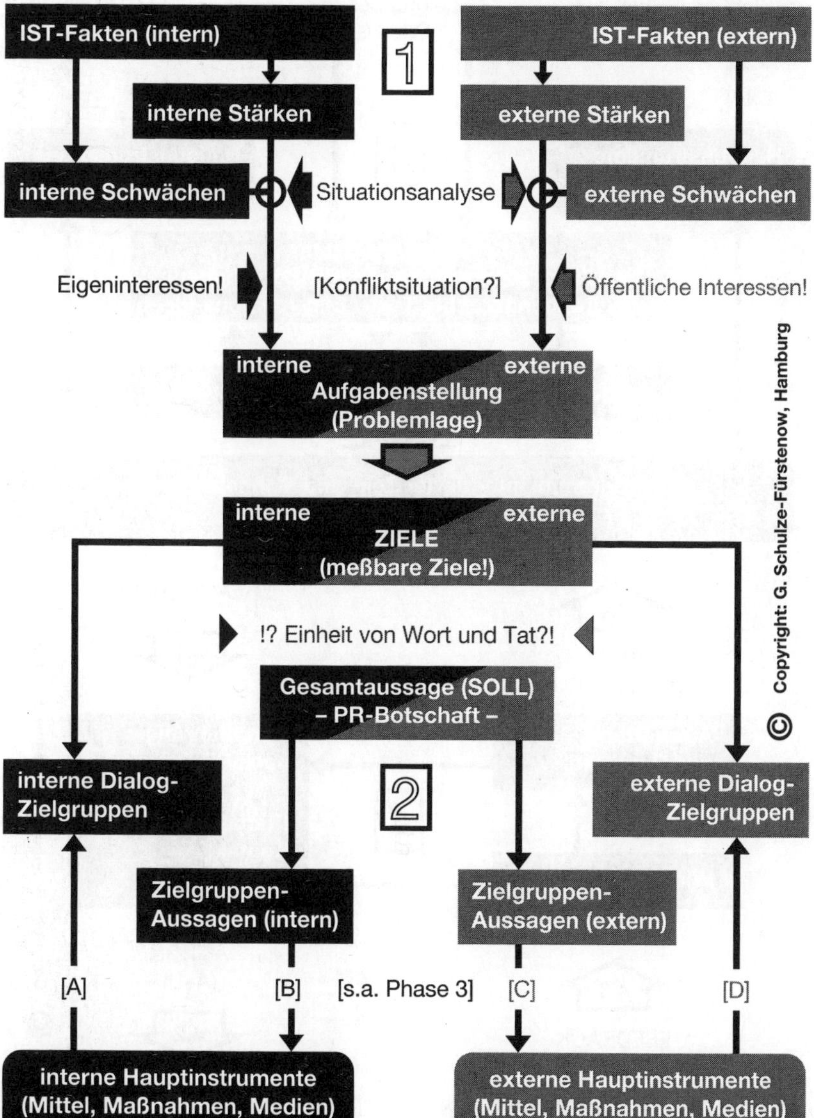

DIPR Konzeptions-Modell	Abbildung 2: Ablaufschema der Phasen 3 (PR/Programm) und 4 (Realisation)

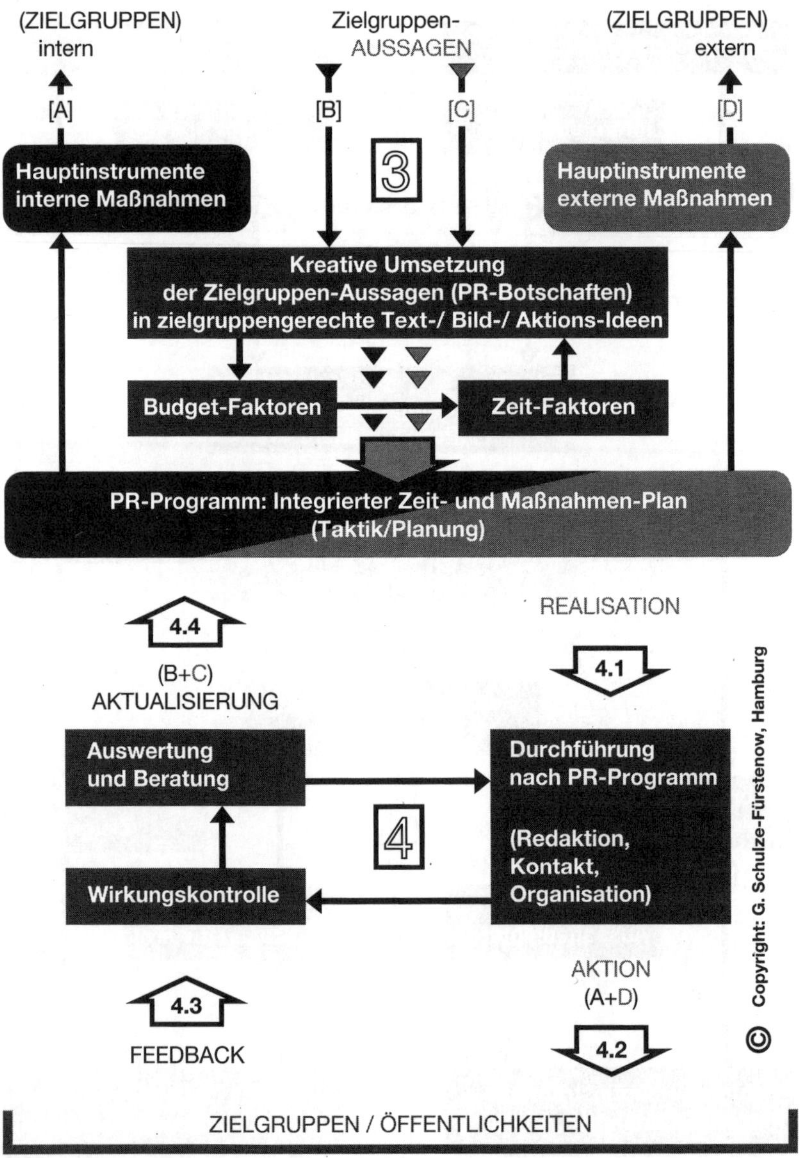

Da wohlverstandene Öffentlichkeitsarbeit den Konsens anstrebt, also Konfliktabbau und weitgehenden Interessenausgleich durch gegenseitigen Informationsaustausch im Dialog, müssen beide Interessenlagen bereits zu Beginn für die Aufgabenstellung berücksichtigt werden. Andernfalls bleibt das Konzept Stückwerk und ohne Erfolgsaussicht auf tragende Langzeitwirkung.

Zur Phase 2: In anderen Managementbereichen ist das Setzen meßbarer und realistischer *Ziele* selbstverständlich. Also gilt es auch im PR-Bereich, wenn diese Aufgaben von den Entscheidungsträgern ernst genommen werden sollen. Quantifizierbare Ziele im Meinungsmarkt und das zu ihrer Verwirklichung anzustrebende Zeitmaß vorgeben, ist zudem Voraussetzung für eine Wirkungskontrolle.

Die *Gesamtaussage* oder PR-Botschaft wird zwar im Hinblick auf das SOLL-Image formuliert und orientiert sich z.B. weitgehend an den (leider nicht immer verbindlich vorgegebenen) unternehmenspolitischen Zielen. Sie sollte aber keinesfalls über das Machbare hinausgehen oder gar die *„Einheit von Wort und Tat"* mißachten. Weil Erwartungshaltungen und Interessenschwerpunkte der internen und externen Zielgruppen unterschiedlich sind, werden nach Festlegung der Zielgruppen aus dieser Gesamtaussage entsprechend positionierte *Zielgruppen-Aussagen* abgeleitet. Ihr gemeinsames Dach stellt sicher, daß intern und extern nicht mit zwei verschiedenen Zungen geredet wird und Widersprüche vermieden werden, wie sie bei nicht integrierter Vorgehensweise gelegentlich vorkommen.

Daß für den Transport dieser Aussagen an die entsprechenden Zielgruppen auch unterschiedliche *Instrumente* und Medien genutzt werden, versteht sich. In den Verbindungen dieser beiden Regelkreise geben die Buchstaben (A), (B), (C) und (D) Hinweise auf Nahtstellen zur dritten Konzeptionsphase (s.a. Abb. 2).

Zur Phase 3: Die *kreative Umsetzung* von Zielgruppen-Aussagen in geeignete und wirksame Text-/Bild-/Aktions-Ideen im Regelkreis mit Zeit- und Geldfaktoren liefert den Stoff für die taktische Planung. Die erarbeiteten Vorschläge müssen sinnvoll miteinander verzahnt werden. Das geschieht im Rahmen eines mittelfristigen *Zeit- und Maßnahmenplans.* Das so entstehende *PR-Programm* erfaßt sowohl interne wie externe Maßnahmen über einen Zeitraum von drei bis fünf Jahren.

Zur Phase 4: Die Realisationsphase wird durch den Regelkreis *„Durchführung – Wirkungskontrolle – Auswertung/Aktualisierung"* dargestellt, analog zum Kommunikations-Kreislauf (Beziehungsträger – Öffentlichkeiten – Feedback – Beziehungsträger). Die Notwendigkeit zur Aktualisierung des vorausgeplanten PR-Programms (Phase 3) wird deutlich gemacht. Der Arbeitsschritt „Durchführung" nennt die – außer der Grundfunktion *Konzeption* – notwendigen anderen drei Grundfunktionen der PR-Arbeit: *Redaktion, Kontakt und Organisation.*

(2) Nachdenklicher Nachtrag[149]

Natürlich setzt dieses Konzeptions-Modell voraus, daß der oder die Anwender keine Neulinge in der Öffentlichkeitsarbeit sind, sondern ebenso wie ihre Auftraggeber die Phase grundlegenden Problem- bewußtseins für die gesellschaftsorientierte Funktion richtig verstandener Public Relations bereits hinter sich haben.

Zum Beispiel sind die zu Beginn ausgewiesenen, sogenannten IST-Fakten (intern/extern) nicht beliebig, sondern es handelt sich dabei um bereits evaluierte Daten/Ergebnisse vorausgegangener Untersuchungen bei internen/externen Dialog-Zielgruppen in den entsprechenden Kontaktfeldern oder Meinungsmarkt-Segmenten (Erhebungen durch Meinungsforschungs-Institute). Das heißt: Mitarbeitermeinungen und externe Imagefaktoren sind repräsentativ erfaßt und meßbar ausgewiesen.

Das dazu notwendige Briefing kann nach Vorgaben erarbeitet worden sein, die entweder aus einer vorweggenommenen Kombination von Problemlageeinschätzungen, Grob-Zielen und entsprechenden Pretest-Verfahren resultieren oder aber aus Kontroll-Untersuchungen zu bereits länger laufenden PR-Programmen, die der aktuellen Lage angepaßt werden sollen.

Es wird hier also davon ausgegangen, daß es bereits den Auftrag für eine gesellschaftsorientierte PR-Programmentwicklung gibt. Denn die dazu erforderliche Strategie soll möglichst aus einer sowohl die internen wie externen Kontaktfelder erfassenden sozialwissenschaftlich abgesicherten Situationsanalyse heraus entwickelt werden; sie soll vor allem *meßba-*

149 Die folgenden sechs Absätze sind ein Nachtrag aus dem 1994 noch einmal veröffentlichten Beitrag in der vom Luchterhand Verlag herausgebrachten Neuauflage des Loseblattwerkes unter dem neuen Titel „Handbuch PR", Band 1, Abschnitt 1.600, S. 9 – 10.

re, kommunikativ realisierbare Ziele vorgeben! Sie darf sich weder auf Annahmen oder Vermutungen stützen, noch von ausschließlich ökonomischen Zielsetzungen bestimmt sein.

Somit ist dieses Konzeptionsmodell in der Anwendung keine Arbeitshilfe für ungeübte Einsteiger oder „Publicity-Gewerbetreibende", sondern ein Konzeptionsrahmen für PR-Profis mit Erfahrung und gesellschaftsorientierter Haltung zum Beruf. Auch im Hinblick auf die von den US-Wissenschaftlern James Grunig und T. Hunt etwa zur gleichen Zeit vorgestellten vier Public Relations-Modelle orientiert sich das DIPR-Konzeptionsmodell an Grunig/ Hunt's Modell der *„Symmetrischen Kommunikation"* zwischen Gruppen.

Daß diesem Anspruch bis heute nur ein Bruchteil der Beziehungsträger oder Agenturen nachkommen, ist bekannt; schon von James Grunig und T. Hunt wurde ihr Anteil im Vergleich zu den anderen drei Modellen – *„Publicity", „Informationstätigkeit" und „asymmetrische Kommunikation"* – nur auf 15 Prozent geschätzt. Das jedoch kann den Autor nicht davon abhalten, seit 1986 ein zukunftsorientiertes Konzeptionsmodell zu präferieren, vor allem und über 1994 hinaus in der Ausbildung von Nachwuchskräften verwenden zu lassen, wenn es seitdem (nicht nur von ihm) mit Erfolg eingesetzt wurde.

(3) Ergänzungen zum Zeit- und Maßnahmenplan[150]

Die in Phase 2 strategisch festgelegten Kommunikationsmaßnahmen bedürfen der kreativen Umsetzung, das heißt, die Zielgruppen-Aussagen müssen als möglichst wirkungsvolle Text-/Bild-/Aktions-Ideen über geeignete Hauptinstrumente/Medien an die Zielgruppen herangetragen werden.

<u>Mit diesem Arbeitsschritt</u> *(kreative Umsetzung der Botschaften* in möglichst wirkungsvolle Text-/Bild-/Aktions-Ideen) beginnt die dritte Konzeptions-Phase. Sie ist abhängig von Budget- und Zeitfaktoren. In ihr sollen konkrete Einzelmaßnahmen vorgeschlagen werden, die zeitlich aufeinander abgestimmt werden müssen. Dies geschieht in einem Zeit- und

150 In Ergänzung zum Nachdruck aus dem Handbuch für Öffentlichkeitsarbeit (PR) zum DIPR-Konzeptions-Modell zitieren wir für die Darstellung der Maßnahmenplanung aus den DIPR-Seminarmaterialien Nr. 28 und dokumentieren auch (Seminarmaterialien Nr. 30 A, siehe nächste Seite), wie in den DIPR-Seminaren die taktische Umsetzung geübt wird.

Maßnahmenplan, der (als eigentliches PR-Programm) alle nach innen und außen zu leistenden Kommunikationsaufgaben mittel- bis langfristig nicht nur koordiniert, sondern integriert vorausplant.

Der Zeit- und Maßnahmenplan (siehe erläutertes Formular auf der nächsten Seite) teilt sich ... von einer Mittelachse nach unten in einen *internen,* nach oben in einen *externen* Teil.

Dementsprechend werden in der unteren Hälfte die internen Hauptinstrumente als Maßnahmenketten eingetragen, mit denen die *internen Zielgruppen* erreicht werden sollen (gekennzeichnet mit: *int A* bis *int G).*

Die obere Hälfte ist vorgesehen für Maßnahmenketten, die das Programm für die *externen Zielgruppen* darstellen *(ext A* bis *ext G):*

Damit stehen für jeden Teil (intern und extern) jeweils bis zu sieben waagerechte Reihen (oder Schienen) für die sogenannten *Maßnahmenketten* zur Verfügung. Diese entsprechen den in der Strategie festgelegten Hauptinstrumenten und sollen inhaltlich so aufeinander aufbauen, daß die der Mittelachse am nächsten liegenden Schienen auch die wichtigsten Hauptinstrumente abdecken. Die Maßnahmenketten A, B und C kommen demnach zuerst zum Zuge, die äußeren (D, E, F) erst später.

Diese integrierte Planungsmethode hat mehrere Vorzüge:

1. Übersichtliche *Zeitplanung* (Monate/Jahre) in senkrechter (vertikaler) Gliederung.

2. Sinnvoll zu verknüpfende oder auch verwandte Maßnahmen werden jeweils einer einzelnen *Maßnahmenkette* zugeordnet, und zwar in horizontaler Gliederung.

3. Diese Methode ermöglicht (und verdeutlicht später), wann und wie interne und externe Maßnahmen (auch mit einheitlichen Zusatzsymbolen gekennzeichnet) so miteinander verknüpft werden (taktische Planung), daß sie sich gegenseitig stützen oder positiv beeinflussen können (Synergie, Integration!).

4. PR-Arbeit ist Teamarbeit: Gemeinsame Planung in übergreifenden Arbeitsgruppen ermöglicht einzelnen Gruppenmitgliedern Teilverantwortung zu übernehmen, ohne das Ganze aus den Augen zu verlieren.

Methodik-Beispiel für

Zeit- und Maßnahmenplan für methodische PR-Aktivitäten

1995

Kennbuchstaben (Kürzel) für **Fix-Daten-Ereignisse** werden hier eingetragen, z.Bsp.: ▽M = Messe, oder: ▽U = Urlaub/Betriebsferien

	Maßnahmenketten	ZIELGRUPPEN	1	2	3	4	5	6	7	8	9	10	11	12
KOSTEN														
EXT G	Wirkungskontrolle extern	23 - 67											1	
EXT F	*)													
EXT E	Eröffnung am neuen Standort													
EXT D	Zielgruppen-Veranstaltungen												[1]	
EXT C	Aktionen am neuen Standort		1			②	3						[4]	
EXT B	Aktionen am alten Standort	18,24-29	1		2					3				4
EXT A	Presse-/Medienarbeit	38-46,52				①				2			[3]	
PR-TEAM	Konferenzen mit externen OL	X			1	2	↝					[3]		
HR-TEAM	Konferenzen mit internen OL	X	1/2		↝									
INT A	Interne Medien	2 - 22	1	2/3		④				5			[6]	
INT B	Mitarbeiterversammlungen	2 - 22	1		2								[3]	
INT C	Dialog-Veranstaltungen	2 - 22	1/2	3	4							[5]		6
INT D	Verbesserungsvorschläge d. Mitarb.	2 - 22		1		②	↝							3
INT E	*)													
INT F	*)													
INT G	Wirkungskontrolle intern	2 - 22												1
KOSTEN														

Hier bitte nur die Kern-Zielgruppen eintragen!

Bitte keine abweichenden Codier-Systeme verwenden! Nur lfd.Nr. für jede Maßnahme setzen! Jede Maßnahmenkette neu mit 1 beginnen!

*) Für einfache Pläne bleiben ggf. nicht benötigte Spalten frei.

↝ = Kennzeichen für alle sich regelmäßig wiederholende Ereignisse oder Periodika (z.B. Mitarb.Zeitschrift)

① oder [3] kennzeichnen Programm-**Schwerpunkte**, die maximal 2 mal pro Jahr gesetzt werden, und zwar durch **integrierte** (mit einander vernetzte interne/externe) Ereignisse/Maßnahmen (wiehier z.B. in den Monaten April u. November).

Abbildung 3

Hinweise zum Methodik-Beispiel „Zeit- und Maßnahmenplan“[151]

Das Schaubild auf Seite 239 zeigt das Kalendarium nur für ein Jahr. Praktisch werden im DIPR mittelfristige Planungen mindestens für drei Jahre konzipiert. (Erweitertes Wandformular)

Die im Kalender eingetragenen Codierungsziffern sind hier fiktiv und nicht aus einer konkreten Konzeption abgeleitet. Die Vorlage ist lediglich eine arbeitstechnische Hilfe.

Es werden mit diesem Instrument konzeptionelle Grob-Planungen erstellt, d.h. nur wesentliche, aus der Strategie abgeleitete Ereignisse, z.Bsp. auf der Schiene *Ext A Presse-/ Medienarbeit:* Ziffer 1 = Pressekonferenz zum Anlaß X. Weder Tag noch Stunde, noch Einzelheiten der Vorbereitung und Durchführung. Das wird erst später, nach der Präsentation und Genehmigung einer mittelfristigen Planung ausgearbeitet, ist also detaillierten Aktionsplänen vorbehalten!

Hier geht es erst einmal um die folgerichtige Umsetzung der Strategie in einen taktischen Plan, der vor allem (auch optisch) die *Integration interner und externer Schwerpunkt-Maßnahmen* deutlich machen soll. Pro Kalenderjahr werden höchstens zwei solcher Schwerpunkte sinnvoll sein, die hier im April durch eingekreiste Codierungsziffern und im Okt./November durch Kästchen symbolisiert sind. (Die Symbole können beliebig gewählt werden, sollten jedoch einfach sein.).

Natürlich wird ihre taktische Bedeutung in der Präsentation genau erläutert und begründet. Dabei muß deutlich werden, daß diese Vernetzung entsprechende Vorteile hat, z.B. Aktivierung der Mitarbeiter als Multiplikatoren zur Dynamisierung wichtiger externer PR-Vorhaben. Oder: Bereitschaft wecken zur notwendigen Etatsplittung bei bisher getrennten Zuständigkeiten (intern/extern).

Dieser Zeit- und Maßnahmenplan enthält weder überflüssige Details, die auch kein Entscheidungsgremium interessieren würden, noch birgt er die Gefahr sogenannter „Maßnahmen-Kataloge“, die beliebig ausgedünnt werden können (um Geld zu sparen). Hier würde das Herausnehmen konzeptionell wichtiger „Mosaiksteine“ sofort augenscheinlich

151 Zitiert aus dem DIPR-Seminar-Material Nr. 30 B.

machen, daß ein (z.B. von wenig kompetenten Auftraggebern mutwillig) ausgedünntes Konzept kaum noch tragfähig ist.

Es wäre also grundfalsch, dieses vornehmlich strategischen Überlegungen folgende Instrument der taktischen Planung mit herkömmlichen Durchführungsplänen (Wer macht Was, Wann) gleichzustellen.

Letzter Punkt: Dieses Planungsinstrument schreibt die inzwischen mehr und mehr ernstgenommene *Wirkungskontrolle* fest; sie kann nicht unter den Tisch gefegt werden, weil grundsätzlich dafür die Maßnahmenketten intern G/extern G vorgegeben sind.

Die *Mittelachse* aller nach innen und außen zu planenden Kommunikationsmaßnahmen bildet eine Steuer- und Kontrollfunktion, besetzt mit den PR-Verantwortlichen, doppelt ausgewiesen als

(4) PR-Team bzw. HR-Team

Diese Teams koordinieren in jeweils zweckmäßiger Zusammensetzung alle nach innen und außen gerichteten Maßnahmen der Öffentlichkeitsarbeit und sorgen für regelmäßige Wirkungskontrollen. In der Konzeption werden hier Konstituierung, Planungstreffen und Kontrollschritte markiert, die diese Koordinations-Teams wahrnehmen müssen.

Die personelle Besetzung dieser Teams ist eine Empfehlung und sollte (vor allem im Innenbereich) der individuellen Situation des einzelnen Beziehungsträgers angepaßt sein!

Das HR-Team: Größe *maximal* 10 Personen einschließlich PR-Stab; dazu zeitweise Mitglieder aus allen für die jeweils anstehenden Kommunikations-Aufgaben wichtigen *formellen, sozialen* und ggf. *informellen* Gruppen des internen Kontaktfeldes (z.B. aus den betroffenen Ressorts Personal, Finanzen etc. oder Ausländer-/Lehrlings-Sprecher).

Das PR-Team: Gelegentliche Erweiterung des HR-Teams um vertrauenswürdige *externe* Personen, die eine Vorbereitung und Koordination externer Kommunikations-Aufgaben *beratend* begleiten können (Opinion Leader-Funktion, z.B. aus Verbänden, Kammern, Behörden, aber auch Medien etc.).

Erfahrungsgemäß sollten Team-Sitzungen zur Beratung und Koordination von Maßnahmen der Öffentlichkeitsarbeit wenigstens jeden zweiten Monat stattfinden, als beratende Gäste sollten aber möglichst keine

Spitzenleute, sondern besser deren Referenten oder Assistenten eingeladen werden ...

C DIPR-Modell und aktuelles Selbstverständnis von PR[152]

Nach der Erläuterung aller Arbeitsschritte steht noch eine Antwort auf die Frage offen, wieweit mein DIPR-Modell den anfangs skizzierten Kernaussagen zum notwendigen Selbstverständnis von PR entspricht.

Situationsanalyse (Phase 1) und *Wirkungskontrolle* (Phase 2) gehen von Fakten aus, die sich u.a. aus sozialwissenschaftlich abgesicherter Meinungsforschung ergeben. Bewertungen und Erwartungshaltungen und sich daraus ableitende *Schwächen* werden ebenso berücksichtigt wie *Stärken*. Vergleich und Gewichtung dieser Werte ermöglichen eine weitgehend objektive Situationsanalyse; dabei wird zusätzlich auf die mögliche *Konfliktsituation* hingewiesen, die sich aus einem Spannungsfeld zwischen *Eigeninteressen* und *öffentlichen Interessen* ergeben kann. Der darauf abzielende Konsensanspruch beeinflußt bereits die *Aufgabenstellung*.

Der ersten und zweiten Kernaussage, daß Public Relations nicht nur eigennützig zweckorientiert verstanden werden kann, und 2. dialogorientiert die Erwartungshaltungen aller internen und externen Zielgruppen als Ausgangsbasis konzeptioneller Überlegungen anzusehen hat, wurde damit entsprochen.

Schließlich vollzieht das DIPR-Modell bereits ab Phase 1 die Integration interner und externer Beziehungsfelder. Damit entspricht es der dritten Kernaussage, nämlich der Forderung, daß PR sich nicht auf externe Zielgruppen beschränken darf (Marketing!), sondern interne und externe Beziehungsfelder miteinander vernetzen muß, denn Mitarbeiter (Mitglieder) sind wichtige Multiplikatoren.

Daß in Phase 2 beim ersten Schritt *meßbare Ziele* gefragt sind und anschließend vor dem Schritt *„PR-Botschaft"* die *„Einheit von Wort und Tat"* gefordert ist, versteht sich in der Praxis leider immer noch nicht von selbst. Ein Grund dafür ist die noch überwiegend nicht gesellschaftsorientierte Auslegung von PR – zum Beispiel als Instrument des Marketing-Mix – und das durch unprofessionelle Praktiken negativ beeinflußte,

152 Schlußpassage des anfangs bereits in Auszügen abgedruckten Aufsatzes.

professionell aber längst überholte eingeengte Selbstverständnis von PR als einer kleveren Masche der Schönfärberei. – Wer nicht Gefahr laufen wolle, daß Public Relations sich zum gesellschaftlichen Nullwert reduzieren, müsse den Wandel zur gesellschaftsorientierten Öffentlichkeitsarbeit akzeptieren, sagte 1983 sinngemäß DPRG-Ehrenmitglied Hartmut Stollreiter. – Der Wandel beginnt für mich mit einer zeitgerechten Anpassung der konzeptionellen Grundlagen für professionelle PR-Arbeit und zwar bereits in der Ausbildung von Nachwuchskräften ...

19.10 Das AFK-Modell nebst einer speziellen Variante

Klaus Dörrbecker, AFK Akademie Führung und Kommunikation, zweitältestes und größtes deutsches PR-Ausbildungsinstitut, legt ebenfalls hohen Wert auf die Einübung der Konzeptionstechnik. Der folgende Beitrag ist aus mehreren Seminarunterlagen und Vorträgen Dörrbeckers in Zürich, Marburg, Siegen und Frankfurt zusammengestellt und in der hier dokumentierten Fassung für dieses Buch geschrieben.

Wie man denken muß

Konzeptionslehre: Ableitung, Grundlagen und Anwendung des professionellen Hauptinstrumentariums der Public Relations (PR)

Gliederung

A Der übergeordnete Rahmen
oder
Zur unternehmenspolitischen Einordnung von PR
(1) Die klassischen Produktionsfaktoren
(2) Der Produktionsfaktor Kommunikation
(3) Führungsaufgabe Public Relations

B Unser Thema Konzeption
oder
Zu Definitionen und Prinzipien des Konzeptionierens

C **Die Konzeptionslehre**
oder
Zur Schrittfolge professioneller Konzeptionsentwicklung
(1) Konzeptionsentwicklung im Überblick
(2) Die Vorstufen der Strategie
(3) Die Strategie oder das Lösungsprinzip
(4) Die Taktik oder die Maßnahmenplanung
(5) Die Qualitätsprüfung

D **Die Variante**
oder
Zur Methodik der Entwicklung von PR-Periodika
(1) Definitionen
(2) Zur Strategie
(3) Zur Taktik
(4) Qualitätsprüfung

A Der übergeordnete Rahmen oder Zur unternehmenspolitischen Einordnung von PR

Wenn wir über PR-Konzeptionslehre und PR-Konzeptionspraxis reden, dann wissen wir, wo das einzuordnen ist: bei Public Relations (PR). Wie aber sind PR einzuordnen und zeitgemäß zu definieren?

Sprechen wir also zuerst über den übergeordneten Rahmen.

(1) Die klassischen Produktionsfaktoren

Produktionsfaktoren sind die Güter und Dienste, die zur „Produktion", also zur Erstellung von Gütern und Dienstleistungen erforderlich sind. Die Volkswirtschaftslehre (VWL) spricht von den Produktionsfaktoren

- Boden,
- Arbeit und
- Kapital.

Die Betriebswirtschaftslehre (BWL) unterscheidet anders, nämlich in

- die „Elementarfaktoren", also objektbezogene menschliche Arbeit, Betriebsmittel und Werkstoffe sowie
- die „dispositiven" Faktoren, also Leitung, Planung, Organisation und Kontrolle oder kurz: Führung.

Je größer unternehmerische Einheiten werden, je weltumspannender sie agieren, je härter die Märkte werden, umso höhere Bedeutung gewinnen diese dispositiven Faktoren. Oder umgekehrt: je selbstverständlicher und unkomplizierter die betriebswirtschaftlichen Elementarfaktoren „eingekauft" werden können, umso mehr Gewicht bekommt der Faktor Führung.

(2) Der Produktionsfaktor Kommunikation

Wir fügen den dispositiven einen weiteren Produktionsfaktor hinzu: den Produktionsfaktor Kommunikation.

Je gewichtiger der dispositive Faktor Führung wird, umso bedeutender wird der Faktor Kommunikation. Ohne die „Drehachse" Kommunikation ist Führung weder denkbar noch operationalisierbar – das Schaubild Abbildung 1 auf der nächsten Seite verdeutlicht diese These. Man muß nicht erst an all jene Firmenpleiten erinnern, die u.a. deshalb stattgefunden haben, weil es an kommunikativer Kompetenz und Kommunikationsrealisierungen fehlte. Man muß nicht erst an die hochkommunikative soziale Kompetenz modernen Managements erinnern, ohne die Motivation, Teamgeist, Corpsgeist, Corporate Identity nicht entstehen und bestehen, um diese These zu begreifen. Aus gutem Grund hat der Wirtschaftsbereich Kommunikation inzwischen längst Milliardengrößen erreicht.

Noch einmal: professionelle moderne Führung ist ohne definierte und professionell umgesetzte Kommunikationspolitik nicht möglich. Beide gehören zusammen: Führungsaufgabe Kommunikation.

Was Abbildung 1 grundsätzlich zeigt, demonstriert Abbildung 2 auf der übernächsten Seite anhand eines Prozesses in einem Unternehmen. Auch hier: diese Entwicklung ist ohne die schon genannte „Drehachse Kommunikation" nicht möglich.

AFK Akademie Führung und Kommunikation

Funktionen des Führens im Managementkreis – Drehachse Kommunikation **Tableau Nr. 50**

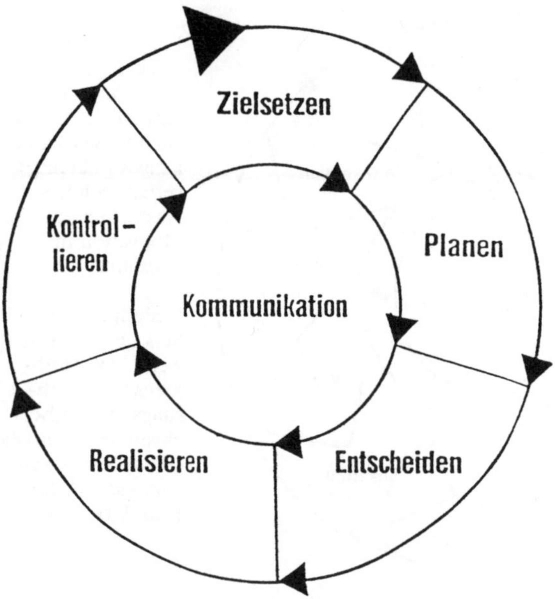

Fünf Grundfunktionen *kennzeichnen* Führungstätigkeit. Immer wieder und – ab Zielsetzung – in dieser Abfolge. Möglich wird die Erfüllung der Funktionen durch Kommunikation: sie bildet das *Drehmoment*, ohne sie läuft nichts.

Wie ein Manager – gleich welcher Ebene – diese Funktionen erfüllt, hängt von seinen Wertvorstellungen ab und von seinen Annahmen über die beste Art, mit Aufgaben und Mitarbeitern umzugehen.

Zeichnung nach "Management", DVA-Lehrtechnologie

4-2/95 . c: dö

Abbildung 1

(3) Führungsaufgabe Public Relations

Public Relations sind ein Teil dieser Führungsaufgabe Kommunikation. Sie leitet sich also von diesen beiden Produktionsfaktoren ab (siehe auch Definition unten). PR sind damit Teil des wirtschaftlichen Systems. Was bei diesen Überlegungen für Organisationen der Wirtschaft, also für Unternehmen, gültig ist, gilt im übertragenen Sinne genauso für Verbände,

AFK Akademie Führung und Kommunikation

Management by Communication: Tableau Nr. 51
Funktionskreis der Führungsentwicklung einer Organisation

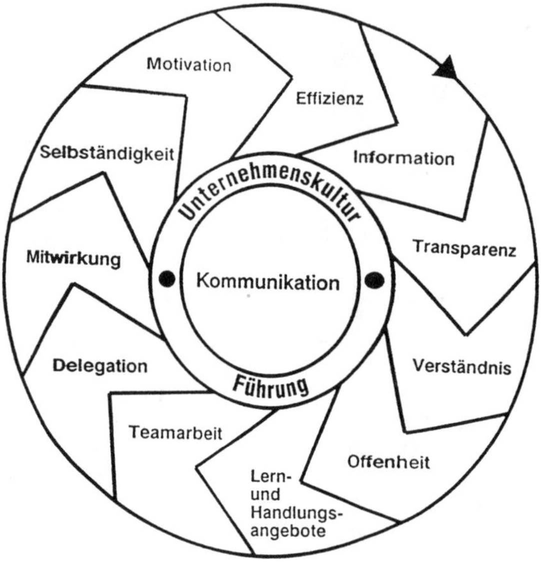

Führung und ihre Wirkungen müssen sich schrittweise entwickeln. Das gilt auch für kommunikatives Führungsverhalten mit seinen Auswirkungen auf Motivation und Effizienz.

Schlußfolgerung: So kann "es laufen", wenn Unternehmens- und Führungskultur übereinstimmen und die *"Drehachse Kommunikation"* den Prozeß bewegt.

5-3/95 . c dö

Abbildung 2

Institutionen oder Non-Profit-Organisationen.Die Ableitung vom Produktionsfaktor Führung sagt selbstverständlich auch etwas über die organisatorische Anbindung der Public Relations aus und über ihre bedingungslose Abhängigkeit von der Linie der Unternehmenspolitik und, konkret, von den Unternehmenszielen. PR-Manager sind Führungsgehilfen: Unternehmensberater Kommunikation. Damit ist auch die organisatorische Zuordnung klar.

PR leisten das Informations- und Kommunikationsmanagement einer Organisation. Intern in der Hauptfunktion, die Unternehmensspitze in allen öffentlichkeitsrelevanten Fragen zu beraten und die organisationsinterne Kommunikation zu sichern und zu pflegen. Extern übernehmen Public Relations die Sprecherrolle eines Unternehmens – des Gesamtunternehmens und seiner Politik, *nicht aber* die Sprecherrolle für eines der Ressorts, z.B. des Marketing. Ihr Zweck ist nicht, zu überreden, sondern zu überzeugen.

Das führt zu der Definition, nach der wir bei der AFK arbeiten:

Definition:

Public Relations
sind als Ableitung von den Produktionsfaktoren
Führung und Kommunikation
das geplante und möglichst dialogische
Informations- und Kommunikationsmanagement
zwischen einer Organisation
und ihren internen und externen Öffentlichkeiten;
ihr Zweck ist es, durch Überzeugung
legitime Ziele dieser Organisation zu erreichen.

Diese Definition ist sehr viel nüchterner als die in der Literatur von den Verbänden sonst geschätzten „Verständnis"-Formulierungen, in denen unentwegt Heile-Welt-Vokabeln wie „Vertrauen", „Verstehen", „Konsens" usw. vorkommen. Unsere Definition baut auf den Formulierungen der US-Professoren Grunig/Long-Hazelton auf und ergänzt sie durch spezifisch deutsche Notwendigkeiten und Erkenntnisse. Längst wissen wir, daß es nicht nur Information, also *nur* „Einweg-Kommunikation" geben kann, sondern daß die höchste Wirkung dann möglich wird, wenn wir als PR-Leute im Sinne unserer Auftraggeber gegenüber den Dialoggruppen das vorurteilslose Gespräch führen, sie also am Dialog aktiv beteiligen. Auch dieser Tatbestand ist inzwischen praxiserprobt. Er entspricht dem *Modell der symmetrischen Kommunikation* von Grunig/Hunt[153]

153 James E. Grunig/Todd Hunt: Managing Public Relations; Fort Worth, Chicago, San Francisco, Philadelphia, Montreal, Toronto, London, Sydney, Tokyo 1984, S. 22 und S. 41 – 43.

B Unser Thema Konzeption oder Zu Definitionen und Prinzipien des Konzeptionierens

Von allen „Künsten", die PR-Leute beherrschen müssen, steht eine an erster Stelle: PR-Fachkräfte müssen *Konzeptionslehre* kennen, müssen *Konzeptionstechnik* anwenden und in *Konzeptionspraxis* umsetzen können.

Die dienstleistende unternehmensberaterische Funktion der PR in allen Fragen der Kommunikation, die wir knapp beschrieben haben, nimmt Public Relations in eine besondere Pflicht. Deshalb müssen verantwortliche PR-Konzeptionen den unternehmenspolitischen Grundsätzen und Zielen einer jeden Organisation gerecht werden. Die Anbindung an und die Einbindung der Kommunikationspolitik in die Unternehmensgrundsätze und -ziele erfordert ein methodisch wirksames und praktikables Instrument zur Planung und Steuerung kommunikativer Prozesse.

In Zeiten immer komplexer werdender Kommunikationsprozesse und Informationsfluten werden von Public Relations nicht nur „handwerkliche Hilfen" sondern vor allem „denkintensive Lösungen" erwartet. PR sind deshalb ein dynamisches, sich ständig weiterentwickelndes Arbeitsfeld. Notwendigerweise ist die *Konzeptionstechnik* in den letzten Jahrzehnten zum zentralen und wichtigsten, weil übergeordneten, Bestandteil des großen PR-Instrumentariums geworden.

Wer immer verantwortungsbewußt im PR-Beruf arbeiten will, muß die Grundsätze der Konzeptionstechnik, die *Konzeptionslehre* beherrschen. Die Qualität von Konzeptionen – gleich welchen Umfangs – entscheidet vor allem über Leistungen und Erfolge von Public Relations.

Die AFK definiert *Konzeption* folgendermaßen:

Definition:

Eine Konzeption
ist ein methodisch entwickeltes, kreatives
und in sich schlüssiges
Planungspapier
zur Lösung von Kommunikationsproblemen.

Eine gute Konzeption enthält *immer* zwei aufeinander aufbauende Komponenten, nämlich die Strategie mit den Vorstufen zur Strategiefindung und die Taktik oder die Maßnahmenplanung oder das PR-Programm.

Definition:

Kommunikations-Strategie
ist die planungskreative Kunst,
die denkerische Problemlösung zu entwickeln
und Kommunikationspolitik (Public Relations)
optimal für die höheren Zwecke des Unternehmens
(der Organisation, der Institution, des Verbandes, der Branche usw.)
einzusetzen.

Die Entwicklung der Strategie folgt dem *Prinzip Verdichtung*. Verdichtung heißt, alle möglicherweise für die Konzeption interessanten Tatbestände zu sammeln: Problembeschreibungen, Fakten, Meinungen und Informationen zur jeweiligen Organisation, ihrer Struktur, ihrem Management, ihren Mitarbeitern, dem Marktumfeld, den Meinungsmärkten einschließlich der Ergebnisse aus der Markt-, Meinungs- und Kommunikationsforschung. Sie werden in mehreren Schritten komprimiert. Dieser sehr verantwortliche Verdichtungsprozeß – im Kapitel C beschreiben wir ihn detaillierter in seinen Stufen – führt über die Analyse und eine verbesserte, sehr differenzierte Aufgabenstellung zu einer harten Strategieformulierung. Anders gesagt: beim professionellen Strategiefindungsprozeß wird die *Quantität* (der vielen recherchierten Tatbestände) in *Qualität* (der Strategieformulierung) umschlagen. Die Strategie muß die denkerische Problemlösung festschreiben können.

Was aber ist die Taktik?

Definition:

Kommunikations-Taktik
ist das gestaltungskreative Handwerk,
strategiegerecht Projekt- und Maßnahmenplanung
für bestimmte überschaubare Kommunikationsprozesse
einzusetzen.

Die Entwicklung der Taktik folgt dem *Prinzip Differenzierung*. Aus den komprimierten Fakten und der denkerischen Problemlösung der Strategie wird die stimmige und logische Abfolge der Umsetzung entwickelt.

Anders gesagt: ausgehend von der Strategie soll und muß hier hochkreativ in die ganze Fülle der *zur Strategie passenden* Maßnahmen ausdifferenziert werden. Die Taktik operationalisiert die Strategie, die strategischen Vorgaben aus dem Lösungsprinzip. Sie ist die Umsetzung der Strategie in konkrete PR-Projekte und PR-Maßnahmen. Eine Konzeption ist also insgesamt das Resultat der planerischen Erarbeitung von Strategie und Taktik.

Neben ihrer Hauptaufgabe, der planerischen Problemlösung, vermittelt die Konzeptionslehre ein System der *Risiko-Minimierung*. Die Lehre von Kommunikations-Strategie und Kommunikations-Taktik ermöglicht es, optimale Ergebnisse bei möglichst geringem Risiko zu erreichen.

Dies gilt auch unter sich ggf. verändernden Umständen. Wenn also z.B. neue gesetzliche Bestimmungen oder ein veränderter Wettbewerb, überraschende konjunkturelle oder meinungsbildende Faktoren die Bedingungen verändern, auf denen die Konzeption ursprünglich basiert hat, muß der Konzeptioner auch nachträglich diese Veränderungen in den konzeptionellen Prozeß einbeziehen. Konzeptionstechnik ermöglicht dieses flexible Reagieren auf aktuelle Veränderungen, um den Erfolg der Konzeption, bzw. das Erreichen der gesetzten Ziele nicht zu gefährden. Planung ist nichts Statisches, sondern ein Prozeß, in dem immer wieder eine Anpassung der Konzeption an interne und externe Entwicklungen notwendig sein kann.

C Die Konzeptionslehre oder Zur Schrittfolge professioneller Konzeptionsentwicklung

Wovon wird in diesem Beitrag die Rede sein?

Beim Stichwort „Konzeptionsentwicklung" klingen drei Dinge an:

- die Erarbeitung des Konzepts,
- die Präsentation des fertigen Konzepts
- und seine Dokumentation (das Booklet).

In diesem Kapitel wird die erste Aufgabe, nämlich das Erarbeiten von Konzeptionen erläutert. Es fußt auf dem Regelwerk der Konzeptionslehre und vermittelt die Kenntnis der Arbeitsgänge. Das schrittweise Vorgehen in der Konzeptionsentwicklung ist das interne, fachspezifische Handwerkszeug der Konzeptioner.

(1) Konzeptionsentwicklung im Überblick

Im Überblick sehen die einzelnen, verbindlichen Arbeitsschritte als Gesamtsystem folgendermaßen aus:

DIE VORSTUFEN DER STRATEGIE
Vier Arbeitsschritte in verbindlicher Reihenfolge:

- Die Faktenplattform
- Die Wichtigsten Fakten
- Die Verantwortliche Analyse
- Die Spezifische Aufgabenstellung

DIE STRATEGIE ODER DAS LÖSUNGSPRINZIP
Vier untereinander stimmige Bestandteile:

- Die Strategische Zielsetzung
- Die Strategische Umsetzung/der Kräfteeinsatz

= **die Kreative Strategie**

- Die Botschaften und die Positionierungen
- Die Dialoggruppen

= **die Copy-Plattform**

DIE TAKTIK ODER MASSNAHMENPLANUNG
Drei integrierte Planungsgebiete:

- Die Untergliederung:
  - Projekte
  - ggf. Teilprojekte
  - Maßnahmen

- Die Zeitplanung
- Die Feedbackplanung

DIE QUALITÄTSPRÜFUNG
Drei Prüfgebiete:

- Zur Strategie
- Zur Taktik
- Ggf. zu den Kriterien

Im Folgenden werden diese vier Planungsstufen mit all ihren einzelnen Schritten ausführlich erläutert.

Wer nun die Abbildung 3 nach der Seite 238 auffaltet, wird die folgenden Erläuterungen leichter nachvollziehen können. Dieses raketenähnliche Schaubild visualisiert den Verdichtungsprozeß von der Faktensammlung bis zur Strategieformulierung. Die Anmerkungen innerhalb der Raketensilhouette sind Erläuterungen zur jeweiligen Stufe, die „Formulierungshinweise" unterhalb stellen Arbeitshilfen für die Konzeptioner im Seminar dar. Niemand ist gehindert, an seinem Arbeitsplatz genauso zu verfahren.

(2) Die Vorstufen der Strategie

Strategische Entscheidungen bedürfen zu ihrer Planung einer breiten Informationsgrundlage. Diese Informationen bzw. die Faktenplattform werden dann in der nächsten Stufe, der Analytischen Phase, verdichtet, d.h. selektiert, analysiert, problematisiert und auf den Kern komprimiert. Der Konzeptioner kann aus dem Ergebnis der Analyse eine präzisierte Aufgabenstellung formulieren.

Diese jetzt folgenden vier Arbeitsschritte sind in der Reihenfolge ihrer Erarbeitung verbindlich. Sie bauen aufeinander auf und sind die gründlichen Stufen unterwegs zur Strategie.

Diese Vorstufen zur Strategieentwicklung im einzelnen:

Die Faktenplattform

Zu Beginn werden alle für den Fall möglicherweise interessanten Fakten gesammelt. Das heißt, der Konzeptioner muß alle Daten, Meinungen, Haltungen, Zahlen, Erhebungen usw. zusammentragen, die er für den spezifischen Auftrag u. U. nutzen kann. Zum Beispiel interessieren ihn für ein großes Konzept das Unternehmen (Organisation, Management, Mitarbeiterschaft, Unternehmensphilosophie, konkrete Unternehmensziele, bisherige PR-Struktur usw.), alles was die Marktforschung zu bieten hat (Informationen über Produkte, Dienstleistungen, Distributionsbeteiligte aller Stufen, Märkte, Wettbewerb usw.) und die Ergebnisse von Meinungs-, Image- und Kommunikationsforschung (Meinungsmärkte mit allen in Frage kommenden Dialoggruppen, Bekannheitsgraden und Images). „Lieber zu viel als zu wenig", muß hier das Motto sein.

Die erste offizielle Quelle für das Sammeln der Fakten wird wohl meist das Briefing des Auftraggebers sein. Aber zum Briefing sollte niemand unvorbereitet gehen. Vorher schon ist eine erste Archivrecherche anzuraten.

Ein gutes Briefing zeichnet sich durch die Offenheit des Briefers und kluges Nachfragen des Briefingnehmers aus. Hierbei gilt der Satz: Kein Konzept kann besser sein als das Briefing es hergibt. Anschließend werden durch eigene interne und externe Recherchen, möglicherweise Meinungsumfragen, Journalistenkontakte, Expertenbefragungen, Datenbankrecherche und Re-Briefing fehlende Informationen für die Faktenplattform ergänzt.

Folgende Fragen helfen uns bei der Erarbeitung:

Wie ist die Situation? Was ergab sich aus den Briefinggesprächen? Welche Tatsachen, Untersuchungsergebnisse und Meinungen müssen wir für unseren Fall selbst zusätzlich recherchieren? Welche weiteren Fakten und Meinungen müssen im Re-Briefing mit dem Auftraggeber und ggf. seinen Führungskräften und Mitarbeitern oder auch Handelspartnern, Kunden, Journalisten und Experten ermittelt werden?

Die Wichtigsten Fakten

In einer ersten Verdichtungsstufe müssen durch verantwortliche Selektion und Komprimierung die Wichtigsten Fakten und Probleme ausgewählt werden. Dies sind die nach sorgfältiger Prüfung erkannten, für die Konzeption zentral bedeutsamen Tatbestände. Sie werden in Stärken/Chancen und Schwächen/Risiken für die Lösung des Problems differenziert und nach ihrer Wichtigkeit aufgelistet. Diese Differenzierung ist nötig, um mögliche Risikopotentiale, aber auch Chancen frühzeitig zu erkennen, um später die Schwächen unter Nutzung der Stärken verringern zu können. Hier werden also, medizinisch gesehen, die „Symptome“ des PR-Falles ermittelt und festgehalten.

Folgende Fragen helfen uns bei der Erarbeitung:

- *Wo sind wir stark? Wo sind wir besonders kompetent, besonders glaubwürdig? Welche Stärken können wir nutzen? Welche Chancen bietet uns die Situation für die Lösung der PR-Aufgabe?*
- *Welche Schwächen, Probleme, Defizite gibt es im Hinblick auf unsere Aufgabe? Wo müssen wir dringend etwas verbessern? Welche Risiken birgt die Situation?*

Die Verantwortliche Analyse

Die Wichtigsten Fakten sind nun einer tiefgreifenden Analyse zu unterziehen. Die Ist-Situation wird unter Berücksichtigung der im Zusammenhang gesehenen Stärken/Chancen und Schwächen/Risiken dargestellt. Diese Verantwortliche Analyse führt zur „Diagnose“ des PR-Falls. Der Konzeptioner formuliert also ein geschlossenes, sorgfältig ausformuliertes, auf das Wesentliche reduziertes und bewertetes Gesamtbild, das weit über das reine Auflisten der Wichtigsten Fakten hinausgehen muß. Die Probleme des Falles, die Eigenheiten bestimmter kommunikativer Situationen werden durch die Verantwortliche Analyse präzisiert und differenziert. Der Konzeptioner muß die Fakten bearbeiten und mit diesem Schritt Schlußfolgerungen daraus ziehen.

Folgende Fragen helfen uns bei der Erarbeitung:

Welche Probleme stecken hinter den Wichtigsten Fakten, hinter den „Symptomen“ des Falls? Welche Schlußfolgerungen lassen die Stärken/Chancen und besonders die Schwächen /Risiken zu? Wo liegen deren Ursachen? Wie ist also die „Diagnose“, der exakte Zustandsbericht knapp im Zusammenhang zu formulieren?

Die Spezifische Aufgabenstellung

Bis hierher hat der Konzeptioner sich ausschließlich mit dem Ist-Zustand befaßt – das aber gründlich. Jetzt folgt der erste Blick nach vorn: Im Anschluß an die Analyse formuliert der Konzeptioner eine möglichst präzise Spezifische Aufgabenstellung für den konkreten Fall, den genauen Auftrag.

Nun könnte man einwenden, daß es ja schon eine Aufgabenstellung gab, die zum Briefing mit dem Auftraggeber geführt hat bzw. im Briefing gestellt wurde. Oft aber ergibt die genaue Analyse ein präziseres Bild der Situation, als es der Auftraggeber zu Beginn formuliert hat. So ergibt sich u.U. eine Veränderung in den Schwerpunkten der zu Anfang gestellten Aufgabe. Eine solche Abweichung und Präzisierung des ursprünglichen Auftrags kann auch die Folge von „Betriebsblindheit" oder mangelnder Offenheit des Briefers sein.

Wenn die Analyse und die daraus abgeleitete Spezifische Aufgabenstellung vom Auftrag des internen oder externen Kunden gravierend abweichen, sollte der Konzeptioner spätestens an diesem Punkt Rücksprache mit dem Auftraggeber nehmen. Es liegt in der Beraterverantwortung des Konzeptioners, den Kunden darauf hinzuweisen, wenn die vorbereitenden Schritte ergeben haben, daß die zu lösenden Kommunikationsprobleme nach den Erkenntnissen des Konzeptioners anders gelagert sind, als es der Auftraggeber gesehen oder im Briefing gesagt hat.

Mindestens jedoch ist die so erarbeitete Aufgabenformulierung meist präziser und vor allem differenzierter als die Ausgangsaufgabe. Der Konzeptioner hat jetzt eine sichere Grundlage für die Weiterarbeit. Er hat sich selbst den genauen Auftrag zur „Therapie" formuliert.

In diesem Arbeitsschritt fallen auch erste Richtungsentscheidungen. Die Spezifische Aufgabenstellung mit dem genau formulierten Auftrag für Strategie und Taktik sollte bereits die *Lösungstendenz* enthalten. Sie gibt im Optimalfall jetzt schon wichtige Hinweise für die Strategie, kann sogar die Vorstufen aller vier Strategiepositionen festschreiben. Je präziser der Konzeptioner hier werden kann, um so leichter fällt also der nächste Schritt zur Strategie.

Für die Arbeit des Konzeptioners ist dieser Zwischenschritt eine sinnvolle Hilfe.

Folgende Fragen helfen uns bei der Erarbeitung:

Wie heißt der genaue durch Fakten und Analyse abgesicherte Auftrag für den Konzeptioner? Welche Risiken/Schwächen wollen wir unter Nutzung vorwiegend welcher Chancen/Stärken mindern oder beseitigen? Wie sieht dabei die Richtung der Problemlösung aus? Stimmt dies in der Grundtendenz noch mit dem ursprünglichen Auftrag des Kunden überein oder besteht Klärungsbedarf?

Die Analytische Phase – eine Zwischenzusammenfassung

Unter dem Begriff *Analytische Phase* werden die Schritte *Wichtigste Fakten, Verantwortliche Analyse* und *Spezifische Aufgabenstellung* als Ergebnis der ersten Verdichtungsstufe nach der Faktenplattform zusammengefaßt. Sie bauen aufeinander auf und sind deshalb in dieser verbindlichen Reihenfolge zu erarbeiten. Die medizinische Parallele dazu wäre, die Symptome des Falles zu erkennen (Wichtigste Fakten), die Diagnose zu stellen (Verantwortliche Analyse) und daraus folgernd den Auftrag zur Therapie zu erteilen (Spezifische Aufgabenstellung). Das Ergebnis der Analytischen Phase ist die saubere und gründliche Ausgangsbasis für die zweite Verdichtungsstufe, die nun folgende *Strategieformulierung*.

(3) Die Strategie oder das Lösungsprinzip

Eine professionell entwickelte und vollständige *Kommunikationsstrategie* besteht aus den *vier Positionen* Strategische Zielsetzung, Strategische Umsetzung/Kräfteeinsatz, Dialoggruppen und Botschaften/Positionierungen. Sie sind gleichwertige Bestandteile mit unterschiedlicher Funktion und müssen untereinander „stimmig" sein, also in jedem denkbaren Bezug zueinander passen, aufeinander als Einheit bezogen sein. Keine dieser Positionen darf unvollständig bleiben oder gar fehlen. Dies zu beherrschen und auch formulieren zu können bildet den Kern der Konzeptionerqualität.

Die Strategische Zielsetzung

Die Strategische Zielsetzung besteht aus einem logischen System präziser Zielformulierungen mit möglichst meßbaren und damit kontrollierbaren Zielen, die zu bestimmten Zeitpunkten erreicht sein müssen. Strategische Ziele legen also den definierten Endpunkt einer geplanten Entwicklung fest. Sie sind deshalb nicht als Aufgaben, sondern als zu erreichender Status zu formulieren. Ohne klare, zeitlich festgelegte Strategische Ziele kann der Konzeptioner den Weg dorthin nicht planen.

Entsprechend der Ableitung der Public Relations von den Produktionsfaktoren Kommunikation und Führung müssen die Ziele nicht nur schlüssig auf der Analytischen Phase aufbauen, sondern mit den Unternehmenszielen kompatibel sein. Entweder sind sie direkt von diesen abzuleiten oder sie müssen mindestens widerspruchsfrei zu den Unternehmenszielen sein.

Falls es bei größeren Konzeptionen mehrere Ziele (Vorsicht: keine Zieleinflation!) gibt, sind sie zu gliedern. Dazu gibt es drei Möglichkeiten:

- Gliederung nach PR-fachlichen Teilzielen: z.B. Ziele zur internen Motivation, zur Imagepolitik, zur Product Publicity o.ä.
- Gliederung der Ziele nach Phasen: Ziele für kurz-, für mittel-, für langfristige Vorhaben. Dies ist besonders zweckmäßig, weil so die strategisch sinnvolle Zeitplanung der gesamten Kampagne vorgegeben werden kann.
- Gliederung nach Zielhierarchie: Oberziele, Hauptziele, Unterziele oder Ziele der Einführungsphase, Durchsetzungsphase, Konsolidierungsphase o.ä.

Die Ziele haben absoluten Vorrang vor den Maßnahmen. Erst wenn die Strategie feststeht, kann der Konzeptioner die passenden und effektiven Maßnahmen zur Erreichung der Ziele festlegen.

<u>*Folgende Fragen helfen uns bei der Erarbeitung:*</u>

An welchem genau definierten Punkt (oder an welchen genau definierten Punkten) wollen wir wann nach erfolgreichem Abschluß unserer Kampagne angekommen sein? Sollten wir Teilziele oder „Zwischenziele" der Kampagne festlegen? Welche Ziele haben höchste Priorität? Ist unser gesamtes Zielsystem auf die Unternehmensziele abgestimmt?

Die Strategische Umsetzung oder der Kräfteeinsatz

Jede Strategie auf allen Gebieten ist stets eine Ziel-/Wegformulierung. Beide sind untrennbar miteinander verbunden.

Die *Strategische Umsetzung*, auch *Kräfteeinsatz* genannt, beschreibt diesen „Weg“: das Hauptinstrumentarium zur Zielerreichung. Damit sind die strategisch wichtigsten und wirksamsten zu gestaltenden Mittel- und Maßnahmen*gruppen* gemeint. Vorsicht: hierher gehört keine Auflistung von Einzelmaßnahmen. Lediglich in Ausnahmefällen kann eine einzelne Maßnahme genannt werden, dann nämlich, wenn sie strategischen Rang hat.

Bei großen, langfristig angelegten Konzeptionen kann man die Strategische Umsetzung/den Kräfteeinsatz nach jenen Phasen differenzieren, die den Phasenzielen entsprechen, falls in den einzelnen Phasen unterschiedliches Vorgehen strategisch sinnvoll ist.

Die Strategische Umsetzung/der Kräfteeinsatz ist die wesentliche Position wirksamer *Planungskreativität*. Hier also wird entschieden, ob der Durchbruch zur Zielebene gelingt, ob diese Strategieposition kraftvoll genug ist, um zum Ziel zu gelangen. Von diesem Kräfteeinsatz leitet der Konzeptioner später das operative Handeln, also die Taktikplanung, mit ihrem Maßnahmeneinsatz ab und trägt dafür Sorge, daß der gewünschte Kommunikationsprozeß sich zielführend entwickelt. Hier beweist sich der strategische Kopf.

Folgende Fragen helfen uns bei der Erarbeitung:

Welches sind die entscheidenden Hebel, mit denen wir den gewünschten Kommunikationsprozeß in Gang setzen und zum Erfolg bringen? Wie, mit welchen Hauptinstrumenten, werden wir die Ziele erreichen?

Da es sich nicht um *irgendeine* Strategie handelt, sondern um eine *Kommunikations*strategie, fehlen noch zwei Positionen:

Die Dialoggruppen

Die *Dialoggruppen* sind die präzise definierten Personengruppen und Personen, an die sich die Kampagne wendet, um ihre Ziele zu erreichen.

Dazu gehören neben den *Enddialoggruppen* auch die *Mittlergruppen*, also professionelle Multiplikatoren, formelle und informelle Opinion Leaders – jene „Relaisstationen", mit denen wir zweistufige Kommunikation und damit erhöhte Wirksamkeit erreichen.[154] Mögliche zusätzliche Gliederungskriterien sind die Hervorhebung der besonders bedeutsamen *Kerndialoggruppen* und selbstverständlich auch die Unterscheidung in *interne und externe Dialoggruppen*.

Dialoggruppen müssen genau beschrieben und abgegrenzt werden – möglichst mit ihren Mentalitäten, ihren Informationsbedürfnissen, ihrer Themennähe, dem Abstraktionsgrad ihrer Sprache. Dies hilft besonders später in der Umsetzungsphase beim Erreichen und Ansprechen der Kommunikationspartner und schützt vor Streuverlusten und Kommunikationsblockaden.

> <u>*Folgende Fragen helfen uns bei der Erarbeitung:*</u>
>
> *Welche Gruppen und Personen wollen wir ansprechen, um sie in den Kommunikationsprozeß einzubeziehen? Wessen Sprache müssen wir sprechen? Wer sind die wirksamsten Mittler oder „Relaisstationen" bei zweistufigen Kommunikationsprozessen?*

<u>Die Botschaften und Positionierungen</u>

Hier handelt es sich eigentlich um einen Doppelschritt, nämlich die Erarbeitung der *Botschaften* und ihr gewünschtes inhaltliches Resultat, die *Positionierung(en)*.

Die *Botschaften* beschreiben die Kommunikationsinhalte der Kampagne. Mit den Botschaften formuliert der Konzeptioner also das, was nach beendeter Kampagne in den Köpfen und Herzen der Dialogpartner festsitzen soll. Die Botschaften sind deshalb am besten auch sprachlich so formuliert, wie die Dialogpartner ihre Meinungen selbst ausdrücken würden – würden sie sich denn artikulieren. Sprich: welche Überzeugungen werden sie gewonnen haben. Es sind keine gestalteten Texte, wie Slogans, Headlines, Baselines, Plakataufschriften oder redaktionelle Beiträge, sondern das inhaltliche Material, aus dem später die gestalteten Texte abgeleitet werden können. **[Lauftext weiter auf Seite 265]**

154 Siehe Kap. 6, S. 63 f.

Legende zur nebenstehenden Abbildung 3

Die nebenstehende Grafik visualisiert den stufenweisen Prozeß des Prinzips Verdichtung in der Konzeptionslehre bei der Strategiefindung. Ihrer äußeren Form nach ähnelt sie deshalb einer „Rakete" und wird im folgenden so bezeichnet. Innerhalb der „Rakete" werden die Resultate der einzelnen Arbeitsschritte kurz erläutert, unter ihr befinden sich (kursiv gedruckt) Arbeitshilfen in Form von Formulierungshinweisen für die jeweiligen Schritte.

Die „Rakete" besteht aus zwei Hauptteilen, den Vorstufen zur Strategie und der Strategie/dem Lösungsprinzip.

Zu Beginn steht der Auftrag zur Konzeption. Daraus entwickelt der Konzeptioner die erste Stufe, die Faktenplattform. Die in der Faktenplattform gesammelten Daten werden in der ersten Verdichtungsstufe selektiert, gewichtet, problematisiert und komprimiert. Das Ergebnis dieses Prozesses wird in der zweiten Stufe mit den Wichtigsten Fakten, der Verantwortlichen Analyse und der Spezifischen Aufgabenstellung weiterentwickelt: die Analytische Phase. Bis hierher sind die Arbeitsschritte in ihrer Reihenfolge verbindlich.

Die folgende Verdichtungsstufe bildet den Übergang zur Strategie/zum strategischen Block, dem Lösungsprinzip. Der Konzeptioner muß durch den Einsatz von Planungskreativität aus dem Resultat der Vorstufen die Strategie mit ihren vier Bestandteilen Zielsetzung, Strategische Umsetzung/Kräfteeinsatz, Botschaften/Positionierungen und Dialoggruppen entwickeln. Für die Erarbeitung der einzelnen Strategiepositionen gibt es keine verbindliche Reihenfolge. Entscheidend ist, daß sie im Ergebnis ein geschlossenes Ganzes bilden, daß sie untereinander stimmig sind: also zueinander lückenlos in jedem denkbaren Bezug passen. Erst wenn dieser Prozeß der Strategieentwicklung abgeschlossen ist, kann der Konzeptioner daraus die Taktikplanung ableiten, das PR-Programm.

Die Vorstufen zur Strat

hier: Die Faktensammlu

Die Vorstufen zur Strategiefi

hier: Die Analytische Phase

Auch: letztes Abstimmungspapier mit oners zur Strategie: Ziel und \
Auftraggeber

ationen über die weiterführende
oder langfristige Planung
ung der Kampagnenphasen
en für das Budget

Auftrag/Aufgabe
Auftraggeberbriefing

Die Fakten-Plattform

Sammlung aller möglicherw
menden Informationen aus:
* Briefing,
* Ergebnisse Kommunikatio
Meinungs- und Marktforsc
* Ergebnisse Eigenrecherche
* Ergebnisse Datenbankrech
* Ergebnisse des Re-Briefing

1. Verdichtungsstufe:
Selektion, Problematisierung,
Komprimierung, Rangreihung

Die Wichtigsten Fakten

Selektierte und gewichtete Fakten:
Stärken/Chancen, Schwächen/Risik r Zielhierarchie

Die Verantwortliche Analyse

Verarbeitung der Wichtigsten Fakte rreichen
Darstellung der komprimierten Ist-

en: Endziel-
melle Leader)

Taktik =
Einsatz von
Gestaltungskreativität:
Umsetzung in
Projekte, Teilprojekte
und Maßnahmen an der Zeitachse

Formulierungshinweise

Die Faktenplattform: *je nach A*
jedoch in übersichtlicher thema
sammeln (Kärtchen auf Pinwan

Formulierungshinweise

Die wichtigsten Fakten: *Wichtigste Fa*
Stärken/Chancen und Schwächen/Risi
(Kärtchen auf Pinwand)

Die Verantwortliche Analyse: *ein bew*
Flipchart)

Die Spezifische Aufgabenstellung: *de*
Flipchart)

neßbar den Soll-Zustand, d. h. nulieren, wie sich
Kärtchen auf Pinwand) gf. „Dachbotschaft"
virksamsten Maßnahmenbün
eren

t die Erreichbarkeit
ung nach internen

Es kann Fälle geben, wo mit einer Aktion oder gar mit einer ganzen Kampagne nur eine einzelne „Message" zu transportieren ist. In anderen Fällen – wenn es sich z.B. um Unternehmensimage und heterogene Dialoggruppen handelt – empfiehlt es sich, eine übergeordnete *Dachbotschaft* für alle Dialoggruppen zu formulieren. In Ergänzung dazu kann es dann noch mehrere *Säulenbotschaften* für einzelne Dialoggruppen geben, die je nach unterschiedlicher Problem- oder Bewußtseinslage unterschiedlich lauten können. Sie dürfen allerdings der Dachbotschaft nicht widersprechen, sie müssen das „Dach" auch tragen können.

Die *Positionierungen* sind das inhaltliche Resultat des geplanten kommunikativen Prozesses. Sie geben wieder, wie sich eine Organisation, ein Produkt, ein Sachverhalt, eine Idee usw. nach der erfolgreichen Umsetzung der Konzeption auf den dafür wichtigen Meinungsmärkten positioniert haben soll.

Botschaften und Positionierungen bilden zusammen die Argumentationsbasis oder den inhaltlichen „Steinbruch", aus dem alle Aussagen der Kampagne – in und mit jeder Maßnahme – abgeleitet werden.

Die Botschaften und Positionierungen haben *Zielqualität:* sie müssen erreicht werden. Deshalb stehen sie im AFK-Strategieschaubild auf gleicher Ebene wie die Ziele.

> *Folgende Fragen helfen uns bei der Erarbeitung:*
>
> *Welche Meinung/Überzeugung/Haltung sollen unsere geplanten Dialogpartner nach erfolgreichem Abschluß der Aktion oder der Kampagne haben? Wie soll unsere Organisation/unsere Idee/unser Produkt anschließend positioniert sein? Welche Kommunikationsinhalte müssen wir deshalb vermitteln, um die angestrebte Positionierung zu erreichen? Wie sollen sich diese Inhalte in den Köpfen und Herzen der Dialogpartner abbilden? Welche Botschaft ist uns dabei besonders wichtig?*

Der Strategische Block – eine Zwischenzusammenfassung

Strategische Zielsetzung und Strategische Umsetzung bilden zusammen die *Kreative Strategie.* Sie stellt eine Ziel-/Weg-Formulierung dar. Dies ist die knappe und verbindliche Absichtserklärung, was womit zu erreichen ist.

Botschaften/Positionierungen und Dialoggruppen bilden zusammen die *Copy-Plattform*. Sie enthält die Schlüsselaussagen, welche Inhalte mit wem kommuniziert werden.

Das Ergebnis dieser höchst verantwortlichen, genauen und gleichzeitig planungskreativen Denksequenz ist ein knappes Bündel von vier Positionen, die *Strategie* oder der Strategische Block, geteilt in Kreative Strategie und Copy-Plattform. Sie enthält das Lösungsprinzip für die Aufgabe.

Entscheidend bleibt, daß *alle vier* Strategiepositionen untereinander stimmig sind.

Ergänzungen zur Strategie

Zusätzlich zu den vier Strategiepositionen werden außerdem wichtige Ergänzungen notiert, soweit sie in dieser Phase bereits feststehen bzw. formulierbar sind

- bei extern erarbeiteten Konzeptionen (Agenturleistung): Aussagen zur Zusammenarbeit mit dem Klienten;
- die Leitung und Mitglieder des für die Konzeption und ihre Umsetzung beauftragten PR-Teams, sowie die für Teilaufgaben verantwortlichen Mitarbeiter;
- die Argumentationslinie, die Stil- und Gestaltungslinie und die Aktionsintensität der Kampagne;
- das vom Auftraggeber genannte bzw. das geschätzte Budget und
- der zeitliche Rahmen der Kampagne; evtl. also die Terminierung der Phasen.

Wie gesagt: . . . *soweit* bei diesem Stand der Arbeit bereits festlegbar. Es handelt sich deshalb um strategisch bedeutsame Aussagen, weil sie ergänzende Vorgaben für die Taktikplanung darstellen.

(4) Die Taktik oder die Maßnahmenplanung

Bei der Strategie kam es auf Planungskreativität, Logik und die Stimmigkeit der vier Positionen untereinander an. Bei der Taktik kommt es auf *Gestaltungskreativität*, korrekte Ableitung von der Strategie und die Fähigkeit zur zielführenden *Differenzierung* der Strategischen Umsetzung an.

Taktische Entscheidungen bedürfen zu ihrer Planung einer klaren Strategieformulierung. Von dieser Festlegung mit ihren genannten vier strategischen Positionen Zielsetzung, Strategische Umsetzung/Kräfteeinsatz, Dialoggruppen und Botschaften/Positionierungen wird nun die Maßnahmenplanung abgeleitet. Die Strategie bleibt gültiger Maßstab für die taktische Umsetzung. Strategische Umsetzung/Kräfteeinsatz geben mit den strategisch entscheidenden Maßnahmengruppen die Vorgaben im Detail.

Die Strategieabhängigkeit und -bindung bedeutet, daß die Taktik die Strategie einerseits voll erfüllen muß und sich andererseits aber auch an deren Begrenzung zu halten hat und sie nicht überschreiten sollte. Die Taktik muß im *Strategiekorridor* bleiben. Er gibt den verbindlichen Rahmen für die Taktik vor, also für die sinnvolle Planung der Mittel- und Maßnahmen. Bildlich ausgedrückt sieht das so aus:

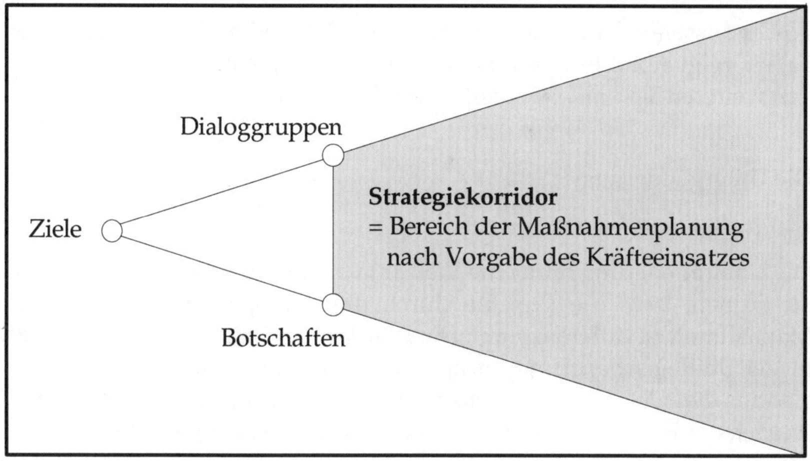

Abbildung 4

Den Bereich, der durch drei der vier Strategiepositionen begrenzt wird, muß die Taktik voll abdecken bzw. ausfüllen und soll ihn nicht überschreiten.

Folgende Fragen helfen uns bei der Erarbeitung:

Welche kreativen Schlußfolgerungen ziehen wir aus der Strategie? Welche Maßnahmen also müssen wir zu welchem Zeitpunkt planen, um der Strategie gerecht zu werden? Welche Einzelmaßnahmen erfüllen die Vorgaben der Strategischen Umsetzung, sichern die Ziele, transportieren die Botschaften und erreichen die Positionierungen? Welche zusätzlichen flankierenden Maßnahmen sollen die strategisch bedeutsamsten unterstützen und absichern?

Die Taktikplanung enthält *drei integrierte Planungselemente*, die dem Konzeptioner oder dem PR-Team die Erarbeitung der strategiegerechten und in sich logischen Taktik erleichtern:

- die Untergliederung in Projekte, (ggf. Teilprojekte) und Maßnahmen,
- die Zeitplanung und
- die Feedbackplanung.

In den folgenden Arbeitsschritten ist nun nicht mehr die zuchtvolle Planungskreativität der Strategie gefragt, sondern die ideenreiche *Gestaltungskreativität* für die Findung der geeigneten Mittel und Maßnahmen.

Wie es aussehen kann, wenn wir an den Pinwänden die Taktik geplant haben, zeigt Abbildung 5 auf der übernächsten Seite. Verfolgen Sie bitte den weiteren Text mit Blick auf dieses Schaubild.

Die Untergliederung

- Projekte und Verantwortliche

Die Untergliederung hilft, eine Vielzahl von Maßnahmen nach *Projekten* zu ordnen, bzw. die Projekte durch die dazugehörigen Mittel und Maßnahmen zu differenzieren. Die Projekte ergeben sich meist aus dem in der Strategischen Umsetzung festgelegten Hauptinstrumentarium, also aus den Oberbegriffen ganzer Maßnahmengruppen. Den Projekten werden die *Verantwortlichen* namentlich zugeordnet, die für deren Realisation verantwortlich sind.

(Fortsetzung Lauftext: Seite 271)

Legende zur Abbildung 5

Die Entwicklung der Taktik oder der Maßnahmenplanung/des PR-Programms geschieht idealerweise auf Pinwänden, wie das Schaubild eine als Beispiel zeigt. Die drei integrierten Planungselemente Untergliederung, Zeitplanung und Feedbackplanung bleiben so für das Planungsteam immer insgesamt überschaubar.

Untergliederung: Die Projekte werden von links nach rechts in ggf. Teilprojekte und weiter in die einzelnen Maßnahmen (auf kleinen runden Kärtchen in der Projektfarbe) differenziert. Maßnahmen, die sich wiederholen, also z.B. Mitarbeiterzeitschriften, werden für die Dauer ihrer Laufzeit durch Schlangenlinien gekennzeichnet.

Zeitplanung: Die Einordnung der Maßnahmen entlang der Zeitachse verdeutlicht, wo sie sich im Ablauf einander bedingen. Das Schaubild zeigt auch, wo im zeitlichen Ablauf der Kampagne Schwerpunkte plaziert sind. Solche besonders handlungsintensiven Phasen werden eingerahmt.

Feedbackplanung: Sie geschieht, indem die Kärtchen mit den Maßnahmen, die Feedback erwarten lassen, durch eine Farbmarkierung (hier ein kleines Kreuz) oder einen Klebepunkt gekennzeichnet werden. So sieht das Konzeptionerteam, ob die gesamte Kampagne insgesamt genügend *kommunikative* Maßnahmen enthält.

Verantwortliche und Dialoggruppen: Kleine runde Kärtchen, hier a bis d, in der ersten Spalte der Taktikplanung weisen die personellen Zuständigkeiten für die einzelnen Projekte aus. Die Vollständigkeit der in der Strategie festgelegten Dialoggruppen ist anhand der kleinen runden Kärtchen in der zweiten Spalte bei den Teilprojekten, hier A bis H, überprüfbar.

Beispiele: Aus dem Vorschlag auf den Seiten 81 und 82 haben wir notiert

Projekt „Fachkongreß":
b = verantwortlich: Vorstand F und E und Agentur/Seidelberg

Teilprojekt „Sonderaktion Universitäten":
E = Dialoggruppen: Professoren, Studenten der entsprechenden Fachbereiche

Schaubild der Taktikentwicklung an der Pinwand –
Das Prinzip Differenzierung

Die Taktik oder das PR-Programm

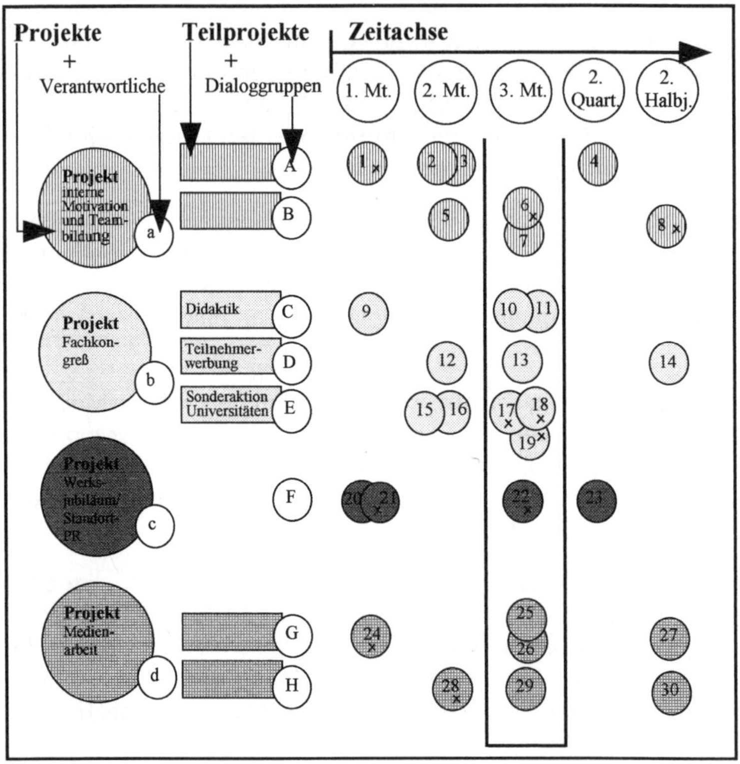

Abbildung 5

<u>Folgende Maßnahmen</u> sind identifizierbar
15 = Briefwerbung an die Fachprofessoren und Dozenten
16 = Anzeigen in der Studentenpresse
17 = Info-Stand an den beteiligten Universitäten
18 = studentenspezifische Ausstellungen während des Kongresses
19 = Diskussionsveranstaltungen mit den Studenten

- Teilprojekte und Dialoggruppen

Wenn unter ein Projekt trotzdem noch sehr viele Maßnahmen fallen, kann man noch weiter in *Teilprojekte* unterteilen, um die Maßnahmenzahl überschaubarer zu ordnen. Hier werden auch die mit dem jeweiligen Teilprojekt (oder Projekt, wenn es keine Teilprojekte gibt) anzusprechenden *Dialoggruppen* notiert.

- Maßnahmen

Die *Maßnahmen* benennen die einzelnen geplanten PR-Aktivitäten und Mittel. Hier kann man aus dem großen PR-Instrumentarium schöpfen und es durch neue passende Ideen erweitern.

> *Folgende Fragen helfen uns bei der Erarbeitung:*
>
> *Wie strukturieren wir die Ergebnisse unserer Gestaltungskreativität? Erreichen unsere Maßnahmen alle geplanten Dialoggruppen? Sind sie zielführend? Können sie die Inhalte transportieren? Haben wir die Verantwortlichkeiten für die Durchführung klar zugeordnet? Bleiben wir bei diesen Maßnahmen mit unserem Budget (Zeit, Geld, Manpower) im vorgegebenen Rahmen?*

Die Zeitplanung

Alle geplanten Mittel und Maßnahmen werden jetzt in eine zeitliche Reihenfolge gebracht. Dabei muß der Konzeptioner dramaturgisch wirksame Abläufe planen. In besonders wichtigen Phasen der Umsetzung werden sich z.B. Maßnahmen bündeln und in ihrer Wirkung gegenseitig steigern. Einige Maßnahmen werden zentrale Bedeutung haben, andere werden nur flankierend eingesetzt. Einige Maßnahmen sind nur für kurze Dauer einsetzbar, andere sind nur über einen langen Zeitraum hinweg wirkungsvoll.

Zur sinnvollen Dramaturgie gehört auch, von den Dialoggruppen her denkend, für einen psychologisch nachvollziehbaren Ablauf zu sorgen. Wir dürfen den Dialogpartnern keine übermäßig großen „Lernsprünge" abfordern. Die öffentliche Diskussion darf auch nicht zu lange an einem einzigen Punkt verharren, sodaß die Aufmerksamkeit der Dialogpartner nachläßt.

Schließlich gehört zur Zeitplanung, daß alle gegenseitigen Abhängigkeiten zwischen Planung und Durchführung und zwischen den einzelnen Maßnahmen berücksichtigt werden.

Folgende Fragen helfen uns bei der Erarbeitung:

Wann sollen die vorgesehenen Maßnahmen einsetzen? Welche Maßnahmen müssen zuerst abgeschlossen sein, um die anderen zu ermöglichen? Welche sollten gleichzeitig, welche unmittelbar anschließend folgen? Welches sind einmalige, welches periodisch wiederkehrende Maßnahmen? Ist die gesamte Dramaturgie des Kampagnenablaufs in jedem Bezug psycho-logisch sinnvoll und garantiert sie einen wirksamen Spannungsbogen?

Die Feedback-Planung

Einige Maßnahmen werden kommunikationsintensiv sein, andere informierenden Charakter haben. Die schönste Zeit-Maßnahmenplanung ist aber weniger wirksam, wenn die einzelnen Mittel und Maßnahmen nicht auch genügend Feedback-Verlockungen und Handlungsanreize für die Dialogpartner bieten. Sicher ist die effektivste Form der Kommunikation die direkte, personale Kommunikation zwischen Sender und Empfänger. Wann immer es möglich ist, diese Art von Dialogkommunikation einzuplanen, sollte der Konzeptioner dies tun. Aber auch durch massenmedialen Maßnahmeneinsatz oder beim Ansprechen von Dialoggruppen durch andere Mittler in der zweistufigen Kommunikation sollten die Dialogpartner genügend Gelegenheiten zum „Antworten" bekommen. Nur so kann anstelle von reiner Information Kommunikation entstehen, also das Gespräch zwischen gleichberechtigten Dialogpartnern. Wenn dies nur unzureichend der Fall sein sollte, muß der Konzeptioner die Maßnahmenplanung verbessern.

Feedback-Planung sichert damit auch, daß der „Sender" seinen Dialogpartnern zuhört. Dies wäre eines der Merkmale, um zur symmetrischen Kommunikation nach dem Grunig/Hunt-Modell zu kommen.[155] Wo immer es sinnvoll ist, ist dies anzustreben: wenn der Sender auch Empfänger, wenn der Empfänger auch der Sender ist, wenn *beide* als Dialog*partner* beteiligt sind.

155 Siehe Grunig/Hunt, 1984, S. 24.

Folgende Fragen helfen uns bei der Erarbeitung:

Schaffen wir genug Möglichkeit, unseren Dialogpartnern zuzuhören? Geben unsere Medien, also die Mittel und Maßnahmen, genügend Gelegenheit zur Rückkoppelung? Geben sie genügend Anreize, sich aktiv handelnd mit unserem Angebot vertraut zu machen? Haben wir die Möglichkeit, diese Antworten auch zu empfangen und zu verarbeiten? Schaffen wir genügend Gelegenheiten für direkte, personale Kommunikation? Insgesamt: werden wir mit dieser Maßnahmenplanung Dialog erreichen?

Das PR-Programm – eine Zwischenzusammenfassung

Das Ergebnis dieser kreativen Detailplanungsphase ist eine psychologische, realistische, umsetzungsreife Ablaufplanung für die praktische Arbeit der Kommunikationsprozeß-Steuerung durch strategiegerechte Maßnahmen: die konkrete Handlungsanweisung für die Taktik, das PR-Programm.

Zusätzliche Hilfen zur Taktikplanung

In Ergänzung zur Taktikplanung noch folgende neun Arbeitshinweise:

a) Der Absicherung der Verbindung zwischen Strategie und Taktik dient es:

- die strategischen Festlegungen der *Strategischen Umsetzung/des Kräfteeinsatzes* als *Projekte* zu übernehmen. Hier besteht die stärkste Verbindung zwischen Strategie und Taktik. So werden Kräfteeinsatzformulierungen wie „Motivationstechniken", „Medienarbeit", „Imagepolitik", „Veranstaltungstechniken" oder „Aktionstechniken" zu Projektbezeichnungen.
- Die *Dialoggruppen* neben den Teilprojekten sichern den Vergleich mit den entsprechenden Vorgaben der Strategie.

b) *Teilprojekte* sind nur ein Ordnungsmittel. Falls es für ein Projekt eine so große Zahl von Einzelmaßnahmen gibt, daß es für die bessere Übersicht sinnvoll ist, sie noch einmal zu untergliedern, kann man Teilprojekte als Gliederungshilfen einrichten. Sonst: weglassen!

c) Die *Dauer der Einzelphasen an der Zeitachse* richtet sich nach den jeweiligen Notwendigkeiten. Meist sind die ersten Schritte stärker aufgegliedert als Phasen in fernerer Zukunft. Am Anfang der Realisationsphase kann die Zeitachse in Monate, Wochen oder gar Tage unterteilt sein, später werden es eher Quartals-, Halbjahres- oder gar Jahresspalten sein.

d) Die *Plazierung der Einzelmaßnahmen entlang der Zeitachse* zeigt, welche Maßnahmen abgeschlossen sein sollen, ehe andere stattfinden können. Wichtige zeitliche Abhängigkeiten können durch Linien/Verbindungspfeile zwischen den Maßnahmen gekennzeichnet und hervorgehoben werden. Periodisch wiederkehrende Maßnahmen werden mit Schlangenlinien versehen, damit nicht Kärtchen-Inflation die Taktikwand unübersichtlich werden läßt.

e) *Schwerpunktzeiten der Taktik*, also die Phasen, in denen man auf den Meinungsmärkten massiv präsent sein will, sind auf der Taktikwand leicht zu erkennen. Dann ballen sich auf der Pinwand zu einem bestimmten Zeitpunkt sehr viele Maßnahmen. Wenn man diese Senkrechte einrahmt, markiert sie zeitliche Höhepunkte der Kampagne mit vielen Maßnahmen zu gleicher Zeit. Bei solcher zeitlichen Bündelung stützen sich die Maßnahmen gegenseitig und potenzieren sich in ihrer Gesamtwirkung. Dies hilft, leichter die Aufmerksamkeitshürden des Publikums zu überspringen. So entsteht eine gute Dramaturgie, die weit wirkungsvoller ist, als kreative Ideen wie mit der Gießkanne über die Zeitläufte zu streuen.

f) Es empfiehlt sich, *pro Maßnahme ein Kärtchen* zu beschriften. Dies heißt allerdings nicht, daß für jeden Entwicklungsschritt, beispielsweise einer Broschüre, ein Kärtchen an der Pinwand plaziert wird. Man verliert den Überblick, wenn Textentwurf, Abstimmung, Textkorrektur, zweite Fassung, Textgenehmigung, in Satz geben usw. mit je einem Kärtchen festgehalten werden. Hier genügt es, *ein* Kärtchen dort zu plazieren, wo die Broschüre erscheinen soll. Der Projektverantwortliche muß sich seine Checkliste der einzelnen Entstehungsschritte mit ihren Vorlaufzeiten entwickeln.

g) Wem die Pinwandkärtchen zu klein sind, um die Maßnahmen darauf zu notieren, der möge sie mit *Codierungsnummern* versehen und die Taktikwand durch eine Legende ergänzen: die schriftliche Auflistung der Ziffern mit der Benennung und Kurzschilderung der Maßnahmen.

h) Bei der Erarbeitung der Taktik gibt es zwei Möglichkeiten vorzugehen: *deduktiv* oder *induktiv*. Deduktiv meint, zuerst die Projekte festzulegen, dann die Teilprojekte zu entwickeln und schließlich die Maßnahmen zu kreieren. Genauso legitim ist es, zuerst im kreativen Brainstorming viele Maßnahmen zu sammeln, und dann induktiv in Teilprojekte und letztlich in Projekte aufzugliedern.

(5) Die Qualitätsprüfung

Am Ende des Planungsprozesses steht die Kontrolle der Konzeption. Die Qualitätsprüfung ist notwendig, um Schlüssigkeit, Realisierbarkeit und Erfolgsaussichten eines jeden Konzepts, gleich welchen Umfangs, abzusichern. An dieser Stelle wird noch einmal klar, daß die Konzeption ein System der Risikominimierung ist. Wer das „Restrisiko" möglichst gering halten will, sollte konkrete Prüffragen zur Strategie, zur Taktik und ggf. zu einem zusätzlichen unternehmensindividuell aufgestellten Kriterienkatalog gewissenhaft beantworten.

Kein Konzept ohne Qualitätssicherung! Unsere Auftraggeber haben ein Recht auf gute Arbeit.

(Da diese Prüffragen im Lauftext des Buches, Kapitel 10, auf den Seiten 92 bis 94 komplett abgedruckt sind, haben wir hier auf eine Wiederholung verzichtet.)

Das gesamte Ergebnis dieser Konzeptionerarbeit nach Überprüfung und nach der ggf. erfolgten Nachbesserung ist eine logisch aufgebaute, in sich stimmige, professionelle, kreative, kraftvolle, realistische und wirksame Konzeption – ein erfolgversprechender Problemlösungsplan.

D <u>Die Variante</u> oder <u>Zur Methodik der Entwicklung von PR-Periodika</u>

Konzeptionstechnik läßt sich für alle Aufgaben nutzen, bei denen konzeptionelles Denken gefordert ist: bei der „Konzeption" der nächsten Arbeitswoche, bei der Konzeption eines Faltblattes, eines Tages der offenen Tür, der Gesamt-PR des eigenen Hauses oder des Klienten usw. Spielerisch sogar für die Urlaubsplanung – warum nicht? Konzeptionstechnik kann man sich also auch für die Planung von neuen oder das Überarbeiten bereits bestehender *PR-Periodika*, also für alle Mitarbeiterzeitschriften, Hauszeitschriften, Kundenzeitschriften und Informationsdienste zunutze machen. Aber alles bisher gesagte paßt da nicht ganz. Einige Abschnitte sind zu variieren.

Die Abweichungen

- gibt es nicht bei der Faktenplattform und der Analytischen Phase,
- sind bei der Strategie gering und lediglich periodikaspezifisch,
- sind jedoch bei der Taktik grundsätzlich und erheblich.

Einige Definitionen und Konzeptionsschritte können hier sinnvollerweise präziser formuliert werden, als dies beim allgemeingültigen, bisher beschriebenen Konzeptionsmodell der Fall ist.

Im folgenden werden diese Konzeptvarianten für Periodika erläutert, ohne das Modell in allen konstant bleibenden Einzeldefinitionen und -schritten zu wiederholen.

(1) Definitionen

Für die Definition von Strategie und Taktik im Sinne der Periodika-Konzeptionslehre gelten folgende Sätze:

Definition:

Die Periodika-Strategie
ist die planungskreative Kunst,
die denkerische Problemlösung zu entwickeln,
ein Periodikum
optimal für die höheren Zwecke einer Organisation aufzubauen.

Definition:

Die Periodika-Taktik
ist das gestaltungskreative Handwerk,
strategiegerecht
inhaltliche, journalistische, typografische und technische Planung
für die Entwicklung des Periodikums einzusetzen.

(2) Zur Strategie

Die Zielsetzung

Hier werden die Kommunikations-Ziele des zu planenden Blattes formuliert. Beispiele für Ziel*inhalte* in Stichworten: Information, Motivation, Vertrauensgewinnung, Integration unterschiedlicher Unternehmensbereiche.

Die Ziele sollten – wie immer – *möglichst* meßbare sein. Beispiele für solche Ziele oder Unterziele sind, wenn sie strategischen Rang haben: quantifizierbare Beteiligung von Mitarbeitern mit Beiträgen in der Werkzeitschrift, Anzahl von Leserbriefen, Beteiligungsgrad an Preisausschreiben, Wettbewerben usw.

Vielleicht gibt es – strategisch u.U. bedeutsam – außerdem in Phasen zeitlich gestaffelte Frequenzziele, die die Periodizität regeln. Etwa: Erscheinungsweise in den ersten beiden Jahren zweimonatlich, dann monatlich usw.

Die Strategische Umsetzung/der Kräfteeinsatz

Das Hauptinstrument ist in diesem Fall das PR-Periodikum selbst. Dies allein genügt allerdings nicht. Hierher gehört auch der Blatt-Typ (Boulevardblatt, Illustrierte, Magazin, Fachzeitschrift usw.). Sicher wird man in diesem Zusammenhang auch das Format nennen.

Weitere Daten, die strategischen Rang haben *können*, sind z.B. der Vertriebsweg (wenn etwa trotz hoher Portokosten aus guten Gründen die Mitarbeiterzeitschrift an alle Privatadressen verschickt werden soll), die Planung werksspezifischer „Lokalbeiträge" oder gar Wechselseiten oder Beilagen für einzelne Werke und Tochtergesellschaften, aber auch regelmäßig an das Blatt zu koppelnde strategisch wichtige Aktionen oder Veranstaltungen.

Wann immer solche Planungsdetails von strategischem Rang sind, um das Blatt zu prägen, sollten sie hier vermerkt werden.

Die Dialoggruppen

Für diese Position müssen sich die Periodika-Konzeptioner über die Leserschaft im klaren werden. Die verschiedenen Dialoggruppen müssen exakt beschrieben werden, denn alle Schreiber des Periodikums müssen für genau diese Gruppen die richtige Sprache finden, ihre Mentalität, ihre Informationsbedürfnisse und -gepflogenheiten sowie ihre Interessenlagen kennen und für sie verständlich sein.

Die Botschaften/Positionierungen

Hier gilt das gleiche wie bei jedem anderen Konzept. Die Antworten auf folgende Fragen stehen an: Welche Kommunikationsinhalte, welche „Message", soll in die Köpfe der Dialoggruppen, hier also der Leser? Welche Positionierungen für wen oder was sind zu erreichen?

Ergänzungen zur Strategie

Ergänzend zur Strategie sind festzulegen:

- die Text- und Gestaltungslinie in pauschalen kennzeichnenden Stichworten mit entsprechendem Freiraum für die Detailplanung,
- die Zuständigkeiten des Herausgeber- oder Redaktionsbeirats (soll es denn einen solchen geben) und dessen Zusammensetzung.

(3) Zur Taktik

Die Taktik einer Periodika-Konzeption allerdings sieht deutlich anders aus als bei klassischen PR-Konzepten.

Die Untergliederung in Projekte, Teilprojekte und Maßnahmen entfällt. Die Zeitachse *üblicher Art* spielt deshalb hier keine Rolle mehr, weil die Periodizität bereits in der Strategie festgelegt wurde. Stattdessen gibt es völlig andere Planungssegmente.

Die alte Faustregel für die Taktik aber bleibt bestehen:

Formulieren Sie für die Taktik präzise die detaillierten Blattplanungsaspekte im Rahmen Ihrer strategischen Vorgaben, sodaß sie nahtlos zur Strategie passen.

Die Taktikplanung eines Periodikums enthält folgende mindestens vier bis max. neun Planungsgebiete. Im Überblick:

a) die inhaltliche Planung
b) die Journalistik-Planung
c) die typografische Planung
d) die technische Planung

und, wenn man in dieser Phase bereits ins Detail gehen kann/will:

e) die Schwerpunkt- und Detail-Planung für das erste Jahr
f) die „Nullnummer"

und natürlich

g) die Kosten.

Zwei zusätzliche Punkte sind noch von Bedeutung:

h) die deutlich andere Zeitplanung und

i) die Feedback-Planung

Die Planungsergebnisse sind voneinander abhängig, soll das Blatt nicht nur einen strategiegerechten, sondern auch einen geschlossenen Auftritt bekommen. Der Konzeptioner muß sie aufeinander abstimmen.

Wer zur Theaterpremiere in Bademode erscheint oder den Frack zu einem Fußballspiel anzieht ... ... der handelt genau so wie ein „Blattmacher", der für den aktuellen wöchentlichen Info-Dienst Vierfarbendruck und Kunstzeitschrift-Aufmachung oder für das repräsentative Konzernmagazin oder die hoch- wertige Fachzeitschrift Schreibmaschinentypo wählt.

Im einzelnen sind folgende taktische Entscheidungen zu den genannten Planungssegementen zu erarbeiten:

a) Die inhaltliche Planung:

- Themenrahmen und -grenzen
- Themengruppen und ihre Gewichtung incl. Schwerpunkte
- evtl. jahreszeitliche Inhaltsvorgaben

b) Die Journalistik-Planung

- Blatt-Typ, soweit nicht schon in der Strategie festgelegt; sonst Detaillierung dazu
- Frequenz, soweit nicht schon in der Strategie festgelegt
- Titel des Periodikums
- Heft-Umfang
- Heft-Dramaturgie, d. h. leserpsychologisch sinnvolle Folge definierter Gruppen von Beiträgen im Heftablauf
- Text-/Bildanteil
- Anwendung und Plazierung journalistischer Ausdrucksformen
- Schreibstil, Abstraktionsgrad, „Level"
- Titelei-Raster wie Regelungen für Obertitel, Haupttitel, Untertitel, Zwischentitel
- Rubriken, Seitenköpfe

c) Die typografische Planung

- Format, soweit nicht schon in der Strategie festgelegt
- Farbnutzung
- Umbruchlinie/Typoraster inkl. Spaltigkeit
- Schriftarten und -mischung für Titel, Leads, Lauftexte; Sondernutzungen
- Bildbehandlung, Bildgestaltung, Beschnitt
- Umschlag-, mindestens aber Titelblattgestaltung

d) Die technische Planung

- Papierarten und -qualität für Umschlag, Inhalt, Sonderteile, Beilagen
- Druckverfahren
- Sonderausstattungen
- Weiterverarbeitung
- finish
- Konfektionierung und Versandregelungen

e) Die Schwerpunkt- und Detail-Planung für das erste Jahr

- Erscheinungstermine und – rückgerechnet – alle wichtigen Redaktions-, Abstimmungs- und Herstellungstermine
- Heft-Schwerpunktthemen
- umfangreiche Beiträge, wie große Reportagen oder Fachartikel, die längere journalistische Vorarbeit benötigen
- terminlich festliegende Anlässe und Themen wie Messen/Ausstellungen oder (bei Werk- und Hauszeitschriften) Geschäftsbericht, Firmenjubiläum, Saisonthemen o.ä.

f) Die „Nullnummer"
Sie ist eigentlich ein fertiges Heft zur Probe – ohne daß es in jedem Fall in Auflage gedruckt und verteilt wird. Oft nennt man so jedoch auch ein fertiges Typomuster z.B. mit echten Titeln, aber mit Blindsatz und Blindfotos. Es dient dazu, dem Auftraggeber einen entscheidungsfähigen Eindruck der redaktionellen Planung zu geben. Nützlich – auch für die Redaktion selbst.

g) Die Kosten

- redaktionelle Kosten, wie
  - Personalkosten,
  - Honorare,
  - Reisekosten, Auslagen (Telefon, Fax, Porti),
  - evtl. Zuschläge (bei Agentur) für Gewinn, Räume, Licht, Heizung, Abschreibungen;
- Gestaltungskosten, wie
  - Atelier, Grafiker
  - DTP
  - Fotos, Dias;
- technische Kosten für
  - Satz
  - Bildbearbeitung
  - Repro, Litho, Klischee
  - Finish
  - Druck
  - BBV (buchbinderische Verarbeitung).

Die Zeitplanung

Die Zeitplanung spielt eine völlig andere Rolle als bei den Taktikplanungen anderer Konzepte, die ja die Maßnahmen über die gesamte Zeitachse eines bestimmten Zeitraumes staffeln müssen. Bei allen oben genannten Punkten der Untergliederung spielt der Zeitaspekt keine *entscheidende* Rolle. Die Zeitachsenplanung braucht man lediglich bei zwei Planungssegmenten.

Dies ist erstens der Fall bei den Stufen der *Neuentwicklung* oder der konzeptionellen *Umstellung* des jeweiligen Blattes.

Zu planen sind im Abstimmungsprozeß mit dem Auftraggeber folgende zeitlichen Schritte:

- Roh-Layout;
- Dummy;
- Rein-Layout/„Nullnummer";
- Redaktionsarbeit (sammeln, sichten, schreiben, redigieren);
- Herstellungsprozeß bis zur Auslieferung der ersten oder der umgestellten Ausgabe.

Zweitens ist eine Zeitplanung notwendig bei der bereits genannten inhaltlichen *Halbjahres- oder Jahres-Planung*. Das Redaktionsteam muß selbstverständlich die Arbeit an den Themen der kommenden Ausgaben rechtzeitig vorausplanen und zeitlich festlegen. Zumindest sollten die großen Themen feststehen, die lange Zeit brauchen für Recherchen, Reisen, Interviews usw. und möglicherweise auch vom Umfang her das Heft bestimmen. Der Arbeitsbeginn für diese Beiträge ist früh festzulegen.

Die Feedback-Planung

Hier muß und kann besonders sorgfältig gearbeitet werden. Es genügt nicht, auf ein paar Leserbriefe zu hoffen. Es gilt, Möglichkeiten präzise in die Planung einzubauen, wie man Leserbeteiligung und Rückkopplung erreichen will. Beispiele dafür sind

- Leserwettbewerbe;
- Pro- und Contra-Beitragspaare, mit denen Leserforen angeregt werden;
- Coupons, mit denen zusätzliche Informationen abrufbar sind;
- Leserumfragen mit Fragebogenversand
- und vielleicht einfach ein Preisrätsel.

(4) Qualitätsprüfung

Hier gilt das gleiche wie bei anderen Konzeptionen auch. Es muß gründlich abgecheckt werden, ob Strategie und Taktik in den dort genannten und für Periodika entsprechend abgewandelten Prüffragen stimmig sind. Ob das Blattkonzept also allen Kriterien genügt.

19.11 Kohtes & Klewes: Konzeptionstechnische Checkliste

Die Agentur Kohtes & Klewes Kommunikation GmbH (GPRA) in Düsseldorf stellte kein agentureigenes Modell zur Konzeptionsentwicklung zur Verfügung. Die Begründung von Dr. Joachim Klewes: Man verfahre im wesentlichen nach dem AFK-Modell, weshalb denn auch alle Nachwuchskräfte in das entsprechende AFK-Seminar delegiert werden.

Ergänzend gibt es aber bei Kohtes & Klewes eine sehr ausführliche Checkliste, die der internen Qualitätskontrolle dient. Der bescheidene Ausdruck „Checkliste" verbirgt, daß es sich hierbei um ein ganz ausgezeichnetes Instrument des Qualitätsmanagements handelt. Die interne Beachtung dieser „Checkliste" in allen Punkten vom Beginn der Denkarbeit für den Kunden macht Konzeptionsqualität in Grenzen sogar planbar:

Der Konzeptionsprozeß

- Eine Checkliste -

- ☐ Wurde das Agenturinteresse an diesem Kunden definiert?
- ☐ Was genau wollen wir?

- ☐ Wer ist der verantwortliche Projektleiter?
- ☐ Wie ist die Arbeitsteilung geregelt?
  z.B.:
- ☐ Welche Phasen wurden für die Konzepterstellung definiert?

Recherche	______________
Copyright-Klärung	______________
Kreation	______________
Text/Charts/Booklets	______________
Kontakt Kunde	______________
Gestaltung Booklet/ Charts (DTP?)	______________
Gimmicks (Video, Präsente)	______________
Transport/ Reservierungen	______________

- ☐ Welche externen Mitglieder hat das Team?

z.B. – um Kompetenz einzuholen
– um Glaubwürdigkeit zu gewinnen

integrierte Kommunikation/BBDO	______________
Branchenfachleute	______________
Freelancer/Kreative	______________

- ☐ Passen alle Team-Mitglieder wirklich gut zusammen? Ergänzen sie sich sinnvoll?

☐ Wie sieht der Konzeptionsfahrplan aus?
Ecktermine z.B.:

Recherche	bis	________________
Strategie	bis	________________
Maßnahmen	bis	________________
Charts	bis	________________
Quercheck durch Teamfremde	bis	________________
Korrektur	bis	________________
Text Booklets	bis	________________
Text Executive Summary	bis	________________
Rehearsal	am	________________
Vorpräsentation beim Kunden	am	________________
Präsentation	am	________________

☐ Was sind die „Engpaßfaktoren"?

1. ________________
2. ________________
3. ________________

☐ Wurde ein schriftliches Briefing vom Kunden erbeten?

Ja, am ______________________

☐ Welches Konzeptions-
honorar ist vereinbart? ______________________

☐ Rahmen für Fremd-
kosten/Visuals = DM ______________________

☐ Wurde ein De-Briefing erarbeitet und/oder eine Frageliste an den Kunden geschickt?
Ja, am ______________________

☐ Gibt es ein schriftliches, agenturinternes Briefing?

☐ Haben alle Team-Mitglieder Briefing, De-Briefing und Recherche-Ergebnisse erhalten?

Ja, ______________ am ______________

Ja, ______________ am ______________

Ja, ______________ am ______________

☐ Wie wird das Team motiviert?

☐ Wer ist der Wichtigste auf der Kundenseite?

☐ Wie kann während der Konzeptphase der Kontakt zum Kunden gehalten werden?

Beispiele: De-Briefing-Meeting, Agenturführung, Team-Vorstellung

______________ mit ______________

______________ mit ______________

- ☐ Wurde rechtzeitig klar definiert, was präsentiert wird?
  - ☐ Agentur-Credentials/Cases
  - ☐ Angebot
  - ☐ Ideenskizze
  - ☐ Rahmenkonzept/Strategie
  - ☐ Detailkonzepte incl. Maßnahmen
  - ☐ mit Beispielen/Kreation/Gestaltung
  - ☐ mit Mustern
  - ☐ mit ausgearbeiteten/verhandelten Kooperationen mit Dritten

- ☐ Wurden Konflikte mit anderen Etats geklärt?
- ☐ Wie wird die Vertraulichkeit gesichert?
  - ☐ im Team ____________________
  - ☐ nach außen ____________________

  z.B.
  - ☐ Vertraulichkeitserklärung vom/an Kunden?
  - ☐ Vertragsstrafe?

    Vertraulichkeitserklärung von/an Mitarbeiter/Freelancer/Dritte?
  - ☐ Unterlagen unter Verschluß?
- ☐ Wurden Copyright/Rechte gegenüber Kunden definiert?
- ☐ Wurden Copyright von Dritten gesichert (Kosten?)?

- ☐ Welche Recherchequellen wurden ausgeschöpft?
  - ☐ Agenturinterner Knowhow-Transfer

☐ „Archiv“	☐ Wettbewerber	☐ Infobroker
☐ Kunde	☐ Journalisten	☐ MID
☐ Verbände	☐ Datenbanken	☐ Maria
☐ BBDO	☐ Verlage	☐ Ministerien
☐ Statist. Ämter	☐ EG-Stellen	☐ IHK
☐ etc.	☐ Zielgruppenbefragung	☐ Online-Dienste

- ☐ Wie wird die strategische Qualität der Konzeption gesichert?
  - ☐ interner Quercheck
  - ☐ Konsistenz/Widerspruchsfreiheit
    - Situation → Problemdefinition → Strategie
    - Strategie in sich
    - Strategie → Maßnahmen
  - ☐ Vollständigkeit ☐ Spannungsbogen
    - Ziele → Strategie
    - Ziele → Maßnahmen
    - Zielgruppen → Maßnahmen
    - Botschaften → Maßnahmen
    - Phasen → Maßnahmen
  - ☐ Eleganz
    - Struktur → Programme eindeutig/nicht verwirrend?
    - roter Faden erkennbar?
    - Kernaussage/Positionierung deutlich?
  - ☐ stimmige Executive Summary (max. 2 Seiten)

- ☐ Wie wird der kreative Prozeß gefördert?
  - ☐ genug Zeit für Kreativität?
  - ☐ u.U. Konzeptentwicklung räumlich außerhalb der Agentur (stressfrei)?
  - ☐ fördert die Team-Chemie Kreativität?
  - ☐ wurde daran gedacht, evtl. 2 Teams „gegeneinander" Ideen entwickeln zu lassen?
  - ☐ welche Kreativitätstechniken wurden eingesetzt?

    ☐ Brainstorming ☐ Mind Mapping ☐ Quickstorming

    ☐ Brainwriting ☐ Synectics ☐ ____________

- ☐ Wie wird das kreative Ergebnis gesichert?
  - ☐ was ist neu/originell an der Strategie? ________________________
  - ☐ was ist neu/originell an den Maßnahmen? ________________________
  - ☐ stimmt die Tonality?
  - ☐ sind die Maßnahmen nur „richtig" oder auch kreativ ausgearbeitet?
  - ☐ sind die Maßnahmen nur „kreativ" oder auch richtig ausgearbeitet?
  - ☐ Pre-Test sinnvoll?

- ☐ Wie wird die Richtigkeit der Kalkulation gesichert?
  - ☐ wurde der Zeitaufwand der vorgeschlagenen Projekte detailliert ermittelt (Kalkulationsschema)?
  - ☐ wurde die Fremdkostenschätzung durch Produktion geprüft?
  - ☐ wurden Reserven eingebaut? Dito Fremdkostenhandling?
  - ☐ wurden projektunabhängige Positionen für Beratung, Meeting etc. eingebaut?
  - ☐ wurden „Grundsätze der Zusammenarbeit" eingebaut/ eingebunden?
  - ☐ sind MWST/KSA eingebaut?
  - ☐ wie wird die (Un-)Verbindlichkeit definiert?

- ☐ Wie wird präsentiert?

☐ Folien	☐ K&K-Identity ok?
☐ Pappen	☐ Aufkleber?
☐ Dias	☐ Hilfsmittel, z.B. Aufsteller
☐ Gimmicks	☐ Technik geordert?
☐ wurde Korrektur gelesen?	☐ rhetorische Highlights?
☐ wie wird Verhältnis Booklets – Charts definiert?	______________

- ☐ Wer schreibt die Konzeption?

- ☐ Wer redigiert sie?
  - ☐ inhaltlich
  - ☐ sprachlich

- ☐ Ist das Booklet vollständig?
  - ☐ Titelseite
    - ☐ K&K
    - ☐ Copyright
  - ☐ Inhalt
  - ☐ Strategie
  - ☐ Maßnahmen
  - ☐ Zeit-/Kostenplan
  - ☐ Anlagen
    - ☐ Visuals
    - ☐ Recherche
    - ☐ Bios Etat-Team!

- ☐ Wie wird der Präsentationstermin vorbereitet?
  - ☐ mentale Einstimmung / Team-Motivation
  - ☐ Technik 3 x gecheckt?
  - ☐ Zeitpuffer / Fallback-Position Technik?
  - ☐ Präsentationsraum vorher besichtigt/eingerichtet?

- ☐ Wann findet das Rehearsal statt? ____________________

  - ☐ rechtzeitig genug, um noch ändern zu können?
  - ☐ genug Zeit für einen Durchlauf?
  - ☐ sind teamfremde Mitarbeiter dabei (Kundenperspektive)?
  - ☐ echte Durchläufe/Aufzeichnung?

- ☐ Wie wird das follow up vorbereitet?

  - ☐ Kundeninfo / Feedback aus Präsentation verarbeitet?
  - ☐ Brief/Fax Termin ____________________
  - ☐ Anruf
  - ☐ „nachgereichtes“ Material / Konzeptmodifikation

19.12 IPR&O: Arbeitsanweisungen und Tips zum Konzeptionieren

Im Rahmen des Qualitätsmanagements bei der Hamburger Agentur IPR&O Eurocom Corporate & PR, Beratungsgesellschaft für Kommunikation mbH (GPRA) gibt es folgende erste Arbeitsanweisungen und Tips zum Konzeptionieren:

Gliederung

(1) Die Vorbereitung

(2) Elemente eines IPR&O-Konzeptes

(3) Konzept-Varianten
Ideenskizze
Exposé
Präsentation

(4) Die Gestaltung des IPR&O-Konzeptes

(5) Kontrolle gibt Sicherheit

(6) „Ab in die Bütt" – oder: Präsentation

(7) Zum Schluß: Ein Blick in die Trickkiste

(8) Pflicht und Kür

(9) Anlage: Konzept-Briefing

(1) Die Vorbereitung

Das Konzept ist die klassische Form der Vorstellung unserer PR-Vorschläge in schriftlicher Form.

Was unsere Klienten von einem IPR&O-Konzept erwarten können ...

... ist ein *professionelles Kommunikationskonzept*, das sich mit der **Aufgabenstellung strategisch und kreativ** auseinandersetzt. Schon der Aufbau, der Inhalt und die Präsentation des Konzeptes geben erfahrenen Klienten Aufschluß über die Arbeitsweise und Qualität der Agentur.

Was wir von unseren Klienten verlangen können ...

... ist ein **professionelles Briefing** (s. Anlage!) und umfassende Informationen. Auch wenn wir Dienstleister sind: Es ist nicht unsere Aufgabe, die Vorstellungen unserer Klienten zu erraten und darüber zu spekulieren, welche unternehmerischen Aktivitäten im Kampagnenzeitraum vielleicht geplant sind. Wir müssen es wissen! Das heißt: Es ist unser gutes Recht, die Informationen, die für die Entwicklung einer PR-Strategie notwendig sind, beim Klienten zu erfragen. Dabei zeigt sich unsere Qualität zum Beispiel in Form eines gut strukturierten *Fragenkatalogs*, der beiden Seiten einen effizienten Informationsaustausch ermöglicht.

Um sicherzustellen, daß die Aufgabenstellung von beiden Seiten identisch definiert wird, bietet sich ein *Re-Briefing* an, das der Klient vor Beginn der Konzeptionsphase zur Abstimmung erhält. Speziell bei neuen Klienten und sehr komplexen Aufgabenstellungen sollte es grundsätzlich ein solches Re-Briefing geben, ggf. auch im Rahmen eines persönlichen Gespräches.

Stichwort Termine: Wir sind flexibel und können auch sehr kurzfristig ein Konzept entwickeln. Aber: Unnötiger Zeitdruck kann die Qualität eines Konzeptes beeinträchtigen – zum Beispiel, wenn für notwendige Basisrecherchen keine Zeit bleibt. Das heißt für uns: **Professionelles Timing** ist Voraussetzung für Qualität – wer erst auf den sprichwörtlichen „letzten Drücker" mit der konzeptionellen Arbeit beginnt, belastet unnötig das Team und gefährdet die Qualität. Aber auch der Klient sollte verstehen, daß ein angemessener Vorlauf die Agentur-Arbeit nicht nur erleichtert, sondern auch ein besseres Ergebnis bringt.

Vor dem Konzept steht die *Ideenfindung*. Gerade wenn ungewöhnliche, originelle Ideen gefragt sind, lohnt es sich, im Rahmen eines Brainstormings das kreative Potential der Agentur-Mitarbeiter zu nutzen ...

Sobald das Rohkonzept steht, ist die **Workshop-Präsentation** angesagt: Struktur und Inhalt werden vor einem kleinen ausgewählten Team (z.B. der Brainstorming-Runde) präsentiert. So lassen sich ggf. konzeptionelle

Ungereimtheiten rechtzeitig erkennen – und: vielleicht kommt noch die eine oder andere tolle Idee dazu!

Ein Konzept wird **grundsätzlich in ausformulierter** Form verfaßt. Die Formulierungen sind prägnant und präzise: Nicht „könnte man ..., sollte man ..., wäre zu überlegen...! Statt dessen: Wir schlagen vor! Wir machen! Wir müssen! Apropos „Wir“: Ob in einem Konzept in der Wir-Form („Unsere Zielsetzung“) gearbeitet wird oder ob man sich an die klassische Form („Die Zielsetzung“, „Es wird vorgeschlagen ...“) hält, ist eher Geschmackssache. Erfahrungsgemäß ist die erste Form jedoch lebendiger, wirkt direkter und erspart darüber hinaus umständliche Satzkonstruktionen.

Die Texte sollten – **soweit möglich – mit grafischen Darstellungen** und Illustrationselementen belebt werden (Visuelle Kommunikation!).

Das Konzept setzt sich aus unterschiedlichen Elementen zusammen. Bei aller Individualität – z.B. der Bezeichnungen der einzelnen Kapitel, Ergänzungen, kreative Gestaltungsvarianten – gibt es eine Reihe von Essentials, die jedes professionelle PR-Konzept enthalten muß. Die Essentials sind im Folgenden markiert (Kästchen). Die darüber hinaus genannten Elemente können bei Bedarf aufgenommen werden (Kreise).

(2) Elemente eines IPR&O-Konzeptes:

■ Deckblatt:
Definition der Ausarbeitung (Ideenskizze, Konzept o.a.)
Thema und Auftraggeber
Absender/Copyright
Datum

■ Inhaltsverzeichnis *(ab 8 Seiten Umfang)*

■ Vorbemerkung (Auftragserteilung, Vorgaben, Etatrahmen)

■ Situations- und Problemanalyse

■ Definition der Aufgabe

■ Bestimmung der Ziele

■ Bestimmung und Abgrenzung der Zielgruppen

O Formulierung der Botschaften/Kommunikative Leitidee

■ Empfehlung für eine Kommunikationsstrategie

■ Strukturierte Beschreibung der Maßnahmen

O Visualisierungsansätze

■ Kostenplanung

O Timing

O Fazit, Ausblick

■ Schlußbemerkung
(Zusammenfassende Profilierung der Agentur: Expertise, Knowhow, Service-Units. Zusammenarbeit mit IPR&O, z.B.: das Team, Abrechnungsmodalitäten)

(3) Konzept-Varianten

Nicht immer ist es möglich oder erforderlich, ein umfassendes PR-Konzept zu erarbeiten und zu präsentieren. Hier bieten sich folgende Varianten an:

Ideenskizze

Das Briefing, aufgabenspezifische Vorkenntnisse oder schlicht das Budget lassen es nicht zu, ein komplettes Konzept zu entwickeln.

Eine Ideenskizze enthält, soweit möglich, die Konzept-Essentials, allerdings in sehr kurzer und prägnanter Form (evtl. Stichworte) und auf Basis des gegenwärtigen Informationsstandes (zum Beispiel nach dem ersten Kontaktgespräch mit dem Klienten). Maßnahmen werden im Schwerpunkt oder als Ansatz, jedoch noch nicht im Detail aufgezeigt.

Eine Ideenskizze liefert die Basis für ein detailliertes Abstimmungsgespräch mit dem Klienten, nach dem das Konzept erstellt werden kann. Es wird in der Regel eingesetzt, um das kreative Potential der Agentur zu dokumentieren.

Exposé

Ein Exposé hat den Charakter einer Bestandsaufnahme.

Informationen des Klienten und eigene Recherchen bilden die Basis für die Situationsbeschreibung, die Definition von Aufgaben, Zielen, Ziel-

- Ein hochwertiger Video-Beamer sorgt auch bei Tageslicht für eine gut erkennbare Projektion – die als Aufmerksamkeitskiller gefürchtete Verdunkelung der Räume ist damit überflüssig
- Die im Programm gespeicherten Charts lassen sich 1:1 als Handout ausdrucken

Allerdings: Bei vielen Vorteilen hat diese neue Präsentationsform zumindest einen Nachteil: Die Abhängigkeit von einer funktionierenden Technik ist hier weitaus größer als z. B. bei Dia- oder Overheadprojektion. Dazu zwei wichtige Tips: Jeder – und wirklich jeder – Präsentierende sollte sich mit dem Programm und den Geräten gut vertraut machen – wer als Vortragender versehentlich einen falschen Mausclick plaziert, blamiert sich erheblich – zumal das geneigte Publikum jeden verzweifelten Rettungsversuch per Projektion live miterleben kann. Zweitens: Bei aller Vorsicht und bei aller Vorbereitung kann hier einmal ein Fehler auftreten, der sich nicht so schnell finden und beheben läßt. Für diesen Fall sollte ein Satz Overheadfolien zur Sicherheit griffbereit sein. Allein das Wissen darum beruhigt, wenn es dann tatsächlich einmal „hakt".

Neben Power-Point-Technik kommen bei IPR&O Metaplan-Systeme und Flip-Charts bei Präsentationen zum Einsatz. Die herkömmlichen Techniken wie Dia und Folien sind nicht tabu, sollten aber nur noch in Ausnahmefällen verwendet werden.

Die *Generalprobe* einer Präsentation vor Publikum ist eine optimale Vorbereitung für den Ernstfall – vorausgesetzt, das Publikum verhält sich konstruktiv: Es geht hier um die Beobachtung des dramaturgischen und technischen Ablaufs. Eine inhaltliche Auseinandersetzung mit den Vorschlägen („Das würde ich alles ganz anders machen ...") verunsichert und sollte unterbleiben (Ausnahme: Es gibt echte „Kinken"!).

Generalprobe kann, **Probedurchlauf** muß!

Das heißt: Vor der Präsentation trifft sich das Team und spielt den Ablauf noch einmal durch: Alle Charts und Dias werden gezeigt und kritisch geprüft. Das Team verteilt die Rollen, Aufgaben und bespricht Reihenfolge, Übergänge etc.

(7) Zum Schluß: Ein Blick in die Trickkiste

- Die Hand-Outs werden grundsätzlich nach der Präsentation verteilt!
- Wer vor einer Fensterfront präsentiert, ist nur als Umriß sichtbar – das strengt den Zuschauer an und vermindert die Wirkung.
- Charts und Dias numerieren.
- Technische Ausrüstung prüfen. Ggf. Ersatzteile (Glühlampe) dabei haben.
- Bei technischen Pannen nicht hektisch werden: Eine charmante Bemerkung hat hier schon manches Eis gebrochen. Auch das kann man üben ...
- Wer nach der Mittagspause präsentiert, hat es schwer: Das Publikum ist müde und träge. Also: Möglichst versuchen, einen anderen Termin zu bekommen!
- Grundregeln des Präsentierens nicht vergessen. Also: Beim Vortrag nicht auf die Leinwand sehen, sondern den Blickkontakt mit dem Publikum suchen. Spickzettel auf Karten, nicht auf Papier (raschelt und zittert!). Körpersprache unter Kontrolle halten!

Auch wenn die Seminare schon länger zurückliegen sollten – es lohnt sich, diese Grundregeln vor einer Präsentation noch einmal Revue passieren zu lassen.

(8) Pflicht und Kür

Die Ausführungen zum Thema „Das IPR&O-Konzept" erfüllen zwei Aufgaben: Zum einen sind sie als praktische Anregungen für alle in der Beratung tätigen Mitarbeiter gedacht.

Zum anderen geht es aber auch dringend darum, unseren Konzepten sowohl inhaltlich als auch gestalterisch ein einheitliches Erscheinungsbild zu verleihen. Dies setzt allerdings bei allen Beteiligten die Disziplin voraus, sich an definierte Qualitätsstandards zu halten.

Anforderungen, die als Qualitätsstandards einzuhalten sind, wurden daher im Text **halbfett** gedruckt. **Diese Standards sind grundsätzlich bei allen IPR&O-Konzepten einzuhalten!**

(9) Anlage: Konzept-Briefing

Ein professionelles Briefing enthält folgende Informationen:

- Hintergrund/Ausgangslage
- Aufgabe
- Zielsetzung
- Zielgruppe(n)
- Positionierung/Botschaft(en)
- Leistungsumfang/Anforderungen an die Maßnahmen
- CD-Vorgaben
- Terminplanung
- Budgetrahmen

Bei bestehenden Klienten und kontinuierlicher Betreuung sind dem Team die Vorgaben natürlich bekannt – dennoch macht es Sinn, vor Beginn der Konzeptentwicklung die einzelnen Bereiche noch einmal zu checken und – auch gemeinsam mit dem Klienten – zu prüfen, ob Aufgabenstellung in dem einen oder anderen Bereich zu modif[illegible] ist.

Darüber hinaus sind auch folgende Informationen [illegible] und Präsentation wichtig:

- Ansprechpartner für weitere Information[illegible] persönliche Kontakte im Vorwege sind [illegible]
- Präsentationstermin/-ort?
- Dauer der Präsentation?
- Teilnehmer seitens Klie[illegible] on)?

Präsentationsho[illegible]

XI. EVALUATION OF IMPACT

target groups / activities	Govern-ment	Potential Costumers	Community of	Employees	Suppliers	Environ-mental opinion leaders	Media
Management Interviews	○	○	○	○	○	×	×
Media Workshop	○	○	○	○	○	○	×
Round tables							×
Trade Visits						×	×
Press Releases	×	×	×	×	×	○	×
Citizens' Programmes	×		×	×			×
Schools Programmes			×	×		○	×
Corporate Brochure	×	×	×	×	×	×	×
Customer Newsletter		×					
Information Bulletin	×	×	×	×	×	×	
Mill opening Ceremony	×	×	×	×	×	×	×
Corporate Advertising	×	×	○	○	×	○	×
Government Relations	×						

× = 1. grade efficiency ○ = 2. grade efficiency

19.14 infoplan: Das gestaltete Kurzbooklet als Beispiel

Jürgen Jaenecke von infoplan hat erläutert, warum er in bestimmten Fällen außer einer üblichen ausführlichen Konzeptionsschrift noch ein gestaltetes Kurzbooklet herstellt und seinen Kunden – beispielsweise einem zuständigen Verbandsgremium – nach der Präsentation überreicht.[157] *Es dient der überzeugenden Unterstützung des Konzepts und dessen Präsentation und hat die Funktion einer übersichtlichen Grundlage für kurzfristige Entscheidungen am Tage der Präsentation. Ein solches Beispiel dürfen wir hier abdrucken. Es handelt sich um einen vierseitigen und zweifarbigen Folder im Format DIN A4 für den Klienten Vereinigung Deutsche Sanitärwirtschaft e.V. (VDS), Sitz Hagen – hier auf das Buchformat verkleinert. Es zeigt als Schaubild die klar gruppierten Maßnahmen einschließlich sloganähnlich formulierter inhaltlicher Ergebnisse der Kampagne. Es stellt außerdem das für die Umsetzung dieses Konzepts verantwortliche Agenturteam mit den Funktionen der einzelnen Mitglieder vor.*

157 Begründung siehe Kap. 16, S. 161 f.

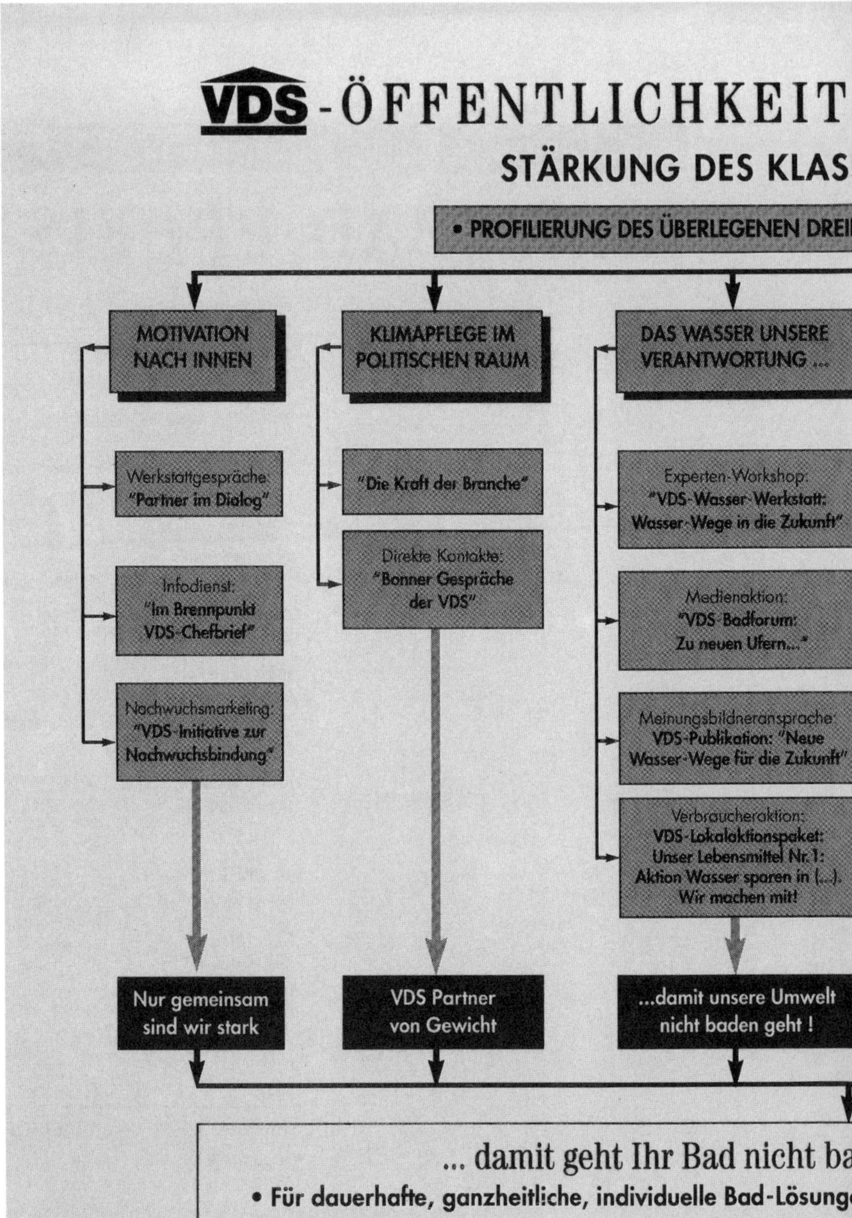
VDS-ÖFFENTLICHKEIT
STÄRKUNG DES KLAS
• PROFILIERUNG DES ÜBERLEGENEN DREI
MOTIVATION NACH INNEN
KLIMAPFLEGE IM POLITISCHEN RAUM
DAS WASSER UNSERE VERANTWORTUNG ...
Werkstattgespräche: "Partner im Dialog"
Infodienst: "Im Brennpunkt VDS-Chefbrief"
Nachwuchsmarketing: "VDS-Initiative zur Nachwuchsbindung"
"Die Kraft der Branche"
Direkte Kontakte: "Bonner Gespräche der VDS"
Experten-Workshop: "VDS-Wasser-Werkstatt: Wasser-Wege in die Zukunft"
Medienaktion: "VDS-Badforum: Zu neuen Ufern..."
Meinungsbildneransprache: VDS-Publikation: "Neue Wasser-Wege für die Zukunft"
Verbraucheraktion: VDS-Lokalaktionspaket: Unser Lebensmittel Nr. 1: Aktion Wasser sparen in (...). Wir machen mit!
Nur gemeinsam sind wir stark
VDS Partner von Gewicht
...damit unsere Umwelt nicht baden geht !
... damit geht Ihr Bad nicht ba
• Für dauerhafte, ganzheitliche, individuelle Bad-Lösung

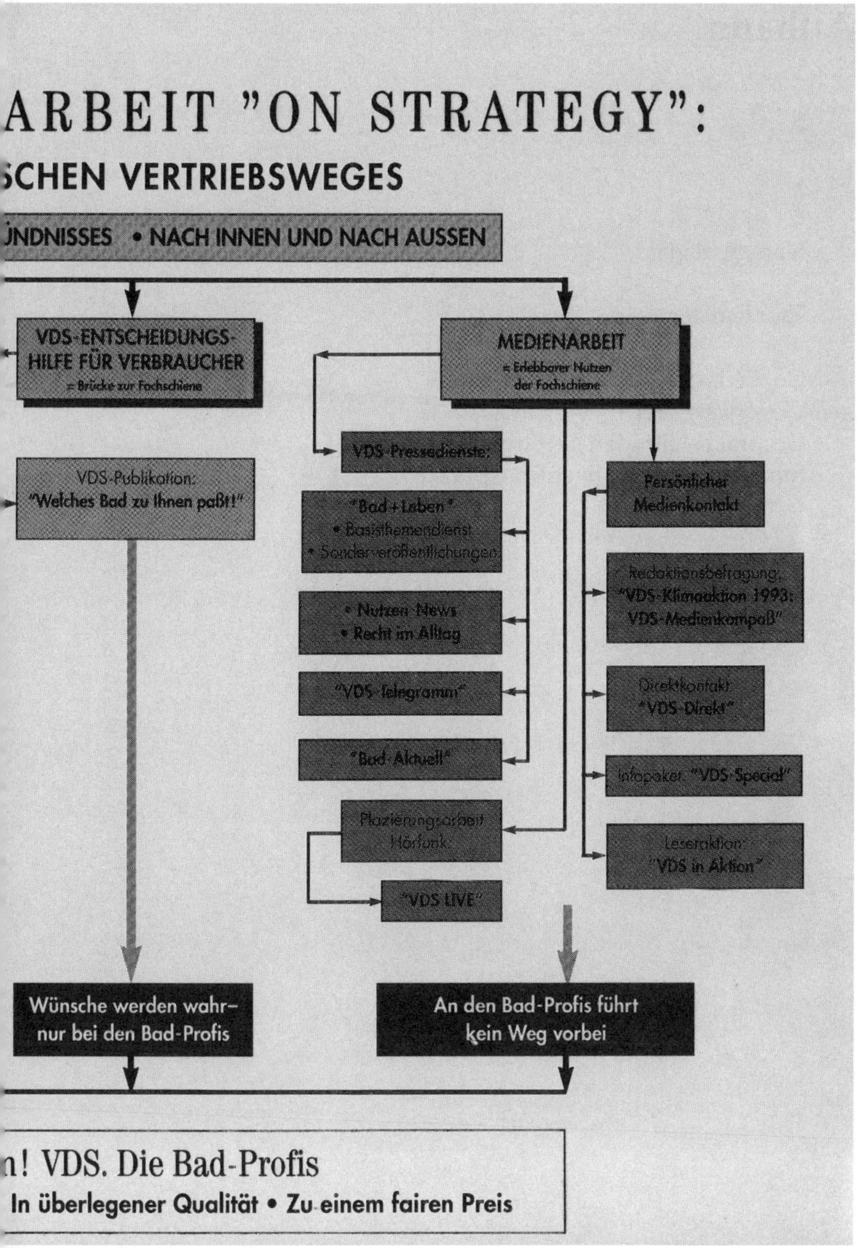
ARBEIT "ON STRATEGY":
SCHEN VERTRIEBSWEGES
ÜNDNISSES • NACH INNEN UND NACH AUSSEN
VDS-ENTSCHEIDUNGS-HILFE FÜR VERBRAUCHER
= Brücke zur Fachschiene
MEDIENARBEIT
= Erlebbarer Nutzen der Fachschiene
VDS-Pressedienste:
VDS-Publikation:
"Welches Bad zu Ihnen paßt!"
"Bad + Leben"
• Basisthemendienst
• Sonderveröffentlichungen
Persönlicher Medienkontakt
• Nutzen-News
• Recht im Alltag
Redaktionsbefragung:
"VDS-Klimaaktion 1993:
VDS-Medienkompaß"
"VDS-Telegramm"
Direktkontakt:
"VDS-Direkt"
"Bad-Aktuell"
Infopaket: "VDS-Special"
Plazierungsarbeit Hörfunk
Leseraktion:
"VDS in Aktion"
"VDS LIVE"
Wünsche werden wahr-
nur bei den Bad-Profis
An den Bad-Profis führt
kein Weg vorbei
n! VDS. Die Bad-Profis
In überlegener Qualität • Zu einem fairen Preis

20. Anhang

Inhalt

20.1 Namensregister

Rupert Ahrens, Geschäftsführender Gesellschafter, Ahrens & Behrent, Agentur für Kommunikation GmbH, Frankfurt am Main

Trond Andresen, zum Zeitpunkt des Interviews General Manager, Burson-Marsteller GmbH Public Relations/Public Affairs (GPRA), Frankfurt am Main

Bodo Bimboese, Geschäftsführender Gesellschafter, Trimedia Communications GmbH (GPRA), Frankfurt am Main

Horst P. Borghs, Direktor Öffentlichkeitsarbeit und Verbindungen zu Politik und Wirtschaft, Mitglied des Vorstands, Adam Opel AG, Rüsselsheim

Hans Eisele, PR-Berater AdL, Eisele & Partner PR Agentur für Kommunikation, Heidelberg

Norbert Essing M.A., zum Zeitpunkt des Interviews Direktor Unternehmenskommunikation, ABB-Konzern, Mannheim; jetzt bei Audi

Jürgen Jaenecke, Geschäftsführender Gesellschafter, Infoplan Gesellschaft für Öffentlichkeitsarbeit mbH, Bonn

Albrecht Koch, Leiter Presse- und Öffentlichkeitsarbeit, Nestlé Deutschland AG, Frankfurt am Main

Dr. Klaus Kocks, zum Zeitpunkt des Interviews Direktor Presse- und Öffentlichkeitsarbeit, Ruhrgas AG, Essen; jetzt Vorstand Kommunikation bei VW

Uwe A. Kohrs, zum Zeitpunkt des Interviews Geschäftsführer, Leipziger & Partner Public Relations GmbH (GPRA), Frankfurt am Main; jetzt mit eigener Agentur selbständig: Impact Agentur für Kommunikation

Lutz Meyer, Geschäftsführer, KOMMUNIKATION Kommunikation & Marketing Volker Stoltz GmbH & Co. KG (GPRA), Bonn

Martin Quandt, Regierungsdirektor, Referent im Bereich Jugendförderung, Ministerium für Familie, Senioren, Frauen und Jugend, von 1975 bis 1991 Referent für Öffentlichkeitsarbeit, Bonn

Christian Richter, zum Zeitpunkt des Interviews Geschäftsführer, Hill and Knowlton Public Relations Deutschland GmbH (GPRA), Frankfurt am Main

Dr. Lothar Rolke, Geschäftsführender Gesellschafter, Reporter Public Relations GmbH (GPRA), Frankfurt am Main; inzwischen zusätzlich auch Professor an der FH Mainz

Dieter Schmidt, Leiter Unternehmenskommunikation, Adam Opel AG, Rüsselsheim

Günther Schulze-Fürstenow, zum Zeitpunkt des Interviews pädagogischer Leiter/Mitglied des Vorstands, Deutsches Institut für Public Relations e.V. (DIPR), Hamburg

Jürgen Togotzes, zum Zeitpunkt des Interviews Geschäftsführender Gesellschafter, Backhaus, Togotzes & Partner Agentur für Kommunikation GmbH, Oberursel; die Agentur fimiert jetzt unter Backhaus, Togotzes/MS & L Manning, Selvage & Lee International Public Relations GmbH (GPRA)

20.2 Sachregister

20.3 Gegliedertes Literaturverzeichnis

Folgende weiterführende Literatur zu den Hauptthemen dieses Buches empfehlen die Autoren zusätzlich zu lesen:

Ahrens, Rupert / Scherer, Helmut / Zerfaß, Ansgar (Hrsg.): Integriertes Kommunikationsmanagment – Ein Handbuch für Öffentlichkeitsarbeit, Marketing, Personal- und Organisationsentwicklung, Frankfurt am Main am Main 1995.

GPRA Gesellschaft Public Relations Agenturen e.V. (Hrsg.): Medienresonanz-Analysen. Wer bewirkt was, wann, wodurch und andere Antworten auf die Fragen zum Erfolg in der Medienarbeit; Frankfurt am Main 1994.

Hierhold, Emil: Sicher präsentieren – wirksamer vortragen; Wien 1992.

Kalt, Gero / Steinke, Peter (Hrsg.): Erfolgreiche PR; Frankfurt am Main 1992.

Köcher, Alfred / Birchmeier, Eliane: Public Relations? Public Relations!; Köln/Zürich 1992.

Motamedi, Susanne: Präsentation. Ziele, Konzeption, Durchführung; Arbeitshefte Führungspsychologie, Band 21; Heidelberg 1993.

Schulz, Beate: Strategische Planung von Public Relations; Frankfurt am Main 1991.

Weidner, Lutz E.: Kommunikationspraxis; Landsberg/Lech 1993; S. 1 – 18.

Willing, Siegfried A. / Maubach, Ulrich: Erfolgreich präsentieren in Werbung und Public Relations; Wirtschaftwoche Buchreihe Werbung, Band 3; Düsseldorf 1992.

Darüberhinaus wurden für dieses Buch folgende Quellen genutzt:

AFK Arbeitspapiere (Seminarmaterialien) Nr. / PR 0070, 1001, 1002, 1200, 1401, 1459 der **AFK Akademie Führung und Kommunikation;** Frankfurt am Main 1993 ff.

Bromann, Dr. Peter/Piwinger, Manfred: Gestaltung der Unternehmenskultur; Stuttgart 1992

Ahrens, Rupert / Behrent, Michael: Integrierte Kommunikation als unternehmerischer Erfolgsfaktor, in: Ahrens u.a. (Hrsg.), 1995, S. 83 – 100.

Avenarius, Horst: Public Relations – Die Grundform der gesellschaftlichen Kommunikation; Darmstadt 1995

Beaudoin, Jean-Pierre: Über die Grenzen hinweg, in: Klewes, Joachim (Hrsg.): Jahrbuch Public Relations 1994; Düsseldorf 1994, S. 61 – 65.

Baerns, Barbara (Hrsg.): PR-Erfolgskontrolle, Messen und Bewerten in der Öffentlichkeitsarbeit. Verfahren, Strategien, Beispiele; Frankfurt am Main 1995.

Becker, Jochen: Marketing-Konzeption; München 1992

Brockhaus-Enzyklopädie; Leipzig 1925.

Brockhaus Enzyklopädie; Mannheim 1966.

Brockhaus Enzyklopädie; Mannheim 1973.

Brockhaus Enzyklopädie; Mannheim 1993.

von Clausewitz, Carl: Vom Kriege (hrsg. von Ernesto Grassi); Hamburg 1980.

Dichtl, Erwin / Issing, Otmar (Hrsg.): Vahlens großes Wirtschaftslexikon; München 1993.

DIPR-Seminarmaterialien Nr. 28, 30 A, 30 B des **Deutschen Instituts für Public Relations e.V. (DIPR)**; Hamburg.

Deutsche Public Relations-Gesellschaft e.V.: DPRG-Beraterindex 1993/1994; Bonn 1994, ff.

Dörrbecker, Klaus: Wider den Präsentationszirkus, in: PR-Report; Ausgabe 1298; Hamburg 1.8.1991.

Dörrbecker, Klaus / Rommerskirchen, Thomas (Hrsg.): Kommunikationsmanagement, Perspektiven und Chancen der Public Relations; Rolandseck 1990.

Etatkalkulator 1994, Aktuelle Daten, Fakten, Preise für die tägliche Marketing-, Kommunikations- und Werbepraxis; Freiburg (erscheint zweimal jährlich aktuell).

GPRA Gesellschaft Public Relations-Agenturen e.V. (Hrsg.): GPRA-Manual; Bonn (jetzt Frankfurt am Main) 1992.

Grunig, James E. / Hunt, Todd: Managing Public Relations; Fort Worth, Chicago, San Francisco, Philadelphia, Montreal, Toronto, London, Sydney, Tokyo 1984.

Hillebrand, Klaus: Sony: Hardware, Software, Artware – Wie ein Kommunikationskonzern kommuniziert, in: Klewes, Joachim (Hrsg.): Jahrbuch Public Relations 1994; Düsseldorf 1994, S. 68 – 75.

Hofe, Klaus G.: Praktisches Werbe- und Marketing ABC; Freiburg 1993, Kapitel Public Relations S. 223 – 236.

Hofmann, Markus / Landmann, Claudia: Der integrierte Kommunikationsprozeß – Herausforderung zwischen Markt und Unternehmen, in: Ahrens u.a. (Hrsg.), 1995, S. 101 – 136.

Jessen, Joachim / Lerch, Detlef: PR für Manager; München 1978.

Kirsten, Rainer E. / Müller-Schwarz, Joachim: Gruppen-Training. Ein gruppendynamisches Übungsbuch mit 59 Psycho-Spielen, Trainingsaufgaben und Tests; Stuttgart 1973.

Klewes, Joachim: Editorial, in Klewes, Joachim (Hrsg.): Jahrbuch Public Relations 1994; Düsseldorf 1994, S. 7 – 10.

Kotler, Philip: Marketing-Management. Analyse, Planung und Kontrolle; Stuttgart 1992.

Kunczik, Michael: Massenkommunikation, Köln 1977.

Meffert, Heribert: Strategische Unternehmensführung und Marketing. Beiträge zur marktorientierten Unternehmenspolitik; Wiesbaden 1988.

Nickel, Volker: Informieren muß man können; Landsberg / Lech, 1985.

Nieschlag, Robert: Marketing; Berlin 1991.

Nöthe, Bettina: PR-Agenturen in Deutschland, Bestandsaufnahme und Perspektiven; Münster 1994.

Nusch, Friedmar: Innovative Organisationsstrukturen als Voraussetzung erfolgreicher Unternehmenskommunikation – Das Beispiel ABB Asea Brown Boveri AG, in: Ahrens u.a. (Hrsg.), 1995, S. 169 – 188.

Nusch, Friedmar / Essing, Norbert: Flexible Bauklötze im Kommunikations-Baukasten, in: Klewes, Joachim (Hrsg.); Jahrbuch Public Relations 1994; Düsseldorf 1994, S. 35 – 41.

Pepels, Werner: Kommunikations-Management, Stuttgart 1996

Pflaum, Dieter / Pieper, Wolfgang: Lexikon der Public Relations; Landsberg / Lech 1989.

Piwinger, Manfred / Niehüser, Wolfgang: Stimmungsinformationen und Unternehmenskommunikation, in: Ahrens u.a. (Hrsg.), 1995, S. 211-230.

Informationsunterlagen zu Lehrgängen und Lehrplänen Qualitätsmanagement / Qualitätssicherung der **Qualitec Ebasco GmbH,** einer Gesellschaft der TÜV-Rheinland-Unternehmensgruppe, Köln.

Reinecke, Wolfgang / Eisele, Hans: Taschenbuch der Öffentlichkeitsarbeit; Heidelberg 1991.

Scheben, Mathias / Scheurer, Hans (Hrsg.): PR-Praxis: Erfolgreiche Öffentlichkeitsarbeit für mittelständische Unternehmen; Scheben PR GmbH; Bergheim 1988.

Scholz, Susanne: PR von A bis Z; in: Schulze-Fürstenow, Günther / Martini, Bernd-Jürgen (Hrsg.): Handbuch PR, Neuwied 1994; Band 1, Abschnitt 0.600, S. 1-30.

Schulze-Fürstenow, Günther: Konzeptionsmodell für gesellschaftsorientierte Public Relations; in: Schulze-Fürstenow, Günther (Hrsg.): Handbuch für Öffentlichkeitsarbeit (PR), Band 2, Auszug aus Kapitel X, Loseblattsammlung in zwei Bänden, Grundwerk: Neuwied 1986.

Schulze-Fürstenow, Günther: Konzeptionsmodell für gesellschaftsorientierte Public Relations; in Schulze-Fürstenow, Günther/Martini, Bernd-Jürgen (Hrsg.): Handbuch PR, Neuwied 1994; Band 1, Abschnitt 1.600, S. 1-11.

Schulze-Fürstenow, Günther / Martini, Bernd-Jürgen (Hrsg.): Handbuch PR, Öffentlichkeitsarbeit in Wirtschaft, Verbänden, Behörden, Grundlagen und Adressen; Loseblattsammlung in zwei Bänden, Grundwerk: Neuwied 1994.

Signitzer, Benno: Umrisse einer künftigen PR-Wissenschaft: ihre Funktion im Professionalisierungsprozeß; in: Klaus Dörrbecker/Thomas Rommerskirchen (Hrsg.): Kommunikationsmanagement, Perspektiven und Chancen der Public Relations; Remagen-Rolandseck 1990, S. 282 – 295.

Ziegler, Maria Helena: Erfolgreich planen – zielbewußt handeln: moderne Konzeptionstechnik und das Handlungsforschungsmodell; in: Dörrbecker, Klaus/Rommerskirchen, Thomas (Hrsg.): Kommunikationsmanagement; Perspektiven und Chancen der Public Relations; Rolandseck 1990, S. 248 – 267.

20.4 Gesprächsleitfaden als Grundlage für die Interviews der Konzeptionspraktiker

Grundlage unserer Gespräche mit den Konzeptionspraktikern waren wenige (nur sieben) vorformulierte Fragen, aus deren Beantwortung sich viele Zusatzfragen ergaben:

1. Wie machen Sie eine Konzeption? Schildern Sie bitte alle Entstehungsschritte vom Briefing bis zur Ergebniskontrolle.

   (Die Beantwortung dieser Frage nahm in allen Gesprächen die meiste Zeit in Anspruch; aus ihr ergab sich die Gliederung des Buches. Den beiden Autoren lag an einer detaillierten Schrittfolge.)

2. Wo liegen die wichtigsten Schwierigkeiten bei jedem der Schritte dieser Konzeptionsentwicklung?

3. Wie definieren Sie und welche Funktion haben
   - Strategie?
   - Taktik?
   - Positionierung/Botschaften?

4. Was ist für Sie ein gutes Briefing?

5. Wie sieht bei Ihnen ein Booklet/eine Konzeptionsschrift aus? (Gliederungsvorschlag)

6. Welche Tips haben Sie für die Präsentationen von Konzepten?

7. Gibt es in Ihrem Haus schriftliche Tips zum Konzeptionieren oder ein Papier, wie man Konzepte schreibt?

   (Ergebnis dieser Frage sind die Dokumentationskapitel 19.1 bis 19.14)